教师教学基本能力解读与训练
中学历史

主 编：李 琰

北京理工大学出版社
BEIJING INSTITUTE OF TECHNOLOGY PRESS

图书在版编目（CIP）数据

教师教学基本能力解读与训练．中学历史 / 李琰主编．—北京：北京理工大学出版社，2017.9

ISBN 978-7-5682-4264-6

Ⅰ．①教…　Ⅱ．①李…　Ⅲ．①中学历史课–教学法–中学教师–师资培训–教材　Ⅳ．① G633

中国版本图书馆 CIP 数据核字（2017）第 149516 号

出版发行 / 北京理工大学出版社有限责任公司
社　　址 / 北京市海淀区中关村南大街 5 号
邮　　编 / 100081
电　　话 /（010）68914775（总编室）
　　　　　（010）82562903（教材售后服务热线）
　　　　　（010）68948351（其他图书服务热线）
网　　址 / http：//www.bitpress.com.cn
经　　销 / 全国各地新华书店
印　　刷 / 定州市新华印刷有限公司
开　　本 / 787 毫米 × 1092 毫米　1/16
印　　张 / 15
字　　数 / 306 千字
版　　次 / 2017 年 9 月第 1 版　2017 年 9 月第 1 次印刷
定　　价 / 52.00 元

责任编辑 / 刘永兵
文案编辑 / 刘永兵
责任校对 / 蔺瑞红
责任印制 / 边心超

图书出现印装质量问题，请拨打售后服务热线，本社负责调换

前　言

教育大计，教师为本。习近平总书记指出：一个人遇到好老师是人生的幸运，一个学校拥有好老师是学校的光荣，一个民族源源不断涌现出一批又一批好老师则是民族的希望。可以说，有好的老师，就会有好的教育。

在"十二五"期间，针对教师教学能力现状，结合教师专业发展阶段的规律和特点，基于《教师教学基本能力检核标准》（以下简称《标准》）和《标准》解读，遴选了最为重要的 10 个能力要点，研发了中（职高）小学和一整套训练内容和方法，开发了《教师教学基本能力解读与训练》（共 23 个学科分册）学科教师培训教材。依据智慧技能的形成特点，通过"测、讲、摩、练、评"五个环节开展了基于实践、问题的教师培训，培训教师近 2 万人次。

在培训实施过程中，针对各学科教龄 10 年以下的青年教师和 10 年以上的成熟教师，遴选其中 4 ~ 6 个能力要点，分层开展学科教师培训，在培训目标、培训内容、培训形式以及考核要求等方面都做了针对性的细化处理。在《标准》解读、案例研讨、在线交流和考核测试的基础上，开展了基于能力要点的课堂教学实践与改进。不同类型的培训实践不仅检验了基于教师教学能力标准的培训课程的培训效果，同时也促进了教师教学能力的精进与提升。

基于《标准》的教师培训，突出了"培训课程标准化"的培训资源建设观。通过率先在全国研制、实践并推广系列《标准》，满足并引领了培训课程建设的品质需求，改进和完善了教师发展支持体系，推进了培训工作制度化、规范化，基本破解了分层、分类、分岗开展培训的难题，增强了教师参训的针对性、实效性和获得感，切实提升了教师培训的专业性，受到了区内外使用该培训教材教师的一致好评。

为了进一步发挥《标准》的指导作用，推进教师教学能力的持续提升，基于原有教材的开发和实施经验，每个学科结合现阶段本学科特点和教师专业发展需求，另外遴选了8 ~ 10 个能力要点，开发了"十三五"中小学教师培训教材《教师教学基本能力解读与训练》（共 24 个学科分册）。在教材编写过程中，我们努力将《标准》揭示的一般规律、共性问题迁移融通于各学科，且通过案例凸显各学科教学能力的基本特征，还将关键的结果指标与各学科教学实践中的实际问题进行对接，以期深化教师对《标准》的理解，明确教学实践改进的方向和路径，提升自身的实践智慧。

当前，我国基础教育正处在深化综合改革的关键时期，各学科核心素养的提出，进一步明确了学科的育人价值，为学科育人提供了指南。为此，在教材开发过程中，各位编委对本学科的学科核心素养也给予了充分关注，在《标准》的解读中、案例的分析中、训练的任务中，对此都有不同程度的涉及与体现，为实现学科育人理念、发展学生的学科素养探索了具体的路径。

每一册教材的编写团队中都聚集了一批一线的骨干教师，他们边学习《标准》，边践行《标准》，并结合学科教学实践进行反思形成了鲜活的案例。可以说，他们是《标准》的首批实践者，也是培训资源的开发者，正是由于他们的深度参与，才使这套教材真正落实了"基于实践""基于问题"的价值追求，大大提高了教材的实践价值。

由于"教师专业标准"还是一个尚待完善改进的领域，同时我们自身的水平和经验也有限，尤其是践行《标准》的有效实践还需要进一步加强，教材中必然存在着不甚妥当或值得深入探讨之处，诚挚期望得到专家和同行们的指正。

我们期待本套教材能在广大中小学教师教学能力的提升中发挥重要的作用，并在应用中不断完善。我们更期待，广大教师立足课堂教学实践，不断深度学习反思，持续提升教学能力，做学生锤炼品格、学习知识、创新思维和奉献祖国的引路人。

致 学 习 者

学习，是人一生发展过程中的一个重要组成部分。随着个体踏出校门、进入职场学习并未停止，而是开启了一个崭新的学习征程。可以说，通过工作生活进行学习，寓工作于学习、寓学习于工作是成年人每天思想和行动的必然产物。

成人学习是基于个体经验和汇集个人经验的学习，需要学习者主动参与到课程内容中；教师的学习是懂教育的人的学习，需要学习者驾驭学习方法，达到比较高的学习境界。

依据智慧技能的形成过程，我们将学科教师培训分成"测、讲、摩、练、评"五个环节，通过完成智慧技能原型定向阶段与原型操作阶段的任务，强化各学科教师基于课堂教学研究的实践与反思，促进教师从原型定向阶段向原型内化阶段迈进。下面，我们就从上述五个环节分别为您的学习提出相应建议，以帮助您快速驾驭学习内容。

☆ **测——前测**。在每个专题培训的第一步，我们将和您一起找到您在该教学能力存在的问题，判断该能力所处的状态，以开始学习。这其中，有对一些教学事件的认同，有对问题的分析和判断，也有一些测试，目的就是一个：帮您找准自己学习的起点。

☆ **讲——讲解**。我们将基于具体的教学案例，围绕该项能力的一些表现行为进行理性分析，阐述行为产生的原因和导致的结果，阐释所表征的能力取向和能力发展层次。这些分析将使您对该项能力的含义获得更为深入的理解，对形成能力的合理行为有较高的期待。如果您实践跟进得快，边学习边实践，在这一阶段就能够获得提高。

☆ **摩——观摩**。在学习中会提供一些案例进行观摩，有些拿来就可以使用，但一定不要满足于拿来就用，更多的内容需要您边观摩边分析，在其背后寻找为什么，这样您获得的将不仅是一招一式，而是新的专业发展点和教育实践智慧的增长点。

☆ **练——训练**。方法技能的掌握和提升一定要通过训练才能实现。一方面，我们将在培训中安排模拟微型课堂进行教学技能的分解训练；另一方面，我们也有实践模拟训练。然而，训练时间是有限的，期望您从培训第一天开始，就将自己一线的课堂作为实训基地，不断尝试，不断分析尝试后的效果，不断提出改进方案，并开展新的尝试。同时，同伴老师可以帮助您进行观察和改进。

☆ **评——评价**。包括自评、互评等。训练是否有效需要进行针对性评价，发现自己的进步，明确现存的问题，清晰新的学习起点，这样才能开始新的一轮学习、反思和改进活动。当然，您会在这样的反复中获得自我提升的方法。您将学会主动的发现问题，通过自主学习过程解决问题。这一系列解决问题能力的提升才是培训的最终目的。

本教材提供的观摩案例，给您留下了很多思考的空间，也提供了很多训练方法的指导、训练内容的点拨，愿它伴随您这一段时间的学习，成为您的良师益友。

亲爱的教师朋友们，我们正处在一个学习的时代，一个"互联网+"的时代。我们的职业又是一个特别需要终身学习的职业。让我们勇于面对新的挑战，不断基于实践提出新的学习任务，在战胜挑战后，我们还迎接更新一轮的挑战，而唯有学习才是应对各种挑战的制胜法宝。

这就是教师的职业。

CONTENTS

专题一　科学确定教学内容

本专题的研习目标

1. 能够明确"科学确定教学内容"这一标准中重要名词在历史学科中的具体内涵；
2. 能够有效理解、内化并实际运用各层级指标的具体操作要求；
3. 能够从教学案例中得到启示，有效提升自身的相关能力水平。

一、先期思考与实践

您认为"教学内容"是指：

□学科《课程标准》中规定的内容

□教学用书、教学参考书等教学资料呈现的内容

□师生在教学过程中的实际活动的全部内容

□为实现教学目标而要求学生系统学习的知识、技能和行为经验的总和

您认为教学内容是相对固定的，还是动态变化的？说说您的理由。

_____

_____

_____

在日常教学中，您确定教学重难点的依据有哪些？

_____

_____

_____

_____

您可以尝试确定一课的重点和难点：

二、"科学确定教学内容"的检核标准解读

《北京市朝阳区教师教学基本能力检核标准》对"科学确定教学内容"的检核标准如表 1-1 所示。

表 1-1 "科学确定教学内容"的检核标准

合 格	良 好	优 秀
能够根据课标要求和教材内容，确定教学重点与难点	能够根据课标要求、教材内容和学生的学习基础，确定教学重点与难点	能够根据课标要求、教材内容和学生的学习基础，明确教学重难点，整合教学内容

下面就相关概念及结果性指标进行解读。

（一）名词解读

1. 教学内容

要明确教学内容的概念，先要区分课程内容、教材内容、教学内容三个概念。

课程内容一般指特定课程中学生需要学习的事实、概念、原理、技能、策略、方法、态度及价值观等。课程内容往往以课程标准的形式规定下来，具有法定的地位，因而是相对稳定的。课程标准主要是对学生在经过某一阶段之后的学习结果的行为描述，而不是对教学内容的具体规定。课程标准解决的是"教什么"的问题，而"如何教"则是教材层面和教学层面要解决的问题。"如何教"既包括"用什么素材教"，也包括"用什么方法教"。

教材内容实际上说的是"用什么教"的问题，它包括一切有效的传递，体现课程内容和承载课程价值的文字和非文字材料，其中最基本、最主要的教材是历史教科书。教材内容是师生教学活动的中介。

教学内容是指为实现教学目标而要求学生系统学习的知识、技能和行为经验的总和。教师在教学过程中根据具体的教学目标和教学情境对教材内容进行处理，形成具体有效的教学设计。也就是说，教材内容进入教师的教学过程，经过教师的加工处理转变成教学内容。教学内容不仅包括教材内容，还包括了引导作用、动机作用、方法论指示、价值判断、规范概念等，包括师生在教学过程中的实际活动的全部。可见，教材内容是教学内容的一部分，教学内容是教师对课程的物化形式——对教材这个中介进行的创造性的、个性化的演绎。教学内容是开放的、动态的，是在教学过程中创造的。

课程内容与教学内容的区别主要有：

第一，课程内容规定的是学科某一阶段共同的、统一的标准或要求；教学内容则是教师应对具体教学情景的，因而是具体的、个别的、能体现差异的。

第二，课程内容是一种抽象的存在，不能作为学生直接掌握的对象；教学内容则是具体、生动并动态变化的，是教师和学生直接操作的对象。

第三，课程内容以书面的文字材料进行表述；教学内容则可以通过多种多样的文字和非文字手段进行呈现，不仅包括形式各异的素材内容，也包括一些活动、方法、观念、实践操作等。

2. 教学重点和难点

（1）教学重点

教学重点是依据教学目标，在对教材进行科学分析的基础上而确定的最基本、最核心的教学内容。一般是一门学科所阐述的最重要的原理、规律，是学科思想或学科特色的集中体现。突破教学重点是一节课必须达到的目标，也是教学设计的重要内容。

（2）教学难点

教学难点是指学生不易理解的知识或不易掌握的技能技巧。难点不一定是重点，但有些教学内容既是难点又是重点。难点有时又要根据学生的实际水平来定，同样一个问题在不同班级的学生中，不一定都是难点。在一般情况下，大多数学生感到困难的教学内容，教师要着力想出有效办法加以突破，否则不但这部分内容学生听不懂、学不会，还会为理解以后的新知识和掌握新技能造成困难。

3. 整合

整合就是把一些零散的东西通过某种方式彼此衔接，从而实现信息系统的资源共享和协同工作。其主要的精髓在于将零散的要素组合在一起，并最终形成有价值有效率的一个整体。

在科学领域，分化和整合是科学发展中两种相辅相成的趋势。分化指在原有的基本学科中细分出一门或几门相对独立的学科；整合指相邻甚至相距很远的学科之间交叉、渗透、融合而形成边缘性、综合性学科。

在哲学意义上，整合是指由系统的整体性及其系统核心的统摄、凝聚作用而导致的使若干相关部分或因素合成为一个新的统一整体的建构、序化过程。就具体而言，整合是指一个系统内部各要素之间的整体协调、相互渗透，使系统发挥出最大效益。

以教学系统来看，整合有两层含义，广义上的教学系统整合是指把已经分化了的学校教学系统的各个要素及其成分重新联系，互相促进，形成有机的整体。狭义上的学科整合，是指以学科为中心，对某些交叉渗透的相关知识进行整合，即针对学科科目割裂相关知识的弊病，立足于学科内容的改革，力图建立起学科之间有机联系的理论体系。

学科教学内容的整合需要遵循的原则：

第一，整合教学内容要紧扣《课程标准》，把握核心。《课程标准》是国家意志的体现，是指导课程改革的纲领性文件。教师应该认真研究课标，紧扣课程总体目标，把握核心内容，区分课程目标要求和具体的教学目标，明确纲领性的课程目标和实操性的具体教学目标。

第二，整合教学内容要以学生为本，循序渐进。历史教育的关键是要通过各种有效的方法和途径，使学生学会认识历史的方法，养成正确的历史思维习惯，形成理性的思维方式，从而为学生的健康发展提供坚实的基础。因此，整合教学内容要在时序上、内容上、难易程度上和内在逻辑上有一个总体的思路，要从教育学、心理学的角度宏观地把握教材，既可根据本校的实际情况，或按照课程内容顺序安排教学内容，也可以根据本校和实际情况重新设计教学内容。

（二）对结果指标的解读及实践能力认知

新课程树立了课程是为学生提供学习经历并获得学习经验的观念。因此教学内容的选择要从学生的实际出发，要有利于学生的全面发展。教学内容的确定必须具备科学性、前沿性的特点，关注学生发展前景和学科发展前景。仅以学科知识为例，北京市教育学院教科所季苹教授所著的《教什么知识——对教学的知识论基础的认识》一书中，将教材蕴含的知识分为事实性知识、概念性知识、方法性知识、价值性知识四类，并且指出任何一个知识点都包含着四个层面的知识，并层层增进学生的理解力。教师选择历史教学内容的时候不能仅停留在传授给学生事实性知识，更要引导学生分析理解概念性知识、方法性知识和价值性知识。例如，教师在确定七年级历史《我们的远古祖先》一课的教学内容时，仅仅告诉学生记住了北京人的特征和生存年代是远远不够的，在教学设计中要思考"为什么必须了解以北京人为主的远古居民？""我们应当引导学生体验什么、认识什么？"教学内容的定位必须以实现教育目的为基准，明确教学内容与教学方法的关系，把握教学目标与考古成就展示的区别。

教学内容的确定关系到教学目标的达成。从理论上讲，教学重点是体现知识达成度的核心内容。从实际操作上讲，教学重点是一节课的教学时间分配和施力的重点。每一节历史课，都有丰富的内容。在对这些内容进行取舍时，很重要的一步就是要选定重点。面面俱到、平均用力不能达到良好的教学效果。所以，选择和确定教学重点，是教师备课和讲课时要特别关注的问题。

1. 合格要求

◆能够根据课标要求和教材内容，确定教学重点与难点

（1）操作要求

Ⅰ 知道《课程标准》对本课教材内容的学习要求。

Ⅱ 梳理和归纳本课教材中的知识要点，分析其在本单元（专题）和本册（模块）教材中的地位和作用。

Ⅲ 确定教学的重点和难点。

（2）说明与分析

学科《课程标准》体现了国家对不同阶段学生在知识与能力、情感态度价值观等方面的基本要求，明确了课程性质、地位与作用，确定了课程目标、内容、评价建议。因此《课程标准》是确定教学内容的基本理论依据。教师在确定教学重点时，首先要了解《课程标准》对本课教学内容的基本要求，知道《课程标准》对本课具体知识要求的程度。例如《张骞通西域和昭君出塞》一课，《课程标准》规定的知识能力目标是"通过'丝绸之路'的开通，了解丝绸之路在中外交流中的作用"。因此关于丝绸之路的内容就是本课的重点。

依照《课程标准》，教材编写一般以单元或专题形式呈现，在内容上相互关联。教师要梳理和归纳本课教材中的知识要点，理清各知识点之间的逻辑关系，分析其在本单元（专题）和本册（模块）教材中的地位和作用。这是确定教学内容的重要步骤，也是确定教学重点的必然之举。

一节课的教学内容可能涉及几项史事，要确定哪些史事属于重点，就要看其对历史进程的作用和影响，也就是其在历史长河中的地位。例如，百家争鸣不仅是春秋战国时期学术思想发展的重要体现，而且在中国古代学术思想发展史上有着重要的地位，当然应该确定为教学的重点。再如，有的版本的教科书在叙述"三国鼎立"这一内容时，主要涉及了两次战役：官渡之战和赤壁之战。这两个战役都是历史上以少胜多的著名战役，要选择哪一个是重点，就要看其对历史发展的全局性的影响如何。由于官渡之战后曹操统一了北方，而赤壁之战后逐渐形成了三国鼎立的局面。两者相比较，赤壁之战对历史局势发展的决定意义更大，因而对官渡之战和赤壁之战的处理，可以侧重于后者。

历史教材是经过选择和编排的，有着自身的系统，在选择教学重点时，需要考虑到某一知识点在教材中所处的地位，以及知识之间的联系。一般说来，如果一项知识对教材的某一学习主题具有决定性的意义，如果一项知识对教材中其他知识的教学有着作用，那么就可以将其确定为教学重点。例如，《百家争鸣》一课中涉及的孔子，作为儒家学派的创始人，不仅在历史上，而且从教材体系上讲，都占有非常重要的地位。孔子及其思想在本课教学中应作为教学重点。

实践演练

下面是一位教师关于《英国挑起了战争》一课的教学设计：

对课程标准的理解：知道林则徐虎门销烟的史实；了解鸦片战争的经过；列举中英《南京条约》的主要内容，认识鸦片战争对中国近代社会的影响。

对教材内容的分析：本课是中国近代史的开端，近代史的第一页由屈辱揭开。1840年，中国受到西方列强的侵略，由此中国人民开始了艰苦的抗争历程。本课对学习中国近代史具有重要意义，鸦片战争使中国开始沦为半殖民地半封建社会，同时，也是中华民族奋起抗争、探索富强之路的起始点。它决定了中国近百年的历史走向，是中国近代史的重要内容。

因此本节课的教学重点确定为中英《南京条约》及其影响。

您认为此案例中教师确定本课重点的主要依据是什么？请您对此案例作进一步完善。

_____

_____

_____

2. 良好要求

◆能够根据课标要求、教材内容和学生的学习基础，确定教学重点与难点

(1)操作要求

Ⅰ领会《课程标准》对本课教学内容的要求。

Ⅱ正确理解教材内容，把握知识点在历史发展中和教材中的地位和作用。

Ⅲ科学分析学生的学习情况，确定教学重点和难点。

(2)说明与分析

正确理解教材内容不等于机械地呈现教材，不是要求教师"照本宣科"，而是对教材有一个深入、全面、系统的解读。只有准确理解并把握教材的编写意图，才能挖掘教材内涵，在教学过程中达到内化知识、发展思维、开发智能、形成技能、提升素养的教学目标。

要正确理解教材内容，首先要尊重教材。现行的实验教材是由教材专家、教研专家和教学专家经过反复推敲、实践编写而成。尊重教材是教师具有端正的教学态度和严谨治学精神的具体表现，意味着教师要认真研究教材的编写意图及编写思路，深入研读表象材料所蕴藏的丰富内涵。只有通过字斟句酌地对教材的"深入"研究，才会有课堂上精彩的"浅出"。

要正确理解教材内容，还要钻研教材。只有在领会课标要求的基础上吃透教材，清晰了解教材内容的系统结构，准确把握教材内容之间的横向和纵向联系，才能正确理解教材内容。大体看看、泛泛阅读、一知半解，都不可能做到灵活驾驭教材、有效地提高教学质量。正如苏霍姆林斯基所说：教师越是能够自如地掌握、运用教材，他的讲述越是情感鲜明，学生花在抠教科书上的时间就越少。

学生是教育的真正主体。所有的教学活动最终必将作用于学生的学习，只有学生真正理解和认同了所有的知识，教学活动才能体现出价值。因此，教学内容的确定、教学重难点的选定必须关注学生的学习情况。教师应尊重学生的认知规律，尊重不同地域、不同个体的学习情况差异，因材施教。学生是重要的备课资源。教师要注意利用可贵的学生资源，

而不是固守教材。科学地确定教学内容要着重考虑学生的需要——关注学生的已有经验、兴趣爱好和个性特长等发展特点。教师应量力而行，对教材内容做适度取舍，使其与学生认知水平、兴趣爱好及学生发展需求相适应。

有些教学内容，虽然在历史上和教材中都有着重要的地位，但学生已经比较了解了，这就要斟酌是否还要重点讲授。如赵州桥，学生在小学时学过相关的课文，已有了一定的知识，中学教师在讲述时，就可以对赵州桥的具体描述简单带过，而将重点放在其建筑结构的分析及在桥梁建筑史上的影响上面。

与重点相比，难点具有不确定性、相对性和人为性，因此，教学难点的确定则需要更多地考虑到学生的学习基础。就学生而言，历史教学难点的形成，有的是因为历史知识远离学生的生活实际，学生对于学习的内容缺乏感性认识，难以开展抽象思维活动；有的是因为学生对已知概念、知识掌握不准确、不清晰，旧知识掌握不牢，陷入了对新知识的认知困境；也有部分是因为学生知识的迁移能力弱，在已学知识向新知识的转化中，不能把已学知识运用于新的学习之中。所以，面对不同群体的学生，教学难点的确定是不一样的，教师要从学生原有的知识、兴趣和思想状况以及他们的学习能力、学习习惯来确定教学难点。

一般来说，历史教学中难点的主要类型有五种：

①抽象性较强、学生难以理解的概念。历史概念是反映历史对象本质属性的思维形式，是经过科学的抽象与概括形成的对历史现象、历史事件、历史人物的本质的内在联系的一种认识。中国历史教学中，抽象性较强的历史概念有很多，如小农经济、重农抑商、半殖民地半封建社会、近代化等。

②理论性较强、学生难以理解的问题。如古今中外思想主张的合理性及发展演变。

③教材编写体例造成相关知识铺垫不足，超越学生现阶段认知水平的内容。如《鸦片战争》一课，由于学生还未学习世界史，不了解英国历史，对英国为什么要向中国走私鸦片就难以理解。

④专业性较强、学生未掌握的科学知识。如天文历法和医学等内容，学科性、专业性强，其中蕴含的中国古代哲学思想学生很难理解。

⑤一节课不能完成的、有内在联系的学习内容。如《张骞通西域与昭君出塞》一课，难点是"正确理解当时的民族关系"。因为中国古代各民族之间往来和交融是漫长的历史进程，仅凭汉朝与匈奴的和战是很难全面反映出这种民族发展关系的，学生要真正理解有一定难度。

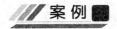 案例

✿ **案例说明**

本案例出自陈经纶中学保利分校王洪燕老师讲授的北京版《历史》八年级上册第19课《第一次世界大战》。

❋ 案例描述

本课的基本线索是第一次世界大战爆发的原因、爆发、进程和结局，头绪多、内容庞杂。为了更好地把握教学难点，教师课前进行如下的问卷调查：

①你知道"一战"吗？通过什么途径知道的？

②你能说说"一战"是怎么爆发的吗？

③你知道"一战"中有哪些著名人物吗？

④你能给我讲一个"一战"中的著名战役吗？

⑤"一战"的双方谁对谁错呀？

⑥"一战"怎么结束的？

⑦你能告诉我一部与"一战"相关的影片吗？

通过分析问卷和与学生的交流，教师发现：绝大部分学生都知道"一战"，部分学生是通过电视节目、电影和阅读一些书籍知道的，也有一部分学生是道听途说。很多学生们对"一战"抱有极高的兴趣与热情，尤其是男孩子。但学生们对"一战"的认知只是停留在个别人物或影片中的某个精彩片段上，对第一次世界大战历史知识的认知较为肤浅，尤其是对"一战"爆发的原因并不知情。

历史教师都知道，"一战"爆发的根本原因是帝国主义国家之间经济政治发展的不平衡。这对于初二的学生而言，虽然对"一战"抱有好奇心和强烈的求知欲，但就其知识基础、社会阅历和认知特点而言，缺乏对一个历史事件的发生要从各种矛盾的历史渊源和发展的角度来分析的能力，所以很难理解什么是经济政治发展的不平衡。

因此教师把教学难点确定为正确理解第一次世界大战的原因。

❋ 案例探究

您认为此案例中教师确定本课难点的主要依据是什么？请您对此案例作进一步完善。

_____

_____

_____

_____

3. 优秀要求

◆能够根据课标要求、教材内容和学生的学习基础，明确教学重难点，整合教学内容

(1)操作要求

Ⅰ领会《课程标准》对相关教学内容的要求。

Ⅱ正确理解教材内容，把握知识点在历史发展中和教材中的地位和作用。

Ⅲ科学分析学生的学习情况，确定教学重点和难点。

Ⅳ合理地调整教学内容，优化教学结构，有效地实现对教学重难点的突破。

(2)说明与分析

教师要在领会课标的基础上，认真研读教材。通过对教材内容的认真研究，教师要明确教材内容的地位和作用，准确地分析其知识类型、把握教材中的重点、筛选出学生在学

习中可能遇到的难点，对教学内容做出正确的选择，同时促使教师不断思考如何进行教学设计才能更好地突出教学重点、突破教学难点。例如，在《百家争鸣》一课中，教师讲好孔子及其思想，不仅有助于学生理解"百家争鸣"对后世的影响，而且也有助于学生理解后续教学中所涉及的一些内容，诸如秦始皇焚书坑儒、汉武帝独尊儒术、科举考试以及近代的新文化运动等，因而将孔子作为本课的教学重点。

所有教学活动，绝不仅仅是让学生单纯地记住一些零散的知识点，而是要使学生获得知识的同时掌握学习的方法，形成正确的情感、态度、价值观，教师要最大化地发挥历史教学的教育功能。跳出某一知识点框架的限制，从更高的层次思考和设计每一节课的教学，将每一节课置于"课程"大局中设计，使学生通过对历史知识的学习认识，提高学习能力，提升价值取向，成就其终身学习。教师应深入思考怎样依据课标、依托教材，大胆合理地对教材内容进行整合和整体设计。例如，高中历史人教版教材三个必修模块的编写顺序，都是先中国史后世界史，线索清晰，但是如何解决单元衔接问题和中外历史的过渡问题，仍可做进一步思考。教师如将单元顺序做调整，"同时代的中国和西方"，这种调整实施着更高层级的教学活动，即比较性教学，凸显历史的整体感。将中国置于世界之中，或自豪或屈辱或责任，体现历史的磅礴气势，唤醒学生对历史的尊重和认同。

实践演练

请您以该项标准的诸项具体操作要求为据进行实际演练：

_____

_____

_____

三、对于"科学确定教学内容"能力标准的实践性把握

（一）教学案例的实践探究

案例 ①

✤ 案例说明

本案例出自华中师范大学第一附属中学朝阳学校安蕊老师讲授的北京版义务教育课程改革实验教材《历史》第3册第8课《世界三大宗教》。

✤ 案例描述

对《课程标准》的理解：《课标解读》中确定世界古代史学习主题的基本原则为"不刻意追求实际历史体系的完整性，既要照顾世界历史的时序性，又要体现当下社会发展的时代性。

应选择符合初中生的心理特征和认知水平的，减少艰深的历史理论和抽象烦琐的概念，有助于学生综合认知能力的培养"。

世界古代史学习的主要目标：①世界最初文明的产生的一般规律；②古代文明间主要的交往方式；③世界各文明发展都要由分散走向整体，通过和平和暴力两种方式达到文明的整合；④了解文明的多样性，理解和尊重世界各国，培养同世界上其他文明共容、共处、相互学习的思想，形成面向世界、面向未来的国际意识。

对于本课内容的课标要求：了解佛教、基督教和伊斯兰教的产生与传播，因此对三大宗教的创始人、创始时间、发源地等基本事实的掌握，是最基础的。

对教材内容的分析：本课是世界古代史第三单元《古代文明的交融》中的第3课。在初中历史教学体系中，本课以世界古代文明为背景，以三大宗教为研究主题，独立成课。以历史的视角客观认识宗教问题，促学生懂得世界上的文明虽然各具特色，但是创造文明的人却都具有追求真善美的的人性，从而尊重不同文明，尊重多元文化。世界三大宗教在传播的过程中，以和平交流和暴力冲突两种方式与各地区文明相互碰撞与交融，紧扣了单元主题。

依据以上分析确定的教学重点为：世界三大宗教的产生、传播。

✳ 案例探究

您认为此案例中教师确定本课重点的主要依据是：

_____

_____

您从此案例中得到的启发：

_____

_____

_____

▶▶▶ 案例 2

✳ 案例说明

本案例出自北京工业大学附属中学郝薇老师讲授的北京版义务教育课程改革实验教材《历史》第3册第10课《海路大通》之子目"哥伦布发现新大陆"。

✳ 案例描述

整体分析：

本子目是北京版教材第3册第10课《海路大通》一课的第三目。在了解了新航路开辟的原因和条件，以及葡萄牙人首航东方之后，本子目主要讲述哥伦布"发现"美洲的原因、过程和影响。课标要求通过哥伦布"发现"美洲、麦哲伦全球航行，初步理解新航路开辟的世界影响。根据课标要求，理解新航路开辟的世界影响是既是教学重点，也是教学难点。传统教学对哥伦布"发现"美洲的影响这一问题的分析力度不足，对于哥伦布"发现"美洲对新航路开辟的影响起到的作用分析不足，因此，本子目设计意在加强对哥伦布"发现"美洲的影响的分析，通过补充文字、图片、图表等相关材料，从地理、经济、思想三个层面引导学生认识哥伦布"发现"美洲给世界带来的变化，从而为进一步理解新航路开辟的世界影响奠定基础。

教学过程：

教师：播放音乐，配合新航路开辟的相关图片。

讲述：就在葡萄牙人不断向南探险，即将绕过非洲到达印度的时候，有一位航海家却想开辟一条全新的航线，向西航行，到达东方，他就是哥伦布。

学生：观看图片，结合音乐和图片上的文字，进入情境。

教师：板书：立志远航

讲述：哥伦布出生在热那亚，从小热爱航海，立志远航；年轻时的他当过水手，为远洋航行积累了经验；他接受了地圆学说，坚信从欧洲向西航行一定能到东方；出于对财富的渴望，他与西班牙王室达成共识，在西班牙王室的支持下，开始远洋探险。

学生：聆听教师讲述，观看课件，了解哥伦布"发现"美洲的原因和条件。

教师：板书："发现"美洲

出示材料：哥伦布的《航海日记》，提出问题：通过阅读《航海日记》，你能看到哥伦布在航行中遇到了哪些困难？哥伦布又是凭借什么完成了这次远航？

学生：阅读材料，思考问题，感受新航路开辟过程的艰辛，体会哥伦布勇敢、智慧、执着的个人魅力。

教师：出示地图《哥伦布远航路线图》，引导学生识读地图，了解哥伦布"发现"美洲的过程。将哥伦布的两次航线进行对比，提出问题：为什么第二次航线长时间却短？

学生：识读哥伦布远航的地图，学会读图的学习方法，通过地图知道哥伦布"发现"美洲的时间、地点等基本史实。通过对比哥伦布两次远航，进一步认识哥伦布远航中利用信风缩短航行时间，感受哥伦布的智慧，学会从地图中获取信息。

教师：出示文字材料：惠特曼描述哥伦布的诗"我的一生，我知道些什么？我这个人，我懂得几分？因我，地球上窒闷的王国得能再呼吸。因我，旧大陆与新大陆得能相识。结果或伟大或渺小凭你决定"。引导学生阅读并思考哥伦布远航的影响。

学生：阅读诗词，思考哥伦布远航的影响。

教师：板书：改变世界

出示中世纪时期、15世纪初、15世纪末、16世纪初人们对世界的认识的四幅地图，引导学生对比地图，提出问题：15世纪初和15世纪末地图有哪些不同之处？这说明什么？

学生：观察地图，思考问题，认识到人们对地球的认识范围越来越广。

教师：进一步引导，从中世纪到15世纪末人们对世界的认识不断发展和变化，但始终仅局限于人们已知的世界，那么16世纪初人们对世界的认识与此前有何不同？为什么会有此不同？这种变化意义何在？

学生：思考问题，进一步认识哥伦布的"发现"美洲是人类地理大发现，这一发现改变了人类对于世界的认知。

教师：出示材料："没有一个人曾经如此改变了世界地图。"——杜兰《世界文明史》。

学生：阅读材料，感受哥伦布的贡献。

教师：出示继哥伦布之后，欧洲人对世界不断探索的示意图和表格。

学生：阅读表格，结合地图，感受哥伦布的影响，认识哥伦布进一步激发了人们对世界的不断探索，开启了新的大航海时代。

教师：出示欧洲17世纪的书中出现的美洲作物插图的图片及相关文字材料，引导学生思考哥伦布"发现"美洲还有什么影响？起到了哪些作用？

材料1：他返航后，送给西班牙国王的礼物中就有一包金黄的玉米粒。16世纪中叶，玉米在南欧各国已成为主要的粮食作物之一。　　　　　　　——《地理大发现研究》

材料2：玉米、南瓜、西红柿、马铃薯、番薯、花生等美洲粮食作物输入旧世界。它不但极大地改变了欧洲人的餐桌，也养活了更多人，因为马铃薯的单位产量通常超过其他作物。　　　　——《哥伦布大交换：1492年以后的生物影响和文化冲击》

材料3：1500—1800年世界人口变化柱状图

　　　　　　　　　　　　　　　　——整理自《新全球史·文明的传承与交流》

材料4：小麦、葡萄、马、牛和家鸡等从欧洲来到了美洲，使得食物和营养的供给快速增加。在北美平原上，小麦长势良好，美洲的牧草把牛群养得膘肥奶足，为人们提供肉食和奶。　　　　　　　　　　　　　——《新全球史·文明的传承与交流》

学生：分析材料，通过对材料的解读，认识到哥伦布"发现"美洲，促进了两大洲之间物种的交流、经济的发展，加强了世界的联系。

教师：出示今天的世界地图及相关文字材料，引导学生认识哥伦布"发现"美洲给人们在精神和思想领域带来的影响。

材料1：中世纪人们对于直布罗陀海峡有一句箴言——勿逾越，现在这句箴言已成为——逾越。　　　　　　　　　　　　　　　——杜兰《世界文明史》

材料2：人们从崇拜不可知的东西，开始转向发现可知的东西。

　　　　　　　　　　　　　　　　　　——马达里亚加《哥伦布评传》

学生：理解哥伦布"发现"美洲给人们精神上的鼓舞，影响了人们的观念，改变了整个世界。

教师：出示美国航空航天展览馆中的标语："下一步向何方，哥伦布?"引导学生思考哥伦布"发现"美洲带给我们的是什么？

学生：体会这句标语的含义，思考回顾整个学习内容，获得启示和认识。

教师：出示结语：一个人，一块新大陆，一种精神……

学生：感受、体会、思考。

❋ 案例探究

您认为此案例中教师确定本课难点的主要依据是：

_____

_____

您从此案例中得到的启发：

_____

_____

_____

⫸ 案例 3

❋ 案例说明

本案例出自北京青年政治学院附属中学彭博老师讲授的岳麓版高中历史教材选修《中外历史人物评说》第 11 课《圣雄甘地》。

❋ 案例描述

课标要求：讲述甘地领导印度国民大会党进行"非暴力不合作运动"的主要事迹；认识其在印度民族解放运动中的历史作用。

教材分析：教材主要分为两部分。第一部分简要介绍了甘地及其成长历程。这些介绍有利于学生对近代以来印度历史的了解和激发学生的学习兴趣。第二部分介绍了甘地倡导的"非暴力不合作运动"。甘地一生多次倡导非暴力不合作运动。教材主要介绍了前两次斗争，并扼要介绍了非暴力不合作的新发展——"英国退出印度"以及"二战"结束前后甘地为印度的独立、消除种姓制度、消除印度教和伊斯兰教之间的纷争做了大量工作。

本课涉及的时间长、跨度大、内容多，所以在教学中有必要对教材进行适当整合，以利于学生对教材的把握和正确理解。

对学生问卷的结果：无法理解或很难理解的比例为 80%，主要问题集中体现为：

一颗爱心真的可以包打天下？

您觉得所做的一切值得吗？

您一生禁欲苦修，累吗？

您怎么看别人的上帝或安拉？

您如何做到让民众如此团结？

面对杀人狂，您会……

我们为什么要爱自己的敌人？

看到那么多印度人被打却不还手，您难道不心痛吗？

您为什么要接受印巴分治？

依据以上分析，教师把本课的难点确定为：①对甘地领导的非暴力不合作运动的理解与评价；②对甘地这一历史人物的理解与评价。

✳ 案例探究

您认为此案例中教师确定难点主要依据是：

_____

_____

您从此案例中得到的启发：

_____

_____

_____

▰▰ 案例 4

✳ 案例说明

本案例出自北京工业大学附属中学邱菊老师讲授的北京版《历史》第 2 册第 27 课《元朝的统一和民族融合》。

✳ 案例描述

教师确定教学内容的基本过程如下：

对《课程标准》的理解：对于本课内容，《课程标准》作如下要求：知道成吉思汗的崛起以及蒙古军灭亡夏、金和南宋；知道元朝的统一。通过宣政院管辖西藏，知道西藏在元代正式纳入中国版图。教师认为元朝统一全国，结束了我国历史上较长时期的政权分立的状况，重建了大一统国家，版图超出汉、唐，是中国历史上疆域最为辽阔的时期，大体确定了中国后来疆域的轮廓，为统一的多民族国家的进一步发展奠定了基础。元朝实行的行省制度，为后世所沿用，在历史上有着深远的影响。对西藏实施行政管辖，使西藏正式成为中央政府直接管辖下的一个地方行政区域。元朝的统一还为民族交融的进一步发展和东西方的交流创造了条件。

教材内容分析：成吉思汗统一蒙古，建立蒙古汗国，促进了蒙古族的形成和发展，最终忽必烈建立的元朝统一全国，结束了 300 多年政权并立、战乱纷争的时期，重建了统一的多民族国家，为后世统一王朝的出现奠定了基础。

元朝在沿用前朝地方管理制度的基础上开创的行省制度，加强了中央集权，加大了对地方和边疆的控制力度，一定程度上消除了地方割据存在的基础，巩固了统一的多民族国家，并为后世沿用。宣政院的设立使西藏从此正式为中央政权管辖。

在统一过程中，忽必烈认识到了农业生产对稳定社会、维护统治的作用，采取了重农政策，在统一带来的安定、和平环境之下，农业得到了发展，棉纺织业成为元朝手工业的重要部门，对后世中国人的着装产生了重要影响。

大一统局面的出现增加了各民族经济文化的交流、发展，促进了民族交融的进一步发展——回族形成，可以说元朝是我国统一的多民族国家形成的重要时期，对我国历史的发展产生了深远影响。

学生情况分析：初一学生刚刚接触历史学科，对于历史学习的方法比较陌生，以感性思维和形象思维为主，有一定的阅读、理解材料的方法和能力。对于成吉思汗统一蒙古、元朝统一全国和马可·波罗到中国等历史事件比较了解，但对于元朝创建行省制度和对后世历史发展的影响、元朝民族交融的进一步发展了解较少，不够全面，尤其从整体和宏观角度理解、认识元朝统一全国的影响，因为历史学习方法和知识储备的薄弱更需加强。

整合教学内容：宋元时期，民族政权并立，战争频繁，最终元朝统一全国，我国再次由分裂走向统一。较长的和平局面使得各民族经济文化的交融增强，促进了边疆民族地区的发展，统一的多民族国家的发展进入新阶段。同时，元朝开创的行省制度和经济对后世影响深远。因此教师决定把本课的立意确定为从中华文明发展的角度来了解、认识元朝统一的影响。教学内容整合为三个方面——政治、经济和民族关系，以利于学生形成对元朝的整体认知。

教学重点确定为"行省制度、元朝统一全国的影响"，这主要依据课标和教材。本课的核心词是"统一"，而行省制度是巩固统一、消除分裂割据因素的一个重要内容。

教学难点确定为"全面认识元朝统一全国的影响"，这主要依据对学情的分析。

✳ 案例探究

您从此案例中得到的启发：

_____

_____

_____

_____

请结合具体一课尝试整合教学内容：

_____

_____

_____

_____

_____

案例 5

✳ 案例说明

本案例出自北京工业大学附属中学郝薇老师讲授的北京版《历史》第4册第15课《苏联的改革和解体》。

✳ 案例描述

教学内容分析：

课标解读：本课课标要求是了解苏联的改革与变化以及苏联解体。与以往课标相比，新版课标改变过去注重以某一次改革的内容为切入点的做法，更注重苏联改革的过程以及改革过程中出现的问题和变化，旨在通过对改革的了解，知道改革中出现的问题，进而认识苏联社会的变化，理解苏联最终走向解体的原因。

教材分析：本课是北京版教材八年级下册第六单元"由两极格局到多极化趋势"的第二课，主要包括三大子目：赫鲁晓夫改革、戈尔巴乔夫改革和苏联解体。上承美苏"冷战"对峙局面的形成，下启世界格局的多极化趋势。

第二次世界大战后，两极格局形成，并以此开始了长达半个世纪之久的"冷战"和对峙。在此格局之下，苏联作为两极中的一极，受其自身体制的束缚，为实现其发展，也为在国际竞争中保持其地位，进行了一系列的改革和尝试，但改革未触动斯大林模式的实质，没能改变苏联存在的问题，在多种因素的影响下，苏联解体。世界格局走向多极化趋势。

学情分析：

通过前面的学习，学生对斯大林模式有了正确的认识，知道其政治上高度集中、经济上比例失衡的特征，也具备了一定的阅读和分析史料的能力。但学生对战后苏联的主要领导人比较陌生，对苏联历任领导人改革的措施理解起来有难度，不能很好地认识苏联解体的复杂性，因此教学难点确定为"苏联解体的原因"。

对教学内容的调整：

结合教材的编排和课标要求，教师认为本课的重点为苏联的改革，但由于教材中苏联改革的部分不够完整，并未详尽介绍苏联体制走向僵化的勃列日涅夫时期，不利于全面认识苏联的变化以及苏联的解体原因。此外，苏联自身固有的斯大林模式的弊端，距离本课内容时间跨度较大，学生容易遗忘，不能有效进行联系和建构，因此对教材进行了整合，增加了追根溯源——斯大林时代，目的是认识苏联改革的原因；补充了勃列日涅夫改革，目的在于完善苏联改革的内容；分析探究苏联解体的原因，引导学生对苏联改革形成正确的认识。

✳ 案例探究

您认为此案例对于教学内容的处理有何突出之处：

_____

_____

_____

您从此案例中得到的启发：

_____

_____

_____

 案例 6

❋ **案例说明**

本案例出自清华附中朝阳学校邓雅芳老师讲授的高三历史复习课《美苏两极对峙格局的形成》。

❋ **案例描述**

课标要求：

了解美苏两极对峙格局的形成，认识美苏"冷战"对"二战"后国际关系发展的影响。

学情分析：

授课班级为高三学生，具有一定的知识储备和历史学科能力，但对于历史概念的理解不到位，史实的记忆不准确，材料解读仍存在分析不透彻、逻辑思维不清晰、书面表达不顺畅等问题。特别是学生在课后试题反馈中，审题、分析材料、理解运用等能力仍有待提高，对材料的辨析、比较，知识的迁移、落实方面需要有针对性地训练。

教学目标设定：

①结合图片、地图、文字材料，提炼分析信息，深入理解本课出现的主要概念，如"雅尔塔体系""两极格局""杜鲁门主义""马歇尔计划""北约""华约""冷战"等。

②列举美苏对峙的具体表现，认识两极格局的形成是冷战不断加剧的结果。

③结合"冷战"中美苏对峙的史实，认识美苏在国际关系中的地位，辨证地理解"冷战"对世界和平的影响，培养学生历史思维和辨析能力。

④认识到基于意识形态和国家利益冲突而形成的遏制和对抗不符合世界发展的需要，不符合人类和平与发展的主题，只有合作、互利才能推动人类的和平与进步。

简要教学过程：

①分析核心概念"雅尔塔体系""两极格局""冷战""杜鲁门主义""马歇尔计划""两大军事政治集团"等。

②核心概念解读后，用表格的形式具体归类，使学生认识到美苏对峙是从政治、经济、军事等多方面控制、支配其他国家和地区。结合高考考点，把知识点落实到位。

③引导学生阅读分析表格材料、地图、漫画和文字材料，得出美苏两极对峙格局对国际关系的影响：归纳为世界分裂、核战威胁、相对和平。

④最后给学生留课后作业：美苏"冷战"持续了几十年，不仅对国际关系，而且对世界政治、经济、外交、社会生活、思维模式、价值观判断等方方面面都产生了巨大的影响。结合材料分析"冷战"的影响。

以上教学过程以材料为先导逐步推进，依托史料进行设问，将史家的研究结论作为学生思考的视角，整合教材，对核心概念进行解读，使学生对基本概念达到较深入的理解，进而为强化学生历史学科的各种能力和应对高三试题训练打下扎实的知识基础。

✳ 案例探究

您认为此案例对于教学内容的处理有何突出之处：

_____

_____

_____

请您设计一节复习的课的教学内容：

_____

_____

_____

_____

_____

（二）"科学确定教学内容"能力的综合实践

①请择取自己感兴趣的一节课确定重难点，并尝试说明确定的依据。

_____

_____

_____

_____

②尝试思考和挖掘该课教学内容中所蕴含的教学立意。

_____

_____

_____

③请将该课教学内容所涉及的知识类型简要梳理一下：

_____

_____

_____

_____

④请将思考该课教学内容过程中自主搜集的相关学术文章和著作梳理一下：

_____

_____

_____

_____

（三）细化"科学确定教学内容"能力要点的结果指标

在前面详细解读本能力要点的三个层级在历史学科中的具体操作要求后，进行如表 1-2 所示的结果指标的提炼。

表 1-2 "科学确定教学内容"结果指标的提炼

维度	能力要点	针对中学历史青年教师的主要结果指标
教学设计	科学确定教学内容	1. 能够依据课程标准、教材内容和学生情况确定教学重难点 2. 能够结合具体情况科学地调整教学内容 3. 能够对全课教材内容所蕴含的教学立意进行深入挖掘

名家谈

博学之。审问之。谨思之。明辨之。笃行之。今人之为学者，则既反是矣。然圣贤所以教人之法，具存于经，有志之士，固当熟读、深思而问、辨之。

——摘自《白鹿洞书院揭示》

我们要活的书，不要死的书；要真的书，不要假的书；要动的书，不要静的书；要用的书，不要读的书。总起来说，我们要以生活为中心的教学做指导，不要以文字为中心的教科书。

——陶行知

问题不在于教他各种学问，而在于培养他爱好学问的兴趣，而且在这种兴趣充分增长起来的时候，教他以研究学问的方法。

——卢梭

知道事物应该是什么样，说明你是聪明的人；知道事物实际是什么样，说明你是有经验的人；知道怎样使事物变得更好，说明你是有才能的人。

——狄德罗

当教师把每一个学生都理解为他是一个具有个人特点的，具有自己的志向、自己的智慧和性格结构的人的时候，这样的理解才能有助于教师去热爱儿童和尊重儿童。

——赞科夫

历史是经验，经验是知识。知识之中，抽离出来的东西变成了智慧，这就是有用的东西了。

——许倬云

一个好的教师，是一个懂得心理学和教育学的人。

——苏霍姆林斯基

专题二　合理安排教学流程

本专题的研习目标

1. 能够明确"合理安排教学流程"这一标准中重要名词在历史学科中的具体内涵；
2. 能够有效理解、内化并实际运用各层级指标的具体操作要求；
3. 能够从教学案例中汲取所需部分，有效提升自身相关能力水平。

一、先期思考与实践

您认为"教学流程"包括哪些具体内容？

_____

_____

_____

_____

您认为"合理安排教学流程"应该遵循哪些原则？

_____

_____

_____

_____

您如何理解教学流程中的开放性和生成性？

_____

_____

_____

_____

_____

您可以先尝试编写一课的教学流程设计：

二、"合理安排教学流程"的检核标准解读

《北京市朝阳区教师教学基本能力检核标准》对"合理安排教学流程"的检核标准如表 2-1 所示。

表 2-1　"合理安排教学流程"的检核标准

合　格	良　好	优　秀
能够安排符合知识逻辑的教学流程，教学重点突出，对时间安排有预设	能够安排兼顾知识逻辑和学生认知逻辑的教学流程，对时间安排的预设合理	能够安排具有开放性和生成空间的教学流程

下面就相关概念及结果性指标进行解读。

（一）名词解读

1. 教学流程

教学流程是按一定的方法和规律设计的教学方案，实质上是指将课程方案付诸实践的过程。从外部看，在教学流程中，课程规划与课程实施之间是预期的结果与实现结果的过程之间的关系；从内部来看，教学流程包括教学方案选择与采纳、结合学情进行调试和具体应用实施三个环节。"采纳"不等于实施的完成，"调适"代表一种努力，"应用"的方案才是实际运作的课程方案。

在实际教学中，不同的课程、教材应采用不同的教学方式和流程；教学情境、教师和学生特点的多样性，都会导致教学流程的变化。于友西教授主编的《中学历史教学法》一书认为："历史教学有自身的学科特点，从历史知识的特点看，历史教学多适宜采用传统的教师讲授和学生学习书本知识的教学模式和发现法的教学模式。这种模式的流程是诱导学习动机——理解教材—巩固知识—运用知识—回扣和感知教材。目前，有的学校进行了教师指导学生自学教材的实验，但这仍然属于系统地传授和学习教材的教学形式。"

2. 知识逻辑

知识逻辑主要表现为知识之间的联系。知识间的联系分为横向联系和纵向联系两种。知识之间的纵向联系是指知识在其系统中的逻辑关系，即知识的来龙去脉。知识之间的横向联系是指知识之间的内在关系。具体包括：跨单元、跨模块、跨学科知识之间的联系；在学科方法、学科思想观念统摄下的知识之间的联系；学科知识与实际生产生活之间的联系。

3. 认知

认知这一概念有广义和狭义之分。广义是指人认识、理解事物和现象，并运用知识、经验解决问题的能力的总和。狭义是指运用表象和概念进行分析、综合、判断、推理等认知活动的过程。中学生的认知发展是伴随着他们的生理与心理变化而发展变化的，这种发展变化表现在量与质两个方面。一方面，中学生的各项认知能力在不断发展、完善；另一方面，中学生的认知结构在发生着质的变化，能够熟练运用假设、抽象概念、逻辑推理等方法更准确地、有效地解决问题。皮亚杰的认知发展理论认为，个体的认知发展在连续中呈现出阶段性的特征，从出生到青少年的成长过程中，按各个阶段个体的图式功能特征的不同，分为四个时期，即：①感觉动作时期；②前运算时期；③具体运算期；④形式运算时期。中学生正处于第四个时期，个体的思维能力已发展到了成熟的阶段，这个时期思维能力的主要特点是：能将事物的形式与内容分开，可以离开具体事物，根据假设来进行逻辑推理，能按形式逻辑的法则思考问题。从总体上说，初中生的抽象逻辑思维已占主导地位，但有时思维中的具体形象成分还起作用(朱智贤，1979)。林崇德教授认为，高中生已能在头脑中进行完全属于抽象符号的推导，并能运用理论去解决各种问题，辩证逻辑思维能力已趋于优势。

4. 开放性

开放性是指具有开放性质的措施和形式。教学流程具有开放性，意思是说，教师设计的教学流程，对学生来说，是允许他们介入的，其留给他们相当多的空间，去思考，去拓展，以达到对教学内容和重难点知识更深入的阐释和理解，并且最大限度地内化、运用所学知识来解决实际问题。

5. 生成性

在20世纪70年代，美国心理学家维特罗克对生成性学习模式进行了最早的研究，维特罗克认为，学习是一个主动的过程，学习者积极参与其中并非被动地接受信息，而是主动地构建自己对信息的解释，并从中做出推论。"他可能不理解教师讲解的语句，但他肯定理解自己加工生成的语句。"具有生成性的教学，是指在弹性预设的前提下，在教学的展开过程中，由教师和学生根据教学进展，构建教学活动的过程。在师生、生生的合作、对话、碰撞中，出现超出教师预设方案的新问题、新情况，随着教学环境、学习主体、学习方式的变化而变化，根据教师的不同处理而呈现出不同的价值，使课堂呈现出动态变化的、生机勃勃的特点。

（二）对结果指标的解读及实践能力认知

通常情况下，教学流程是指教学设计的实施过程。合理安排教学流程，首先要遵循历史发展的脉络和线索，要符合历史学研究的特点和规律。从微观角度要符合论从史出、史论结合的史学原则，要做到有一分证据说一分话。高中历史教学虽然属于国民教育，但绝非主观臆断和凭空捏造，同样也要重视其实证性、科学性，在还原历史景象时既要有一定的想象力，更要有基于史实的逻辑推理。从宏观角度要有科学的历史价值观，能够客观全面地阐释历史事件，理解历史情境和问题。随着各种社会科学研究方法的引用，当代历史学术界形成了多种史观，每一种史观都可以从不同的角度为我们展现历史，可以帮助我们更全面地去理解历史事件(引自巴勒克拉夫：《当代史学主要趋势》)。但多种史观的科学运用均离不开唯物史观，这在高中历史教学中依然是重要的原则(引自叶小兵：《中学历史教学法》)。在教学流程中，为了突出教学重点，要将主要的教学环节和教学活动围绕着重点来进行。

其次，合理安排教学流程也必须要兼顾中学生的认知逻辑的基础。高中历史教学有特定的对象，有特定的内容，有特定的时间。高中历史教学针对学生的具体情况进行授课，尤其是教改以来，以学生为主体设定环境要求教学流程的设置要突出学生；高中历史教学属于国民教育范畴，故其所授历史内容影响着教学流程的安排；课堂的时间是有限的，整体课时安排是有目的的，所以教学流程必须符合整体计划安排，要突出效率。

最后，在教学时间的分配上，要依据事先预定的教学目标、教学重难点，以及学生的认知逻辑，进行时间分配。在设计开放性和生成性环节时，一是要培养学生的历史思维和理性思维，二是一定要遵循论从史出的史学原则，避免使用所谓的"人造史料"。

1. 合格要求

◆能够安排符合知识逻辑的教学流程

(1)操作要求

Ⅰ能够依据知识结构和教学目标，呈现结构完整、脉络清楚的教学流程。

Ⅱ能够准确把握教学流程之间各个环节的内在逻辑联系。

(2)说明与分析

就历史学科而言，历史知识是经过加工、整理的历史现象。历史的知识逻辑也体现为纵向和横向联系。历史知识的纵向联系包括新旧知识的联系，历史知识的因果联系，即历史知识的来龙去脉。历史知识的横向联系包括同一历史时期政治、经济、文化内容之间，中外历史之间，历史学科和其他学科之间，历史现象与社会生活之间的横向联系。

教学流程是指教学设计的实施过程，将教师预设的教学目标诉诸实践，是教学流程要解决的首要问题。教学目标可以理解为"要到哪里去"。通过教学活动，学习者应该掌握哪些历史知识和历史学科技能，培养何种情感态度，并要用可测试的行为术语表达出来。在教学流程的具体设计的各个环节中，均要围绕实现教学目标来进行，同时教学流程又受到教学目标的制约。

在过去的几十年里，国内不少优秀的历史教育工作者经过自身长时期的教育教学实践，总结出了不少效果不错的教学流程。王雄在其《中学历史教育心理学》一书中指出，在历史学科中，比较典型的有："三段式"（读、理、练）、"四段式"（问题、精讲、讨论、练习）、"五段式"（复习提问、自学讨论、归纳小结、巩固练习、布置作业）、程序教学（组织教学、联旧导新、呈现目标、展示作业、指导作业、质疑答疑、知识系统化、布置预习）、"三五式"（三种形式：听读结合、观察思考、手脑并用；五种方法：讲授、提问、演示、启发、巩固）等。

尽管以上流程方法各异，但基本上都是从以下五个环环相扣、层层递进的阶段来展开的。这五个阶段分别是：

①导入激疑、明确目标。从心理学的角度看，任何人的政治活动都是从具有认识的积极心理开始的，有经验的历史教师总是十分注意调动学生的学习积极性，努力使学生参与到历史教学的思维活动中。一般来说，每节课的启示阶段是通过导入的方式，引起学生的历史学习积极性的。导入一般是要让学生明确学习的目标，引导学生进入新内容的学习。

②了解历史的阶段。在明确本课的学习目标、调动起学生的积极性之后，教学就应该进入感知、学习具体历史史实的过程。在这一环节中，学生在感知、学习历史基础史实的同时，也应受到积极向上的情感态度与价值观的熏陶。

③理解历史的阶段。在这一教学阶段中，教师应帮助学生通过分析、归纳、比较等思维活动，形成历史概念，揭示历史发展的规律。

④运用历史知识的阶段。历史知识的运用并不是一个立竿见影的过程，而是更多地体现在学习者潜移默化地运用历史知识去分析与解决问题的能力与方法上。

⑤巩固与检测历史知识的阶段。这个阶段与前面的四个阶段密不可分，前四个阶段的实施情况，直接决定着检测的结果。这个阶段是提升历史教学质量必不可少的重要环节。

关于教学流程的具体环节。何成刚等主编的《历史教学设计》（华东师范大学出版社出版）一书认为，教学流程的主要内容应该包括：本课有几个教学环节；每个教学环节有什么教学活动，解决什么教学任务，达到何种教学意图；教学环节之间有何内在联系。在教学设计中，设计者要尽可能设计出一个教学流程图。这种教学流程，可用图示法，也可用条目法。教学流程图的功能在于将复杂的教学过程分解成简明扼要的几个环节，能够更直观地呈现出课堂教学中各个因素之间的关系，有利于合理取舍、优化教学过程。

案例 1

❋ 案例说明

本案例出自北京市月坛中学贾海燕老师设计的《辛亥革命》这一课的教学流程图（该案例引自何成刚等主编的《历史教学设计》，华东师范大学出版社出版）。

✽ 案例描述

教学流程图中的符号

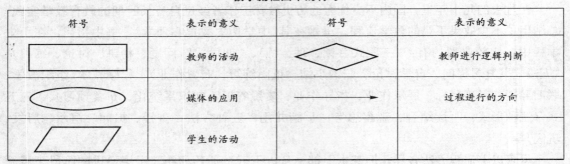

符号	表示的意义	符号	表示的意义
□	教师的活动	◇	教师进行逻辑判断
○	媒体的应用	→	过程进行的方向
▱	学生的活动		

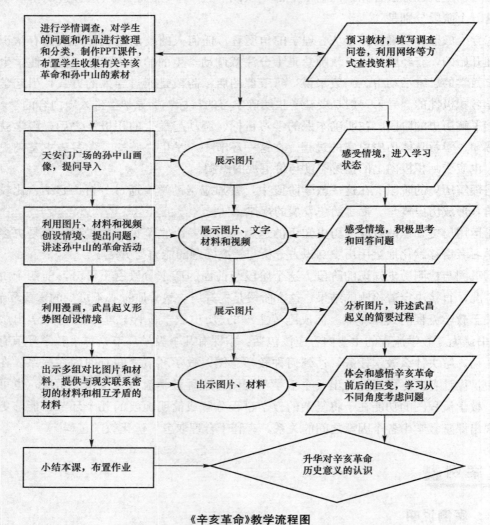

《辛亥革命》教学流程图

综上所述，如何合理安排教学流程有其内在的必然性，而能否打造出一堂有效率的课，能否打造出一堂有历史味道的课，是检验教学流程是否合理的重要标准，其逻辑关系图如下：

实践演练

请您以该项标准的诸项具体操作要求为依据进行实际演练：

_____

_____

_____

◆教学重点突出

（1）操作要求

Ⅰ能够在教学流程中，合理安排教学内容，以突出教学重点。

Ⅱ能够在教学流程中，设计突出教学重点的策略。

（2）说明与分析

一般认为，教学策略是为实现某一教学目标而制定的、付诸教学过程实施的整体方案，它包括合理组织教学过程，选择具体的教学方法和材料，制定教师与学生所遵守的教学行为程序。如果说教学目标要明确的是"要到哪里去"的话，教学策略要解决的就是"怎么到那里去"的问题。

如何突出教学重点？首都师范大学叶小兵教授在其论文《听课随笔：重点的选定》当中认为，教师在设计教学过程时就要考虑到以下几个方面："①重点的切入。这是指对教学重点展开时所进行的铺垫和引导，如背景介绍、相关知识的联系等。②重点的激活。这是指对重点的打开，引起学生的关注，如设置情境、提出疑难问题等。③重点的丰富。这是指对重点的充实，如提供有关的材料、对重点进行具体的讲授、演示相关的教学课件等。④重点的认识。这是指对重点组织相关的学习和认识活动，对重点进行探究，如开展讨论、辩论等活动。⑤重点的巩固。这是指对重点的进一步强化，如进行练习、概括总结等。"总之，是将主要的教学环节和教学活动围绕着重点来进行。

案例 ❷

❈ **案例说明**

本案例出自北京市朝阳外国语学校王垚老师的公开课《西周的政治制度》。

❈ **案例描述**

对西周的分封制内容和作用的讲解，主讲教师作了如下设计：

出示材料：（诸侯国）以法则周公（执行周公的法律），用即命（遵从王命）于周。

王臣公（诸侯），公臣大夫，大夫臣士。

天子适诸侯曰巡狩；诸侯朝于天子曰述职。

昔天子班贡……周制也。

元侯（大国之君）作师，卿率之，以承天子。

【设问】诸侯的义务是什么？通过以上材料，和商朝相比，商代附属国和西周诸侯国有何不同？天子和商国王相比在地位和权力上有何不同？（由是天子之尊，非复诸侯之长而为诸侯之君。）

【设计意图】以问题引领学生提取信息；补充相关的材料，并与商朝地方制度进行对比，帮助学生在理解分封制下周与地方诸侯的政治权力关系的基础上，分析西周分封制的作用。一方面使学生分析推导出西周分封制度在一定程度上加强了对地方的控制，另一方面使学生能够理解西周分封制比商代的内外服制度的上下级的隶属关系更加明确。

出示材料：严格地说西周分封出去的国家都有自己的军队，有自己的内政、外交等主权。同样，诸侯把土地、人民分给了他的下属卿、大夫，卿、大夫再分；这样层层下分，每一级都有大小不等的权力。诸侯对周王，卿大夫对诸侯，都得尽义务，但诸侯国的事情，周王是无权——过问的。

【设问】中央赋予诸侯一定的权力和利益，诸侯的权力是什么？结合受封对象的权力和义务，你认为分封制下的政治权力是如何分配的？

【设计意图】意在帮助学生去理解西周的诸侯国在政治、经济、军事上都具有很大的独立性，西周的分封制导致地方分权，而不是中央集权。

关于分封制的作用，学生自主归纳总结：从中央与地方的关系、从上下级之间等角度。

出示材料：西周分封制的主要目的是建立巩固周王朝的屏藩，让被分封的诸侯守卫在一些边缘地区，防止周边夷狄对周王朝的侵犯，而且被分封的诸侯可以在守卫的基点上扩张。

——摘自朱凤瀚《商周家族形态研究》

出示材料："中"：彩旗飘飘、凯旋回乡。"国"：普天之下，国土无疆。

——摘自何尊铭文中的"中国"

【设问】分封制还有哪些作用？

"天下"字面上的意思为"普天之下"，没有地理、时间和空间的限制。"普天之下莫非王土，率土之滨莫非王臣。"一个以周天子为"天下共主"的天下一体的新国家就此诞生。

【设计意图】帮助学生理解西周分封制在凝聚国家方面发挥的巨大作用。

实践演练

请您以该项标准的诸项具体操作要求为依据进行实际演练：

_____

_____

◆对时间安排有预设

（1）操作要求

Ⅰ能够依据教学目标，对教学流程中各个实施环节进行时间预设。

（2）说明与分析

所谓预设，就是教师对课堂的系统化设计和规划。课堂预设分为课前和课堂上两部分。预设表现在课前，指的是教师对课堂教学的规划、设计、假设、安排，从这个角度说，它是课前教学设计的重要组成部分；预设可以体现在教案中，也可以不体现在教案中。预设可以表现在课堂上，指的是师生教学活动按照教师课前的设计和安排展开，课堂教学活动按计划有序地进行。课堂教学是一种有目的性、有意识的教育活动，预设是课堂教学顺利实施的基本前提，是保证教学质量的基本要求。老师在课前必须对教学目的、任务和过程有一个清晰、理性的安排，课堂上也需要按预先设计开展教学活动，保证教学活动的计划性和效率性。

时间预设，指的是在具体的教学流程中，对各个教学环节的实施时间有具体的安排和预先的设计，例如对教学流程的五个阶段的实施：①导入激疑、明确目标；②了解历史的阶段；③理解历史的阶段；④运用历史知识的阶段；⑤巩固与检测历史知识的阶段。在各个教学阶段中，做出具体的时间安排，以保障教学流程的顺利实施和在 40～45 分钟的单位课堂教学时间里，完成预定的相关教学任务。

 案例 3

✳ **案例说明**

本案例出自北京市朝阳外国语学校王垚老师讲授的高三年级《历史选择题解题方法研讨》一课的教学设计。

✳ **案例描述**

历史选择题解题方法研讨教学流程			
教学环节与所需时间	教学内容		设计意图
	教师活动	学生活动	
一、师生共同研讨解答选择题的三个步骤（10分钟）	通过相关试题，首先帮助学生明确解答历史选择题的三个基本步骤：审题干、辨选项、想基础。本部分的教学重点为帮助学生明确"审题干"的基本步骤 1. 帮助学生了解断定时间 习题（2013 北京文综，19）：中国共产党曾提出"赞助建立全国统一的民主共和国"。当"全国统一的民主共和国建立之时，苏维埃区域即可成为全国统一的民主共和国的一个组成部分，苏区人民的代表，将参加全中国的国会，在苏区实行与全中国一样的民主制度"。中国共产党提出这一主张有利于：	认真解答学案相关习题，总结解题的注意事项	带领学生明确选择题的解题规范

续表

	历史选择题解题方法研讨教学流程		
教学环节与所需时间	教学内容	学生活动	设计意图
	教师活动		
一、师生共同研讨解答选择题的三个步骤（10分钟）	A. 推动国民革命不断深入　　B. 创立苏维埃革命根据地 C. 建立抗日民族统一战线　　D. 夺取解放战争最后胜利 2. 帮助学生把握题干中材料的重心 习题(2010北京文综，15)："君为主，则必尧舜之君在上，而后可久安长治；民为主，则法制多纷更，心志难专一。究其极，不为流弊。惟君民共治，上下相通，民隐得以上达，君惠亦得以下逮"。根据材料和所学，判断这段文字的作者是：A. 魏源　B. 王韬　C. 宋教仁　D. 胡适	认真解答学案相关习题，总结解题的注意事项	带领学生明确选择题的解题规范
二、教学重点与难点：归纳解答历史选择题的几个重要原则（25分钟）	通过指导学生对相关试题的作答、分析，指导学生自主归纳解答历史选择题要遵循的若干原则 1. 信息优先原则：完整提取材料信息，对接选项中能全面反映题干的选项 习题(2013北京文综)：1985年，一艘荷兰东印度公司的沉船被发现，船上载有景德镇生产的青花瓷。该船沉没的时间最早应为： A. 北宋中期　B. 元末明初　C. 明末清初　D. 鸦片战争时期 2. 主体一致原则：选项的主体必须与题干的主体一致 习题(2012朝阳期中)：20世纪初，以绅商为主体构成的立宪派，是当时中国政治风云中不可或缺的力量。对其历史作用表述准确的是：①主张暴力革命，废除君主专制政体；②出台宪法大纲，规定臣民自由权利；③追求政治民主，与革命派殊途同归；④策动诸省独立，清朝统治土崩瓦解 A.①②　　B.①④　　C.②③　　D.③④		
三、教师总结、布置课后练习（5分钟）			

实践演练

请您以该项标准的诸项具体操作要求为依据进行实际演练：

_____

_____

_____

2. 良好要求

◆能够安排兼顾知识逻辑和学生认知逻辑的教学流程

(1)操作要求

Ⅰ能够完成对学生学习起点的分析。

Ⅱ能够在综合学生认知逻辑和知识逻辑的基础上，设计出相应的教学流程。

(2)说明与分析

"以学定教，以教导学""以学生为主体，教师为主导"已经成为新课程改革后中学教学的共识。教师以教育学理论为基础，依据学生的特点，并根据自己的教学理念、风格、经验，分析教学内容，确定教学目标、教学重点和难点，合理设计整个课堂教学的教学流程。

建构主义教育理论对教学流程设计中兼顾学生认知逻辑和知识逻辑提供了理论支持。建构主义认为，知识的获得不是通过传递，而是通过建构；学习是基于经验形成意义的主动过程。建构主义有几个关键词：同化、顺应、失衡、平衡。"同化"是指将新信息纳入现有认知结构的过程。"顺应"是指基于不能纳入现有认知结构的信息，而对现有认知结构进行修改的过程。"失衡"是指由于新信息不能被整合进现有的认知结构而产生的混乱、失调或不适的状态。"平衡"是指对知识进行重组以顺应或同化导致失衡的信息的认知过程。

以下为同化与顺应的案例（引自何成刚等主编的《历史教学设计》，华东师范大学出版社）。

学生从小就从媒体上接触到"民主"这个词。但是，学生了解到的民主主要是间接民主，如中国的人民代表大会制度和西方的代议制。而他们将要在高中学习的雅典民主制度，是直接民主，这是超越他们经验的新信息。所谓同化，是指学生修正自己的原有经验，将直接民主纳入民主的范畴。又如，在学生原有经验中，"民主"和"自由"可能混为一谈。但是在高中历史学习中，学生有可能从课堂上了解到，民主有时也会导致"大多数暴政"，妨碍个体自由。那么，这时学生需要对现有认知结构进行修改，即顺应。如果学生难以顺应，就会导致困惑，产生失衡；如果学生能够顺应，这就是平衡。

"教"依据"学"，以上案例表明，建构主义对于教学流程设计的作用在于：必须考虑学习者的原有经验（即学习起点）、学习风格、态度和认知特点，并且为学生的主动建构提供情景和支架。因此，科学合理的教学流程设计，首先要考虑的就是学习者的学习起点，并在此基础上分析教学内容的知识逻辑，确定教学目标和教学重难点，并选择合适的教学策略和史料资源，设计整个教学活动的流程。

分析学生起点可以了解学生的知识基础、学习程度、生活经验，有效利用学生探求新知所需的预备知识和技能，确立设计教学流程的起点。奥苏伯尔说过："假如让我把全部教育心理学仅仅归结为一条原理的话，那么，我将一言以蔽之曰，影响学生学习新知识的唯一最重要的因素，就是学习者已经知道了什么，要探明这一点，并据此进行教学活动。"

《历史教学设计》一书认为：要想真正设计出基于综合学生认知逻辑和知识逻辑的教学流程，可以从以下几个环节入手操作。①学生学习需要分析：了解教学中存在的问题，分析学生的实际情况与期望水平之间的差距，确定总的教学目标。解决"为什么教"的问题。

②学生学习内容分析：根据总的教学目标，结合历史史实的发展逻辑和内在联系，具体考虑如何选择和安排教学内容，解决"教什么"的问题。③制定教学策略：确定教学活动的程序，选择恰当的教学活动，明确突破教学重难点的方法，解决"怎么教"的问题。④选择和运用教学资源：描述教学过程中所需的教学媒体，做出最佳选择，属于教学策略的具体实施。⑤教学设计成果的评价：评价标准是学习目标，评价对象包括教师的"教"和学生的学习行为，评价类型可以分为诊断性评价、形成性评价、总结性评价，评价的目的是了解是否达成学习目标。⑥修改反馈：根据教学评价的反馈信息，对模式中的各个步骤进行重新审查和修改，以及时调整和修正目标和教学策略。

历史教学流程是教师预设、史实内在逻辑联系与学生认知水平互动融合的过程。因此，在教学中，一方面我们把历史知识与学生认知逻辑紧密联系起来，要让教学流程与学生的认知逻辑相契合，让学生充分参与其中；另一方面随时介绍史学界最新的研究成果，还历史知识以生命色彩，使历史知识充满生命情态。

案例 4

✽ 案例说明

本案例出自北京中医学院附属中学魏祺老师的岳麓版高中历史教材必修1第23课《祖国统一的历史潮流》。

✽ 案例描述

《祖国和平统一的历史潮流》是高中历史必修1的内容，根据教育部制定的《普通高中历史课程标准》的要求，学生通过本课学习要能做到简述"一国两制"的理论和实践，同时要求学生通过学习认识实现祖国完全统一对中华民族复兴的重大历史意义。本课基本流程如下：

教学环节	教师活动	学生活动
导入课程	多媒体展示2015年11月7日两岸领导人习近平、马英九在新加坡会面的相关新闻并设问	结合时事新闻进行思考，发表对此次两岸领导人会面的看法
内容框架的搭建	组织文字材料、视频影像、照片图片等多种史料对港、澳、台问题的产生，以及"一国两制"提出的背景、历程、成果、两岸关系展望这五个部分进行逐步分析 组织学生参与课堂讨论，理清历史思路	有效地组织课内外所学知识，全面客观的认识港、澳、台问题 通过参与课堂师生问答，逐步了解祖国统一的历史进程 结合当前国内外形势，以历史思维分析两岸关系发展前景
主题升华	引导学生回顾整节课所学知识，通过背景音乐播放及课堂小结，完成社会主义核心价值观与教学内容的自然融合	通过课堂所学感悟祖国和平统一是历史发展的潮流 通过对多种形式史料的学习和分析，掌握论从史出的历史学习方法

　　本课所安排的教学流程是以打造一堂高效且以弘扬爱国主义为核心的课程为标准，因此笔者的整体设计思路如下：

　　从课程框架与体例角度来看，祖国统一的历史潮流涉及方方面面的学科知识，而实际上课过程中必须考虑课程容量这一现实问题，这就要求在教师备课时应当注意合理安排教学流程，做到前后联系、层层递进，同时要注意材料精选，在这方面教师可以适当引用原版纪录片、历史原声、历史照片、文字材料等多种素材丰富课堂内容，帮助学生理解所学内容，也要掌握本课重点的讲解方法。对于教学难点要进行难点突破，巧妙设计教学问题，引发学生思考。另外由于教材内容限制，在本课中对于港、澳、台问题的由来没有提及，教师在授课时应该结合之前所学知识做好知识的复习与衔接。这样将单纯的书本知识重新构建，建立起更有利于学生学习的方式，充分发挥学生的主体性、积极性和参与性。本课教学流程框架如下：

　　1.“失子之痛”——港、澳、台问题的由来

　　(1)香港问题

　　(2)澳门问题

　　(3)台湾问题

　　2.“寻子之策”——“一国两制”的提出

　　(1)“一国两制”构想的酝酿

　　(2)“一国两制”构想的形成

　　(3)“一国两制”的法律保障

　　(4)“一国两制”的正式确立及地位

　　3.“迎子归来”——香港、澳门的回归

　　(1)1982年，中英“世纪谈判”

　　(2)1984年中英签署《关于香港问题的联合声明》

　　(3)1997年7月1日香港回归

　　(4)《中葡关于澳门问题联合声明》及澳门回归

　　(5)香港、澳门成功回归的历史意义

　　4.“团聚之盼”——海峡两岸关系的新发展

　　(1)隔绝(1949年至今)——完全隔阂，军事对抗，一个中国

　　(2)两岸关系改善——停火

　　(3)两岸民间交流

　　(4)“九二共识”与汪辜会谈

　　(5)江泽民两次重要讲话

　　(6)实现祖国统一的有利因素和不利于因素

实践演练

请您以该项标准的诸项具体操作要求为依据进行实际演练：

_____

_____

_____

◆对时间安排的预设合理

（1）操作要求

Ⅰ能够为教学流程中的教学重难点的讲授进行合理的时间预设。

Ⅱ能够依据学生的认知情况对教学流程进行合理的时间预设。

（2）说明与分析

笔者认为，在教学流程中进行合理的时间预设，主要体现在以下几个方面。首先，在课前教学设计阶段，合理的时间预设表现为对各个教学活动的时间安排有一个清晰的设计和规划，这种时间的安排和规划，是教师围绕教学目标和教学重点难点，通过系统研读教材和准确把握学生认知基础等实际情况，以及在对以往相关教学行为结果的反思和经验总结基础上，做出的整体性设计。

其次，在教学设计中进行合理的时间预设，还要体现出鲜明的目的性，要为教学流程中各个环节的设计意图服务。

最后，对时间安排的合理预设体现为在保证完成教学任务的前提下，能够根据课上可能出现的情况，特别是对可能出现的生成性问题和学生的突发情况，进行合理的时间预设，以确保教学目标的实现和对学生思维能力的培养。

实践演练

请您以该项标准的诸项具体操作要求为依据进行实际演练：

_____

_____

_____

3. 优秀要求

◆能够安排具有开放性和生成空间的教学流程

（1）操作要求

Ⅰ能够在兼顾知识逻辑和学生认知逻辑的基础上，安排让学生充分参与的教学流程。

Ⅱ能够在充分关注学生认知逻辑的基础上，开展具有生成空间的探究活动。

（2）说明与分析

人本主义的学习理论从全人教育的视角阐释了学习者的成长历程，注重启发学习者的经验和创造潜能，引导其结合认知和经验，肯定自我，进而自我实现。人本主义学习理论重点研究如何为学习者创造一个良好的环境，让其从自己的角度感知世界，发展出对世界的理解，达到自我实现的最高境界。基于人本主义学习理论的学生学习过程是自由开放的，是依靠学生根据自己的个性来选择学习路径的。

　　基于以上理论，新课程改革以来，对教师角色的转换提出了很多要求。其中最重要的一条是教师的角色要由知识的传播者转变为学生学习的促进者和帮助者，学生的学习是一种在教师帮助下的自我激发、自我促进、自我反思的过程。新课改的课堂教学流程，也必须为学生的自我学习留出充分的开放性空间，以帮助学生在具有开放性和生成空间的学习状态中，获得知识，提升思维能力，培养健全人格。

　　开放式教学的第一种含义是指内容的开放，即学生的已有知识经验能参与到教学中来。第二个含义是指形式的开放，即学生能用自己擅长或喜爱的方式参与课堂教学。

 案例 5

　　✱ **案例说明**

　　本案例出自广东茂名实验中学李月霞老师讲授的《战后的苏联经济改革》(该案例引自赵亚夫主编的《历史课堂的有效教学》，北京师范大学出版社出版)。

　　✱ **案例描述**

　　教师：今天，我要大家用医生的诊断方法，以经济学家的眼光，写一份诊断书。

　　诊断对象：20世纪40—60年代的苏联经济。要求：病由、病症、诊断、处方、医生签名。

　　接着，教师要求学生4～6人组成一个小组，协同合作，一起完成一份简洁而深刻的诊断书。教师表示会把优秀作品上传到学校的网页，成功地激发了学生参与的热情。大家开始寻找伙伴、阅读课本、分析问题。20分钟后，诊断书陆续完成，其中一组是这样的：

苏联20世纪40—60年代经济问题诊断书	
病人	苏联
发病时间	20世纪40—60年代
病由	因为长期处于"高度集中的政治经济体制"而导致的"经济"血管堵塞、心肌梗死
病症	"物质"血小板过少，出现"经济"性贫血，而心肌梗死严重，病人有生命危险
诊断	苏联患了严重的"经济发展缓慢"症
处方	建议服用针对高度集中的政治经济体制的"改革冲剂"，进行"换血"手术，以疏通血管，保证心脏功能
诊断医生	蔡泽锋　黎锦发　谢辅成　杨士超

案例 6

❋ 案例说明

本案例出中国人民大学附属中学朝阳学校刘云峰老师的高中历史必修1《太平天国运动》教学中"太平天国运动的历史启示"的教学流程设计。

❋ 案例描述

材料一：兴车马之利……倘有能造如外邦火轮车，一日夜能行七八千里者，准自专其利，限满准他人仿做。兴银行……兴器皿技艺。有能造精奇利便者，准其自售。兴市镇公司……以司工商水陆关税……

——《资政新篇》

【设问1】材料体现了什么经济主张？

材料二："清政府镇压太平天国运动的力量也不单恃清军及其地方武装如湘军和淮军等……中外反动势力联合镇压了这次起义。"

材料三："镇压太平天国运动过程中，地方督抚权力膨胀……削弱了清政府的中央集权……汉族地主地位得以提升。"

材料四：同治《应山县志》："又伪檄勒贡，分股掠乡……所至村庄……壮者被掳，老者被胁。勒贡不到，索银不与者杀之，又并其屋焚之。"

【设问2】材料反映出什么信息？

材料五："凡一切孔孟诸子百家妖书邪说者尽行焚除……凡一切妖书，如有敢念涌教习者，一概皆斩。"

——（清）张德坚《贼情汇纂》

【设问3】以上行为会造成什么后果？

【设问4】以上材料反映了什么信息？

学生通过研读史料发掘出相关历史信息，能够了解到太平天国虽然是农民反抗运动，但里面已经蕴含了诸多与时代结合的内容，《资政新篇》是典型的代表，而遭受到中外势力的联合剿杀，又反映出中国近代历史任务是双重的，内部矛盾与外部矛盾始终交织在一起。太平天国打击了当时的清政府，并使其权力结构发生变革，进而动摇了统治秩序。但另一方面，战争带来的在经济、文化方面的破坏也是显而易见的。所以对太平天国运动的评价要从积极与消极两方面入手，也要从历史长时期的进程上入手，也要从古今不同角度入手。

所以，从宏观的历史格局来看太平天国，会发现其包含了众多的矛盾性。太平天国运动的缔造者，既有反抗性又有破坏性，既有创造性又有落后性；而镇压太平天国的湘、淮军集团，既有合理性又有残酷性，既有传统性又有开创性。在太平天国研究史上，既有极度污蔑太平天国运动的结论，也有对唯物主义史观应用简单化、教条化，产生对太平天国过多的溢美之词的现象。所以，当我们一概着重看待太平天国的某一方面，都可能导致历史真相的缺失，无法真正理解当时为何发生这样一场运动，也就无法理解我们在变革时期到底应该注意些什么、做些什么。总之，太平天国运动是中国进入近代历史后社会上诸多矛盾的集合体，是中国社会由古代向近代艰难变革的真实演绎。

但我们还应该注意，我们在强调生成性和开放性的同时，一定要和教学设计的"预设"目标，和教材的知识结构、学生的认知结构相契合，同时也要充分考虑时间安排，防止随意生成和开放现象的发生。生成性设计不能否定教学设计的预设，如果我们不能对教学设计有很好的整体把握的话，就难以保证生成性设计的有效性。在教学过程中如果不顾及40～45分钟之内的效率，不顾及课时的限制，偏离预设的教学目标和教学重难点的话，那么这种"生成和开放"本身就成了为开放而开放，失去了本应具有的为教学目标服务的意义了。

我们不妨看这样一个案例（引自齐健的《初中历史新课程教学法》，北京开明出版社出版）：有位教师在引导学生学习董存瑞烈士炸碉堡这个历史事件时，鼓励学生发散思维，勇于提出问题，结果在学生广泛发言的基础上，教师选择了这样两个问题让学生展开讨论：

问题1："假如董存瑞拉开的炸药包没有爆炸，那会是什么原因，该怎么办？"

问题2："你能不能设计出一个更好的炸碉堡的方案？"

这个案例所暴露出来的问题是很值得研究的。问题的关键并不是教师缺乏开拓学生思维的问题意识，而在于这位教师已经忽略了历史教育的主旨，可能学生的讨论会非常热烈，会提出一些颇具创意的方法，但其结果又如何呢？能否完成基本的教学目标，特别是情感态度和价值观的目标呢？董存瑞的英雄形象在学生心目中还会高大如旧吗？这些是值得怀疑和深思的。这样的生成和开放性的设计，已经基本丢弃了之前预设的教学目标，因此这样做的实际后果也就可想而知了。

实践演练

清您以该项标准的诸项具体操作要求为依据进行实际演练：

_____

_____

_____

三、对于"合理安排教学流程"能力标准的实践性把握

（一）教学案例的实践探究

案例 1

❋ 案例说明

本案例出自中国人民大学附属中学朝阳学校刘云峰老师讲授的岳麓版高中历史教材必

修1第13课《太平天国运动》。

❋ 案例描述

《太平天国运动》是高中历史必修1政治模块中重要的一课，是"近代中国反侵略、求民主的潮流"这一单元的第二课，是构成中国近代史整体面貌的重要一环。刘老师在本课的逻辑关系设置上渗透了两条线索，设计了如下的教学流程和流程图。

教学环节	教师活动	学生活动
导入课程	引入网络上关于太平天国的一条信息	阅读信息并进行思考，发表自己对这条信息的看法
初高中衔接	回顾关于太平天国运动的核心概念，抓住核心词汇	阅读理解并与导入信息产生思维冲突，产生新的问题
内容框架的搭建	组织史料对太平天国运动爆发的背景、发展历程、失败的原因、历史的启示这四个部分进行探讨 组织学生探讨通过史料研读所得结论是否合理	通过研读史料发掘出信息 将所得信息有效组织，得出结论 提出对所得结论的不同看法 对太平天国运动有完整的知识体系和分析过程 能够对历史事件从多个角度去理解
回归初始解决实际问题	再次引入导入环节的史料，组织学生分析 引入新的史料进行对比分析	通过运用所学知识，对网络信息提出质疑 通过分析不同史料对比，理解不同角度下对于历史的评价

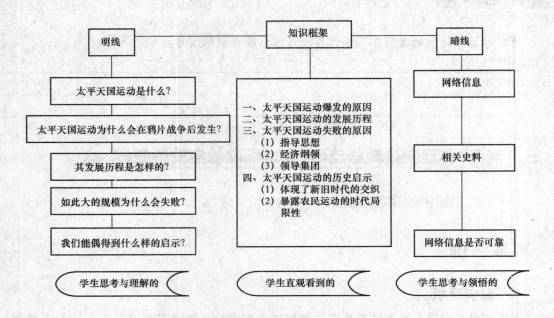

❋ 案例探究

您认为此案例是如何体现知识逻辑的？

_____

_____

_____

您认为此案例是如何体现学生认知逻辑的？

_____

_____

_____

您从此案例中得到的启发是：

_____

_____

_____

案例 2

❋ 案例说明

本案例出自北京工业大学附属中学郝薇老师对北京市义务教育课程改革实验教材《历史》八年级下册第7课《反法西斯战争的胜利》中"雅尔塔会议"的教学设计。

❋ 案例描述

教师活动	学习方式	达成目标	时间预设
导入：出示历史漫画——绞死希特勒 史料： 前往东京尚有一段艰难与漫长的道路。击败德国并不意味着对日战争的结束。 ——第二次世界大战参考文献	阅读漫画和史料	了解雅尔塔会议召开的背景，认识雅尔塔会议的必要性	1分钟
新课：雅尔塔会议 图片：雅尔塔会议三巨头	阅读图片和教材	了解基本史实，雅尔塔会议的时间、地点、主要代表人、目的	2分钟
雅尔塔会议的主要内容： 出示ppt 处置德国问题 筹建联合国问题 波兰问题 远东问题	观看ppt 聆听讲述	总体把握雅尔塔会议的主要内容	30秒

续表

教师活动	学习方式	达成目标	时间预设
1. 处置德国问题 出示史料 我们不屈不挠的宗旨，就是要消灭德国的军国主义和纳粹主义，要确保德国绝不能够再扰乱世界的和平。——苏英美三国克里米亚(雅尔塔)会议公报 出示地图： 四国分区占领德国	阅读史料和地图	了解会议对德国问题的决议：彻底消灭德国法西斯，对德国实行分区占领	2分钟
2. 筹建联合国问题 出示史料：我们决定尽可能从速和我们的盟邦建立一个一般性的国际组织，以维持和平与安全。决定美、英、法、苏、中五国为安理会常任理事国，规定实质性问题常任理事国一致同意的原则。 ——苏英美三国克里米亚(雅尔塔)会议公报 思考： 筹建联合国有何意义？	阅读史料 分析问题	了解雅尔塔会议重要决议——战后成立联合国，维护世界和平安全	2分钟
3. 波兰问题 出示地图 ——波兰领土变迁	观看地图 聆听讲述；	了解波兰问题极大地满足了苏联的需求，认识苏联国际地位的攀升	1分钟
4. 远东问题 苏联承诺在欧洲战争结束后2～3个月内参加对日作战 出示其附加条件 提问：你如何看待雅尔塔会议关于远东问题的决定？	阅读文字材料 分析历史问题	了解雅尔塔会议关于远东问题的决议，全面看待历史问题。认识苏联出兵加速战争结束进程，但其条件损害中国主权，具有大国强权政治倾向	2分钟
雅尔塔会议的作用 教师在学生认识的基础上归纳小结	根据内容 分析历史问题	理解雅尔塔会议的影响	2分钟
拓展提升： 出示"二战"期间主要会议的统计表 思考：这些会议起到什么作用？你感受到了什么？	思考、体会、感受	认识在世界人民共同努力下打败法西斯，体会战争的艰辛	2分钟

本目内容是八年级下册第7课《反法西斯战争的胜利》的第四目，上承诺曼底登陆，下启反法西斯战争的胜利。课标要求知道第二次世界大战的主要进程、雅尔塔会议等国际会议，理解世界人民反法西斯战争的艰巨性和胜利原因。因此，本目是本课的教学重点之一。

在本目中雅尔塔会议的内容又是重点中的重点，只有全面认识雅尔塔会议的内容，才能理解其作用和影响，进而体会反法西斯战争的艰巨，认识全世界人民的联合是反法西斯战争胜利的重要原因。基于此，教师在设计教学流程时对本目总用时预设为15分钟，其中雅尔塔会议的内容预设7~8分钟。本目遵循雅尔塔会议的背景—内容—作用的逻辑顺序进行教学，在学习过程中适当提出问题，引导学生思考，在本目的最后又通过一张对"二战"中主要会议归纳的图表启发学生深入思考"二战"胜利的原因，感受反法西斯战争的艰巨性，紧扣课标要求，为学生的思维留有空间，为《反法西斯战争的胜利》后面一目的学习奠定基础。

✳ **案例探究**

您认为此案例是如何体现对时间安排的预设合理的？

_____

_____

您从案例中得到的启发是：

_____

_____

_____

案例 3

✳ **案例说明**

本案例出自中国人民大学附属中学朝阳学校刘云峰老师讲授的岳麓版高中历史教材必修1第13课《太平天国运动》。

✳ **案例描述**

通过学习发展历程，结合学生问题，提出思考：如此大规模的农民运动为何会失败？

太平天国运动失败的原因很多，这是本课的教学重点与难点。本堂课在三个方面突出研究，一是运动的指导思想，二是运动的经济纲领，三是运动的政治领导集团。从政治、经济、思想文化等角度，对太平天国运动的失败构建基本框架。

1. 指导思想方面

材料一："天下多男人，尽是兄弟之辈，天下多女子，尽是姊妹之群""天下有无相恤，患难相救，门不闭户，道不拾遗……"

材料一中的主张能够起到什么作用？

材料二：太平天国信奉和宣扬上帝教，"敢将孔孟横称妖，经史文章近日烧"

学生通过阅读史料发掘出信息。教师提出问题：太平天国的宗教政策会带来什么后果？以上材料反映出太平天国的指导思想具有什么特点？

从历史上看，利用宗教号召群众、凝聚群众是一种传统，不论是中国还是外国。太平天国运动一方面利用了这种传统，另一方面又融入了基督教等新的因素，是时代新旧变革的一种体现。但是，用宗教的方式来解释当时社会矛盾虽具有一定号召力，却无法正确认识到当时社会矛盾的真正根源所在，也无法形成近代民主革命的意识，当然也就决定了其反抗的方式和指导思想的落后性，也决定了在中国革命历程中，太平天国的作用承前大于启后。所以本课选择从其指导思想分析失败原因入手。

2. 经济纲领

材料二："凡分田照人口，不论男妇""凡天下田，天下人同耕"。

材料一反映了哪些进步性？

材料二："有田同耕，有饭同食，有钱同使，无处不均匀，无人不饱暖。"

材料二反映了什么原则？最能反映哪个阶级的意愿？

材料三"凡当收成时……除足……所食……新谷外，余则入国库。"

材料三反映出会造成什么后果？

材料四："农民渴望土地，但这必须是自己的……农民要求减轻赋税负担……但《天朝田亩制度》反而做出了'剩余归公'的原则规定。"

学生活动：归纳以上材料，对《天朝田亩制度》做出评价。

在太平天国运动爆发时，其斗争目标并没有超越时代，也不可能超越时代。没有新的生产要素的渗入，则不会具备真正符合近代变革需要的经济纲领。从这点上说，《天朝田亩制度》所追求的依然是历史传统上的小农体系，也就无法解决导致运动爆发的社会矛盾，也就无法指引大平天国走向长久。

3. 领导集团

材料一："夫首逆数人起自草莽结盟，寝室必俱，情同骨肉……今踞江宁（南京），为繁华迷惑，养尊处优……乃彼此暌隔，猜忌日生。"

——（清）张德坚《贼情汇纂》

太平天国领导者发生了什么变化？

材料二："天父杀天兄，江山打不通，打打包裹回家转，还是做长工！"

材料二指的是什么事件？带来什么影响？

孙中山："洪氏之覆灭，知有民族而不知有民权，知有君主而不知有民主。"

学生对史料进行归纳，对"天京事变"进行理解和思考。对比镇压者、参与者、评价者三方的言论，形成对太平天国运动领导集团的认识。

对太平天国政治制度的评价是一个学术难点，不仅仅在教学上。但通过基础史料，学生能够了解到统治集团发生变化的过程，也能够看到变革所带来的影响。总之，太平天国领导者并未像孙中山所评论的那样，创造出符合历史潮流的新的政治体制，也不可能在以小农经济为基础、以宗教迷信作为指导思想的框架内产生超越清政府的政治体系。

所以综合以上几个观点，我们可以看到太平天国失败的原因。从后来者的角度上可以说太平天国有种种失误，而从当时的角度来看，他们无法摆脱原有窠臼，才是真正的时代局限。

✱ **案例探究**

您认为此案例是如何体现开放性的？

_____

_____

您认为通过上述教学活动，学生可能会对太平天国运动失败的原因形成怎样的认识？

_____

_____

您从案例中得到的启发是：

_____

_____

_____

案例 4

✱ **案例说明**

本案例出自中国人民大学附属中学朝阳学校刘云峰老师讲授的岳麓版高中历史教材必修 1 第 13 课《太平天国运动》。

✱ **案例描述**

课堂导入：

史料："1911 年宣统人口普查，太平天国战争带来的人口损失达 1 亿以上，直接造成死亡人口 7 000 万，是全人类历史上最残酷的战争……"

——来自网络《今日头条》

网络信息学生很容易获得，引入网络材料可以让课堂与学生生活实际相关联，并引发学生思考。

教师提问：这段材料中蕴含什么样的信息？这与我们所学的太平天国的历史有何不同？史实是否真正如此？

本课最后的探究问题：如何利用好不同的信息，做出客观的判断？

再次回归到导入环节的史料中：

材料一：1911 年宣统人口普查，太平天国战争带来的人口损失达 1 亿以上，直接造成死亡人口 7000 万，是全人类历史上最残酷的战争……

——来自网络《今日头条》

教师提问：在帮助我们认识和理解太平天国运动的过程中，史料不可或缺，但我们要具备对史料辨析真伪的意识和能力，例如对于上述材料我们应如何辨析？

通过思考可知，太平天国确实造成过破坏，但该材料中人口普查时间距离太平天国运动已过半个世纪，其中有多场战争爆发，且宣统年间已处清末，能否组织起人口普查值得商榷。所以种种细节都反映出该条史料无法充分、客观地反映出太平天国运动的真实面貌。

材料二：太平天国运动是中国近代史上规模巨大、波澜壮阔的一次伟大的反封建反侵略的农民革命战争。

——《中国近代现代史》

教师提问：该段材料对太平天国运动的评价与上段材料有何不同？反映了什么问题？

可以看出，《中国近代史》教材中对于太平天国运动是从革命历程角度去评价的，不同的角度会看到不同的面貌

综上所述可以看出，如果对于太平天国这段历史不做全面、客观、深入的分析，片面地相信或推崇"碎片化"信息，带来的不仅仅是对历史全貌的忽视，也将逐渐形成一种对本国历史的否定，甚至对民族历史进程进行否定，也必将忽视对历史的反思。

❋ 案例探究

您认为此案例最有价值之处体现在：

_____

_____

_____

您认为此案例的生成性体现在：

_____

_____

_____

您从此案例中得到的启发：

_____

_____

_____

案例 5

❋ 案例说明

本案例出自对外经济贸易大学附中李彤老师讲授的岳麓版高中历史选修教材《历史上的重大改革回眸》第 9 课《欧洲宗教改革》。

❋ 案例描述

《宗教改革》一课理论性较强，学生较难理解。基本史实部分有之前学生已经学习过的必修 3《挑战教皇的权威》一课的知识储备，学生会对马丁·路德和他主张的"因信称义"有所了解，但对加尔文的宗教改革和英国国教比较陌生。而且本课需要学生对马丁·路德主张的"因信称义"与天主教会的"因行称义"进行比较并理解二者的本质区别，对加尔文的"先定

论"等较难懂的宗教概念能够有所了解。这些构成了本课的难点。

授课中，教师以"你对宗教了解吗？你觉得宗教离你遥远吗？"为开场白导入本课。通过投影《当今世界三大宗教主要分布图》，让学生对今天世界上的主要宗教有所了解，激发学生对宗教问题的兴趣。再抽丝剥茧似的一步步分析天主教势力在西欧的地位：为什么到16世纪天主教会面临挑战？为什么宗教改革运动首先兴起于德意志地区？

在授课过程中，教师通过直观的图文材料，指导学生认识和理解马丁·路德的"因信称义"和加尔文的"先定论"，都继承了文艺复兴运动"人文主义"的精神，体现出在信仰上帝的前提下，对灵魂得救的自主权和平等、现世生活的热情和幸福的追求。这构成了宗教改革的核心思想——人文主义的宗教观。

由于有了课堂教学中师生对宗教改革内容完整清晰的理解与认识，到对宗教改革运动的影响进行分析时，通过教师指导学生看课本上宗教改革后欧洲宗教分布图，在图上落实新教教派的几个中心，天主教、新教、东正教的分布及图上伊斯兰教的存在，学生可以顺利地多角度(从宗教、政治、经济、思想、民族文化等)分析得出宗教改革运动的影响。

到这里就基本上完成了教学任务要求。但是，从对史实完整的理解和把握看，教材还涉及了宗教改革后的宗教纷争与宗教宽容问题。通过学生的自学和近两年的一些有关宗教问题与国际冲突的时事新闻(2016年2月12日梵蒂冈天主教皇和俄罗斯东正教大主教正式会面；2016年3月22日欧盟总部布鲁塞尔机场爆炸案)的引入，帮助学生理解，世界三大宗教产生至今已有2 000多年，三大宗教的信徒约有30亿人，大约占到世界人口的一半，它们的历史是如此悠久，影响着如此众多的人口，密切关系着人类生活的昨天、今天与明天，和平与发展、生存与安定……课堂开放式的结尾，让学生更加理解以史鉴今对现实生活的指导意义。

❋ **案例探究**

您认为此案例最有价值之处体现在：

_____

_____

_____

您认为此案例的生成性体现在：

_____

_____

_____

您从此案例中得到的启发：

_____

_____

_____

（二）"合理安排教学流程"能力的综合实践

①请选择自己感兴趣的一节课，撰写一个完整的教学流程并分析该教学流程是如何体

现兼顾知识逻辑和学生的认知逻辑的。

_____

_____

_____

_____

②尝试对教学流程中的各个实施环节，特别针对生成性问题的出现，做出合理的时间预设。

_____

_____

_____

_____

③在教学流程中，设计思维力度逐级递进的开放性问题。

_____

_____

_____

_____

④在教学流程中，尝试设计学生探究活动，并设计相关评价方案。

_____

_____

_____

_____

⑤在教学流程中，针对学生有可能出现的生成性问题，做出提前预设。

_____

_____

_____

_____

（三）细化"合理安排教学流程"能力要点的结果指标

在前面详细解读本能力要点的三个层级在历史学科中的具体操作后，进行如表 2-2 所示结果指标的提炼：

表 2-2　"合理安排教学流程"结果指标的提炼

维度	能力要点	针对中学历史青年教师的主要结果指标
教学设计	合理安排教学流程	1. 能够依据教材的知识逻辑，设计完整的教学流程；能够对各个教学实施环节进行合理的时间预设 2. 能够在教学流程中突出教学重点，并制定突破教学重点的相关教学活动 3. 能够在教学流程中，利用各类教学材料，创设学生感兴趣的、能够激发学生参与、提升学生思维能力的开放性问题或教学环节 4. 对课堂中可能出现的生成性问题设计相关解决预案

名家谈

教育技巧的全部诀窍就在于抓住儿童的这种上进心，这种道德上的自勉。要是儿童自己不求上进，不知自勉，任何教育者就都不能在他的身上培养出好的品质。可是只有在集体和教师首先看到儿童优点的那些地方，儿童才会产生上进心。

——苏霍姆林斯基

教师是克服人类无知和恶习的大机构中的一个活跃而积极的成员，是过去历史所有高尚而伟大的人物跟新一代人之间的中介人，是那些争取真理和幸福的人的神圣遗训的保存者……是过去和未来之间的一个活的环节。

——乌申斯基

为了在教学上取得预想的结果，单是指导学生的脑力活动是不够的，还必须在他身上树立起掌握知识的志向，即创造学习的诱因。

——赞科夫

教育中应该尽量鼓励个人发展的过程。应该引导儿童自己进行探讨，自己去推论。给他们讲的应该尽量少些，而引导他们去发现的应该尽量多些。

——斯宾塞

生活、工作、学习倘使都能自动，则教育之收效定能事半功倍。所以我们特别注意自动力之培养，使它关注于全部的生活工作学习之中。自动是自觉的行动，而不是自发的行动。自觉的行动，需要适当的培养而后可以实现。

——陶行知

我们教书，是要引起学生的读书兴趣，做教员的不可一句一句或一字一字都讲给学生听，最好使学生自己去研究，教员不讲也可以，等到学生实在不能用自己的力量去了解功课时，才去帮助他。

——蔡元培

专题三　灵活选择教学策略

本专题的研习目标

　　1. 能够明确"灵活选择教学策略"这一标准中的重要名词在历史学科中的具体内涵；

　　2. 能够有效理解、内化并实际运用各层级指标的具体操作要求；

　　3. 能够从教学案例中汲取所需部分，有效提升自身的相关能力水平。

一、先期思考与实践

您如何认识"灵活选择教学策略"？

_____

_____

_____

_____

您选择教学策略时经常考虑哪些因素？

_____

_____

_____

_____

_____

二、"灵活选择教学策略"的检核标准解读

　　《北京市朝阳区教师教学基本能力检核标准》中对"灵活选择教学策略"这一能力的检核标准如表 3-1 所示。

表 3-1　"灵活选择教学策略"的检核标准

合　格	良　好	优　秀
能够根据教学目标和内容进行板书、提问、媒体演示和评价等教学手段的设计	能够根据教学目标和内容进行教学手段的设计，选择适宜的学习方式突出教学重点、突破教学难点	能够根据教学目标和内容设计教学策略并灵活运用各种教学手段

下面就相关概念及结果性指标进行解读。

（一）名词解读

1. 教学策略

（1）策略

"策略"指的是心理活动，是人对特定环境的一种整体概括性思考，是在对特定情境中的问题进行分析的基础上建构而成的，既具有目标性、计划性，同时又具有一种类似艺术的、在其具体情境中显示直觉性特征的一系列行为方式。

（2）教学策略

教学策略是指为了实现课程与教学的目标，以一定的教学理论为指导，在特定的教学情境中制定并在实施过程中不断调适、优化，以使教学效果趋于最佳的系统决策与设计方式。其内容包括有针对性地选择和组织各种教学方法、教学手段和教学材料，确定教学组织形式等。教学策略基本介于理论和方法之间，是教师根据具体情境，运用理论去解决教学实际问题的策略，其中包含带有规律性的教学方式。

（3）教学策略的内涵

教学策略是对一定教学理论的具体化，受一定的教学理论的支配和制约；教学策略的核心是教学目标，制定和实施策略的目的是为达成教学目标；教学策略是由元认知活动、调控活动及操作活动构成的一个动态系统，它对整个教学活动有着控制、支配作用；教学策略要解决特定教学情境中的问题，但教学策略与教学情境之间不是简单的对应关系，策略的有效性要在具体的教学情境中检验；教学策略包括教的策略和学的策略两个方面；教学策略本身并没有优劣之分，教学策略的建构与运用只有是否适应教学需求。

2. 教学手段

（1）教学手段

教学手段是在课堂教学活动中，教师依据学科特点和学生的认知规律，借助于设备、工具或媒体传递教学信息，达到促使师生信息交流、提高教学质量、促进学生发展的目标而采用的方式和措施，其本质是教师为了帮助学生提高学习效果所采用的方式和措施。

从类型、功效及其特点出发，可将教学手段主要分为两类：第一类是物质化的教学手段，既包括借助于教师自身以外的工具、设备以及多媒体课件才可采用的方式和措施，如录音、录像、电视、电影、计算机、信息网络等，也包括读、写、演示等方式，如书籍、粉笔、黑板、模型、学具等物品。第二类是非物质化的教学手段，主要是指教师自身就可采用的方式和措施，包括听、说等方式，如语言、音调、面部表情、手势形体以及教师自身特有的素养和气质，可以说是教师综合素质的总成。

教学手段与教学活动密切相关，只要有教学活动，教学手段就会成为教学活动的主角，直接推动教学活动的开展，教学过程是教学手段运用的过程。教学活动中的各种教学手段，都是以教师付诸相应的教学行动为标志的。

（2）中学历史教学手段

中学历史教学手段是指在中学历史教学过程中，教师用以承载历史知识、使历史知识通过一定的物质形式作用于学生的一切物质媒体或物质条件。在中学历史教学中，教学语言、板书、提问等都是常用的教学手段，而媒体演示、互联网等已成为日常使用的辅助性教学手段。

3. 教学策略与教学手段的关系

"策略"包含有"方法""手段"的意思，但又有区别，"手段"更加具体、操作性更强，"策略"比"手段"的含义更宽广，层次也更高，含有对手段实施意图的明确意识。

教学策略决定教学手段的选择和施行，教学手段是为教学策略服务的，在教学手段的使用过程中包含和体现着教学策略的意图。教学策略又通过多种教学手段的有机组合和合理运用而得到实现。

教学策略不仅用来表示为达到某种教学目的而使用的手段，而且还用来指教学活动的序列计划和师生间连续的有实在内容的交流技巧、艺术，它的内涵较为广泛。教学策略对教学手段的指导作用有两个方面：它决定了教学手段的选择与组合；它决定教学方法在施行时的顺序与传承。

4. 学习方式

学习方式是指学生在完成学习任务过程时基本的行为和认知取向。学习方式是与学习主体、学习对象、学习目标等因素相关联的反映学习活动过程的状况的变量，它关涉的是学习过程展开的具体路径问题。特定的学习方式总是与特定的学习目标和学习内容相适应，当学习活动的目标、内容发生变化时，都会引起学习方式产生相应的变化。因此，目标和内容成为影响学习方式变化的主要的外在因素。从学习目标的多维度、学习内容的多样性来看，学习方式必然是多样化的。因为每一种特定的学习方式都有其特定的功能或目标指向性。

历史学习方式是在一定的历史学习观指导下，在历史学习过程中逐渐形成并稳定化的历史学习的程序、形式、方法、兴趣和习惯等，是学生学习历史的思维方式和行为方式。

（二）对结果指标的解读及实践能力认知

在教学内容和教学目标确定后，教师能否合理、恰当地制定、运用教学策略，就成为其能否完成教学任务、有效地达成教学目标的决定性因素。

教学策略的制定和实施带有很强的目的性，是为了达到一定的教学目标和教学效果。因此，教学策略的选择行为不是主观随意的，而是指向一定的目标，为完成一定的教学任务而进行的。教学策略都指向特定的问题情境、特定的教学内容、特定的教学目标，规定着师生的教学行为。不存在适合所有教学内容的教学策略，只有在具体的条件范围下，才能发挥教学策略的价值。

　　教学策略是教师在教学过程中采取的一系列措施，是具体教学手段的优化组合、合理构建。教学策略包括教学活动的元认知过程、教学活动的调控过程和教学手段的执行过程。这三个过程并不是彼此割裂的，而是相互联系的一个整体。教师在选择和制定教学策略时，必须对教学的全过程综合考虑。在此基础上，对教学进程和师生相互作用方式作全面的安排，并能在实施过程中及时地反馈、调整。在教学策略的统率下各教学因素得以整合，体现出整体优势，为教学理论和经验运用到教学实践架设了桥梁。

　　教学策略的本质是一种方法性知识，可操作性是其本质特征的外在体现，而方法性知识区别于事实性知识和概念性知识的重要之处就是能够用来解决问题。教学策略是针对教学目标的具体要求而制定的，具有与之相对应的手段和实施程序，并且可以转化为教师的教学行为，这就要求教学策略必须是可操作的。教学策略的根本任务在于解决具体教学情境中的各种问题，如了解历史进程的时间顺序和分期方式；掌握研习史料的方法，能够从史料中提取有效信息；能够设身处地地认识具体的史事，对历史境况形成合理的想象和理解等。在教学活动中，不同的教学阶段可以有不同的操作活动，如指向教学信息的，有教学信息的转换和传递；指向课堂教学组织的，有管理性组织、指导性组织等。操作性活动是构建教学策略的基础和基本成分。

　　教学策略不同于教学模式和教学方法，它要随教学的进程对教学措施进行反馈和调控。教师要及时把握教学过程中的各种信息，根据对各种教学要素的认识和反思，及时反馈和调整教学的进程及师生相互作用的方式，推进教学的展开，向教学目标迈进。教学策略中的调控性活动揭示了教学活动中各种因素之间错综复杂的关系，决定了操作性活动的效果。当教师具有了教学元认知能力，能自觉认识和调节教学进程时，教师对教学策略的运用就达到了较高的水平。

　　教学策略与所要解决的具体教学问题之间的关系不是简单的对应关系。同一策略可以解决不同的问题，不同的策略也可以解决相同的问题。这说明了教学策略具有灵活性，教学策略是基于对现实的教学活动的认识而采取的。教学中不同教学策略面对同样的学生会产生不同的效果，即便是采用相同的教学策略教同样的内容、对不同的学生也会产生不同的教学效果。

　　历史教学目标是一个系统，包括课程目标、板块目标、单元目标和课时目标等层次。不同的教学层次有不同的教学策略。教学策略可以来自理论的推衍和具体化，也可以来自对教学实践经验的概括和总结。不同层次的教学策略具有不同的适用条件和范围，不能相互代替。另外，不同层次的教学策略之间是相互联系的，高一层次的策略可分解为低一层次的教学策略，指导和规范低一层次的教学策略。认识教学策略的层次性，有助于我们正确选择和运用它们，恰当地发挥它们的价值。

　　需要注意的是教学策略本身并没有优劣之分，每种教学策略都有积极的一面，也会有不足之处，与教师教学和学生学习相适应的教学策略会对教学活动产生积极作用。教学策略的建构与运用只有是否适应教学需求、是否能达成教学目标、是否能提高教学质量的区别，这也就是判断教学策略是否适应教学的标准。

1．合格要求

◆能够根据教学目标和内容进行板书、提问、媒体演示和评价等教学手段的设计

（1）操作要求

Ⅰ能够根据教学目标和教学内容，合理设计教学手段。

Ⅱ能够客观分析学生情况和教师自身特点，有针对性地设计教学手段、组织形式和步骤。

Ⅲ制定的教学策略可操作；教学手段的运用规范、娴熟，能有效实施教学策略。

（2）说明与分析

教学目标是制定教学策略的出发点和归宿。教学目标是教学策略的核心要素，一定的教学策略总是针对一定的教学目标，并且要满足教学目标所提出的要求。教学策略中活动内容、活动方式或者活动的程序及其每个环节，都应指向教学目标，为达成教学目标服务。例如，历史教学中的教授是通过教师对学生难以理解的教学内容进行分析、讲解，通过语言的表达，使教学内容简化成易理解易接受的内容，达到学生理解、把握的目的。在设计教学策略时需要注意，教学策略与教学目标不是单一的对应关系，一种教学策略可以有多种目标，其中有主次之分，主要目标是区别不同策略的特点，也是适用教学策略的重要依据。

历史教学应采取与具体内容相适应的教学策略。每种教学手段都有各自的适用的学习内容，同时又有各自的优点和局限。例如，历史教学的很多内容在时间和空间上都远离学生实际，教师应尽可能制定与现实社会相联系、对学生自身发展有作用的教学策略，保持学生的积极性。面对一些需要掌握的学科知识和能力，则应根据知识、技能内在的逻辑联系、对学生的认知结构、知识与技能迁移的规律等进行综合考虑，然后制定相应的教学策略。

制定教学策略的基础是学生情况。制定教学策略要客观分析学生的基础条件和个性特征，包括学生现有的学习风格、知识水平、心理水平等，这样才可以针对学生的发展情况，制定恰当合理的教学策略。例如，针对学生不同的学习情况，教师在教学中可采取两类教学策略：一是采取与学生学习能力或学生学习兴趣相一致的匹配策略，二是针对学习情况中的短处或劣势采取有意识的失配策略。如果仅根据教学目标而无视学生情况，这样制定的教学策略就会因缺乏针对性而失效。

运用教学策略的主体是教师，制定教学策略时，教师要考虑自身的特点和条件，包括教学思想、教学技能、知识水平、个人特长等。例如，教师的教学经验也是影响教学策略制定和选择的重要因素，教学经验丰富的教师，能够根据各种具体教学策略的适宜环境及学习者的需要，充分调动教师自身的积极因素，尽可能扬长避短，制定或选择相应的教学策略。此外，教师的教学风格、心理素质等也在一定程度上制约着有效教学策略的制定或选择。

在运用教学策略的过程中，要思考教学手段使用的合理性与有效性，不是为了手段而运用，关键看手段选用的切合度、有效度。教学手段的合理运用，既是一种科学，也是一种艺术，教师对自觉理解、发掘、发挥各种教学手段的功能，合理、有效地加以运用，例如，教师在讲课过程中用板书展现历史事件的层次、内部的有机联系和发展，概括基本史实和观点，始终支持着新课的顺利进行，同时起到画龙点睛的作用，使内容易懂好记。这样的教学手段能够提高学生的抽象思维能力和概括能力，加强学生对重点内容的理解和记忆。又如，教师要善于设计多角度、多层次的问题，要根据学生的水平差异设计问题，同时运用各种教学手段使历史情境化，再现具体时间和空间条件的历史人物和历史事件，引导学生充分感知历史。

实践演练

下面是一位教师关于《美国内战》一课的教学过程描述。

教学环节与内容	课堂活动	所用时间
复习上节课内容，导入新课	提问，陈述	2分钟
美国的领土扩张	动画演示	1分20秒
美国的西进运动	图片展示，引导提问	3分20秒
美国内战的原因	小组讨论，陈述与总结	12分30秒
内战前的南北比较，北强南弱	提问与播放录像	4分15秒
初期南胜北败的原因	提问，分析	1分54秒
《宅地法》《解放黑人奴隶宣言》	内容展示	36秒
美国内战的胜利	图片展示	2分30秒
独立战争与南北内战的比较	小组讨论	5分02秒
美国两次战争在背景、性质、作用和结果等方面的异同点	教师提问，总结	3分钟
学习本课的体会和启示	小组讨论与回答	4分10秒
思考题：我国的钓鱼岛问题该如何解决？		40秒

你认为本课的教学内容及环节存在哪些问题？请写出改进建议。

2. 良好要求

◆能够根据教学目标和内容进行教学手段的设计，选择适宜的学习方式突出教学重点、突破教学难点。

(1)操作要求

Ⅰ能够根据教学目标和内容整合多种教学手段。

Ⅱ能根据教学目标和学生学习需要，采用小组合作、共同探究等多种学习方式。

Ⅲ整体把握教学策略，合理优化多种教学手段、学习方式，突出教学重点、突破教学难点。

(2)说明与分析

教师在制定教学策略时要充分发挥教学策略体系的整体功能，要随教学的进程、环节及具体情况的变化，注意各种教学手段之间的有机配合。教学过程是具体而复杂的。教学内容是丰富多彩的，教学要完成的任务又是多方面的。单一的教学手段可以解决某些具体教学环节问题，但不能解决教学过程的全部或整体问题。因此教学过程中应当有多种手段，避免一种手段从头到尾用到底，要根据不同的教学目标、不同的教学情境、不同的教学环节，采用不同的教学手段。例如，历史教学中讲授是最常用的教学手段，如果教师的讲授适应学生的兴趣、情绪、情感等心理需求，能够使学生受到启迪，产生共鸣，就会产生师生之间真正的互动；如果教师的讲授与启发式提问等教学手段有机地结合在一起，就能够推动教学活动的展开。

教师制定教学策略时要对学习方式的种类和多样性有明确、清晰的把握，了解每种学习方式所具有的特定功能和局限，才能根据具体的学习目标和特定的学习内容，选用某种适宜的学习方式，或者有针对性地综合运用多种学习方式。例如，当学生面对学习重点与难点时，教师可以抓住契机以小组合作、共同探究等方式进行合作学习。这需要教师对教学内容有清晰的分析，能准确判断重难点并提前预设，当教学内容能与现实相联系或与学生的认知存在冲突时，往往能激发学生的探究欲望，当出现这种契机时，教师可以选择合作探究的学习方式。这需要教师对教学内容有积累，为学生提供丰富的学习资源。

教师运用教学手段，不是为了追求形式而运用，而是为了突出教学重点、突破教学难点，需要关注的是学生学习的实际效果。在课堂教学中，不管运用何种教学手段都应考虑如何使学生更好地达成教学目标。教师要完整地解决教学活动过程的所有问题，就既要考虑不同手段在教学中所发挥的作用，又要考虑作为一个整体需要各种手段发挥何种作用。教师只有交叉整合运用各种教学手段，才能创造最佳的教学途径，达到为学生学习与发展服务的目的。同样，单一的学习方式也都各有优劣，只有在教学过程中根据问题的特殊性，按照一定的具体要求将不同的学习方式组织起来，相互补偿，才能达到较好的效果。因此，教师要根据教学的实际情况创造性地组织教学，融会贯通地理解和运用多样化的教学策略。

实践演练

以下是一位教师在讲"工业革命影响"时的实录：

教师：出示三张图片《谢菲尔德1855年》《19世纪的欧洲城市》《黑色重镇》。

教师：从画面中我们可以看到：工业革命后，在欧洲的城镇中，工厂像雨后春笋般建立起来，一座座高大的厂房和烟囱拔地而起，烟囱里和厂房冒出的黑色浓烟遮盖了天空。中世纪的山静林幽的田园生活，迅速地被一个变动不息、到处奔忙、喧声嘈杂的世界所取代。

教师：除了污染，工业化还给我们人本身带来了什么？请大家带着这个问题来看一段影片《摩登时代》。

教师：在工业化时代，工人们随着工厂的汽笛声上下班。车间里，工人的一举一动都必须跟上机器的节奏，好像成了机器的一个部件。美国喜剧大师卓别林在影片《摩登时代》中塑造了这样一个典型形象（放映影片片断）。

教师：刚才看影片时，很多同学都笑了。影片主角夏尔洛是这个时代的悲剧代表人物：他在不断加快的传送带式的作业线上被弄得精神失常，被卷入巨大的机器齿轮中……毫无间歇的劳作终于让他发了疯，一见到圆形的东西，就忍不住要用扳子上紧。大家能说一说机器生产给人带来了什么影响？

学生：人也变得像机器似的。

教师：出示材料："如果人们把整个人类社会的演进用12个小时来表示，那么现代工业时代只代表最后5分钟，而不是更多。英国是最先发生这个5分钟事件的地方，工业革命可能是最初的关键几秒钟。正是这个革命使现代文明降临人间，人类开始从农业文明向工业文明过渡。实际上，欧洲领先于世界的并不是它的基督教信仰，也不是它的政治制度，而是它那辉煌灿烂的工业文明。"

——《世界文明史》

教师：请小组讨论，科学技术的发展对社会进步的作用以及对人类生存环境的影响。

你如何评价该教学设计和教学活动？

_____

_____

_____

_____

_____

_____

3. 优秀要求

◆能够根据教学目标和内容设计教学策略并灵活运用各种教学手段

（1）操作要求

Ⅰ能综合分析多方面因素优化教学策略，灵活运用各种教学手段。

Ⅱ能针对具体的教学情境，创造性地制定教学策略。

Ⅲ能捕捉教学过程中的各种信息并做出判断，及时调整教学策略。

（2）说明与分析

教学策略是在对特定情境进行分析的基础上建构而成的，教学策略的建构是一个动态的过程，要随教学情境的变化而变化。虽然教学策略有明确的指向性和操作程序，具有可模仿性，但由于具体的教学活动过程中存在着许多变量，教学策略的运用并不能照抄照搬，而要在运用中有所变化、有所创造。教学策略的实施程序有一定的前后顺序，可以随着教学条件的变化以及教学的进程及时调整。当原有的策略不能解决问题时，需要教师通过调控不断推动教学活动。

调控性活动属于一种内隐性的认知操作，主要表现在课堂的组织性上，如引导学生积极参与学习全过程，注意学生对学习内容的反应，准备有效应对教学中的偶发事件。教师应对自己的教学进程、教学手段、学生参与等方面保持有意识的反省意向，并能根据反馈信息及时选择用于调控教学活动的具体方法，以使教学活动达到最佳效果。

在实际教学过程中有时学生的对学习内容的反应超出的教师的预设，使教师处于意想不到的课堂情境中。这时教师必须根据出现的问题重新调整教学思路，珍视、利用并拓展这种偶发情况，既不使教学陷入停滞，又尽可能不挫伤学生的积极性，这就要求教师要根据教学的实际情况，灵活地选择、调整教学策略。例如，在历史教学过程中，教师呈现的历史材料、观点或提出的问题，有时能激发出学生的一些疑问、不同的意见、个人的理解、新的观点甚至一些隐含的错误等，这些是教师在制定教学策略时无法预知的，这样的资源可能转瞬即逝，需要教师及时地去捕捉、分析与开发生成性资源，并将其应用于教学活动中，从而形成丰富多彩的历史课堂，从而取得意想不到的效果。

教师要通过信息反馈进行调控教学策略。历史教学过程是一个信息传输过程，信息反馈是教学的重要环节。教师要掌握和利用教学的反馈信息，使教学处于最佳状态。不论什么教学手段，都应通过各种反馈信息来评估，以便有效地校正、调控课堂教学，更好地达成教学目标。在历史课上，教师要创设信息反馈的教学情境，开辟多种信息反馈的渠道。通过提问、讨论、活动等多种方式及时从学生那里获得反馈信息，并进行简洁、深入的分析，从中了解学生对教师输出的知识信息接受和理解的程度，哪些已达到了目标，哪些还有差距，及时调控教学进程，调整知识信息的再输出，因势利导，适时点拨。教师还可以及时捕捉学生的听课情绪、神态、动作等间接的反馈信息，了解学生的思想状况，从中推测和判断他们对学习内容是否理解、有兴趣、有疑问，从而不断调控教学策略。

实践演练

下面是一位教师关于《法西斯势力的猖獗》一课的教学过程：

	教学环节与内容	课堂活动	所用时间
1	由佛教"卍"和德国纳粹标志"卐"之寓意比较导入本课	提问	4分钟
2	经济大危机对德国的打击	提问、陈述	8分钟
3	希特勒的早年经历	陈述	3分钟
4	纳粹政权的建立	提问、陈述	18分钟
5	纳粹政权恐怖独裁统治的表现和欧洲战争策源地的形成	提问、陈述、地图说明	4分钟
6	呈现历史漫画"德意日三头怪兽"	提问、分析	2分钟
7	意大利、日本法西斯专政的建立	陈述	4分钟
8	全课总结：认识法西斯专政的暴行给人类文明带来的浩劫	提问、讨论、总结	2分钟

你认为该老师的教学环节安排、教学活动设计等方面有哪些特色？存在什么问题？

_____

_____

_____

_____

_____

三、对于"灵活选择教学策略"能力标准的实践性把握

（一）教学案例的实践探究

案例 1

※ 案例说明

本案例出自东北师大附中朝阳学校的魏龙环老师讲授的北京版义务教育课程改革实验教材《历史》第3册第14课《殖民扩张与殖民地的反抗》。

※ 案例描述

教学目标：

知道三角贸易、拉美独立运动、印度民族大起义的基本史实，绘制三角贸易示意图，学习利用示意图呈现历史问题的方法。通过观察、阅读图文材料，提高从历史材料中获取有效信息的能力，分析三角贸易对不同地区的影响，了解资本原始积累的野蛮性和残酷性。通过识读历史示意图和对比分析历史材料，理解殖民地人民反抗斗争的正义性和艰巨性。

教学过程：

1. 导入新课

由于学生已经学习了新航路的开辟，对哥伦布的经历比较熟悉，但对其开辟新航路的

动机目的的关注不多，因而通过哥伦布的一封书信引导学生阅读，提出问题：哥伦布在新航路开辟后做了什么？即将做什么？怎样获得他想要的呢？引发学生思考，导入新课。

2. 早期殖民掠夺

教师先后首先出示三组图文材料，引导学生阅读观察材料，帮助学生认识武力抢夺、开采资源和强制劳役这三种早期殖民掠夺的主要方式。接着出示"印第安人感染天花病毒"的图片和印第安人口变化图，引导学生观察图片，分析柱状图，结合前面种植园的材料，引导学生思考，印第安人口锐减对殖民者产生了什么影响？如何解决这一问题？帮助学生了解三角贸易的历史背景，进入三角贸易的学习，这也是本课的重点。

3. 三角贸易

在三角贸易过程的梳理中，教师首先出示一组图文材料，帮助学生了解"捕捉和购买"是殖民者获得黑奴的先后两种主要方式，接着押运，到达海边装船，在这里出示运奴船平面图，引导学生观察思考，为什么排列得如此密集整齐，从而使学生强烈地感受这种贸易的残酷性。接着在运往美洲的航程中，引导学生阅读分析"当年幸存黑奴回忆"的历史文献，通过提问引导学生再次感受其野蛮性和残酷性，下面的教学片断反映的就是通过提问引导学生阅读分析历史文献。到达美洲后发布广告进行拍卖，最后带着美洲金银和原料返航。通过梳理，借助于丰富的图文资料，帮助学生尽可能感受三角贸易的历史氛围。在此基础上组织学生在学案上绘制三角贸易示意图，让学生在头脑中形成认识，强化重点知识。

4. 三角贸易的影响

教师首先出示一个三角贸易实例的示意图，引导学生观察分析三角贸易对西欧资本原始积累所起到的作用。再以英国城市利物浦为例，通过其从事三角贸易前后在人口、年关税收入及在历史画作中城市面貌等方面的变化，感受三角贸易对西欧的影响。接着出示一组文字材料，帮助学生认识到三角贸易对非洲的影响不仅是劳动力的丧失，还造成了非洲社会经济的萧条。出示19世纪美洲种植园图片，通过观察分析帮助学生认识三角贸易带来的黑人劳动力客观上促进了美洲的开发。

5. 拉丁美洲独立运动

教师出示西班牙在美洲掠夺黄金白银的数量，引导学生认识殖民者对殖民地经济上的压榨。接着出示拉美殖民地人种金字塔示意图，引导学生分析，帮助学生认识殖民者对殖民地人民的统治压迫，而正是这种经济上的压榨、政治上的压迫，激起了殖民地人民的反抗，最早遭受殖民压迫的拉美首先爆发了独立运动，帮助学生理解殖民地人民反抗斗争的正义性。再指导学生阅读教材，完成学案的拉美独立运动填充图，并通过地图演示帮助学生了解过程。

5. 印度民族大起义

在亚洲，英国的殖民地印度也掀起了反抗运动，教师首先出示起义前英国输入印度棉织品变化图，通过分析引导学生认识印度逐步沦为英国的商品倾销市场；又通过驻印总督本丁克的话帮助学生认识这对印度的影响；再通过英国殖民统治下的饥民图片帮助学生感受起义前的英国社会状况，正是在这样的背景下印度爆发了民族大起义。在对起义过程的讲述中，我重点对比了双方的实力，通过三个饼状图，帮助学生了解1858年的英国是"世界霸主"的地位。再出示当时的印度地图，帮助学生了解1858年印度是个四分五裂的农业国。通过对比揭示起义的最终结果，帮助学生理解殖民地人民反抗斗争的艰巨性。

7. 殖民主义与当今世界

按照教材本课内容已经结束，但殖民扩张持续数百年，殖民主义对世界影响深远，即使在大多数殖民地都实现了独立的今天，很多地区仍然不能完全摆脱殖民主义的影响。引导学生进入殖民主义与当今世界的学习。通过世界贫困人口分布图，联系三角贸易引导学生认识今天非洲的贫困问题。通过印巴冲突，结合英国殖民统治，引导学生认识亚洲的地区冲突问题。再通过美国种族分布和种族间收入差距数据，结合三角贸易认识当今美国种族间的差异与不平等现象。

8. 总结提升

最后以板书总结全课，通过学习了解了新航路开辟后的殖民扩张，西方开始崛起，亚非拉逐渐沦为殖民地，逐步形成了以西方为主导的国际秩序，但这并不是一个公平公正的国际秩序，天平形状的板书正是寓意希望将来世界能建立一个公平公正的国际新秩序。

❋ 案例探究

您认为此案例的值得称道之处：

_____

_____

_____

_____

_____

您从此案例中得到的启发：

_____

_____

_____

_____

_____

_____

///// 案例 2

❋ 案例说明

本案例出自北京市工大附中郝薇老师讲授的北京版义务教育课程改革实验教材《历史》

第 4 册第 15 课《苏联的改革和解体》。

✳ 案例描述

学情分析：

通过前面的学习，学生对斯大林模式已有正确的认识，知道其政治上高度集中、经济上比例失衡的特征，也具备了一定的阅读和分析史料的能力。但学生对苏联战后的主要领导人比较陌生，对苏联历任领导人改革的措施理解起来有难度。基于此，教师在教学中采用时间轴的方式，梳理苏联历任领导人，帮助学生建立相应的历史时序性。针对学生难以理解的历任领导人的改革措施，在讲述中采用与学生较熟悉的斯大林模式进行对比的方式，突破重点。通过引导学生归纳表格，了解苏联的改革和变化，教师再补充史料，学生进行分析，理解苏联改革中出现的问题和苏联解体的原因，突破难点。

教学目标：

通过文字材料、图片、表格等历史材料进行分析和探究，了解苏联在"二战"后的改革和变化，知道苏联解体的史实，理解苏联解体的原因。学会运用史料分析问题，提高历史感知力和理解力，并能够以史为鉴。

教学过程：

1. 导入新课

教师出示《苏联地图》及文字材料："2 240 万平方公里的土地、2.9 亿的人口、领导世界社会主义阵营半个世纪的超级大国、执政 74 年的超级大党。"创设情境，引发学生兴趣，进而通过动态演示《苏联解体》，提出问题："苏联为什么解体？历史告诉我们什么？"引发学生思考，进入新课。通过情境的创设和问题的引导，启发学生回顾、思考，为后面进一步建构新知识奠定基础。

2. 追根溯源——斯大林时代

教师首先出示苏联历任领导人的时间轴。学生初步感知苏联的历史发展脉络。

教师出示一组图片：苏联的工业化、农业集体化、片面的经济、社会主义制度的确立，并提出问题：根据图片及所学，斯大林留给苏联什么？学生根据图片提示的有效信息及所学知识，回顾斯大林模式的影响，提高历史理解能力。

教师在学生回顾已学知识的基础上进一步出示文字材料：

农村还过着赤贫生活，战后完全荒芜。

——《一杯苦酒》

当苏联爆炸了第一颗原子弹，成为世界第二核大国，其钢铁和电力发展水平也跃居世界前列之时，皮鞋产量仅 1.636 亿双，全国 1.7 亿人口平均每人不到一双皮鞋。

——《苏联国民经济》

学生根据材料获取信息，进一步感受斯大林模式的弊端，同时思考：斯大林之后继任的领导人面对如此现状应该怎么办？学生了解改革的背景，为后面重点内容的学习做好铺陈，使本节课内容更加完整，以构成完整的体系，提高学生的历史感知能力。

3. 实践探索——苏联的改革

教师出示赫鲁晓夫、勃列日涅夫、戈尔巴乔夫的图片。学生知道这三次改革，总体把握和了解要学习的主要内容。教师出示赫鲁晓夫的墓碑图片和美国驻苏大使对赫鲁晓夫的评价，激发学生的探求欲望，进入赫鲁晓夫改革内容的学习。

(1)赫鲁晓夫改革

赫鲁晓夫……是一个好冲动的人，这在他身上同永不枯竭的精力结合在一起，这也使他很有魅力，但是经常导致可悲的后果。

——美国驻苏大使查尔斯·波伦

出示表格，学生根据表格的分类阅读课本，初步了解赫鲁晓夫改革的主要内容。

主要改革者	政治措施	经济措施	军事外交措施
赫鲁晓夫			

在学生初步了解赫鲁晓夫改革的主要措施后，教师出示一组材料，引导学生对史料进行分析，进一步了解赫鲁晓夫改革的作用和影响，提高历史理解能力。

苏联农产品增长情况比较

万吨

年份	1951—1955 年	1961—1965 年
粮食年均产量	8 850	13 030
肉类年均产量	570	930
奶类年均产量	3 790	6 470

赫鲁晓夫提出苏联人均肉类产量将在 1960—1961 年赶上美国。当时苏联的肉产量是人均 36 千克，美国是 97 千克。1961 年，苏共二十二大提出在"20 年内苏联基本建成共产主义社会"。

——《历史教学参考书》

1962 年播种了 3 700 万公顷玉米，只有 700 万公顷的玉米长熟了。赫鲁晓夫得出结论说："他们(农民)自己待着不动，使得玉米枯死了。"

——菲利波夫《俄罗斯现代史》

和平共处是苏联在核时代外交政策的指导思想……但与此同时，苏联又把和平共处能够实现首先归功于苏联核威慑、归功于苏联军事力量。

——许新《超级大国的崩溃——苏联解体原因探析》

在学生分析理解赫鲁晓夫改革措施及其影响的基础上，教师和学生共同完成表格中赫鲁晓夫改革内容的归纳整理，进一步提高历史感知能力。

（2）勃列日涅夫改革

教师出示一组材料，引导学生分析史料，了解勃列日涅夫改革的主要措施及影响，提高学生历史感知能力和历史理解能力。

新的国家领导人已经达成共识……什么都不改变。稳定成了国家方针的主要口号。

——菲利波夫《俄罗斯现代史》

国家的高层领导人绝大多数都是很老的人。政治局委员的平均年龄达到 68 岁。他们当中有很多人患有重病。

——菲利波夫《俄罗斯现代史》

勃列日涅夫时期国民收入年平均增长率变化：

国民收入年	1966—1970 年	1971—1975 年	1976—1980 年
平均增长率/%	7.8	5.7	4.3

——数据整理自《俄罗斯现代史》

珍宝岛事件示意图

苏联出兵阿富汗

在分析史料、理解勃列日涅夫改革及其影响的基础上，完成表格，归纳勃列日涅夫改革的主要内容，进一步提高历史感知能力。

（3）戈尔巴乔夫改革

教师出示材料：

命运作了这样的安排，就是我当上国家元首之时就已经很清楚：国家情况不妙。我们什么都多：土地、石油和天然气、其他自然资源；智慧和才能也都不错。我们的生活却比发达国家差得多，越来越落在它们的后面。　——1991 年 12 月 25 日戈尔巴乔夫电视演说

学生根据材料获取信息，了解戈尔巴乔夫改革的背景和必要性。进而阅读课本，初步了解戈尔巴乔夫改革的主要内容，提高历史感知能力。在此基础上，教师出示一组材料，引导学生进行分析，理解戈尔巴乔夫改革的实质及影响，提高历史理解能力。

陈旧的工厂、过时的技术和政府对生产控制的无效导致劣质的、过时的产品。……经济停滞导致苏联人民生活水平的下降。

——杰里·本特利《新全球通史》

改革不只是纠正社会机制的部分扭曲现实，而是要根本改造整个社会主义大厦。

——戈尔巴乔夫《社会主义思想与革命性改革》

"公开化"是一把双刃剑，它在意想不到的、很短的时间内打开了对党的领导人和机构进行批评的大门。苏联民众对生活不满公开化，长期压抑的种族和民族情绪高涨起来，这对由多个种族组成的苏联构成了威胁。

——杰里·本特利《新全球通史》

在学生理解的基础上，师生共同归纳表格，进一步了解和体会苏联的三次改革和发展变化，增强历史感知能力。

主要改革者	政治措施	经济措施	军事外交措施
赫鲁晓夫	反对个人崇拜，平反冤假错案	推广种植玉米。简政放权	三和政策，缓和关系
勃列日涅夫	重新评价斯大林，建立稳定的领导班子	扩大企业自主权，提高农产品价格	大搞军备竞赛，提高霸权主义
戈尔巴乔夫	主张民主化、公开性原则，实行多党制	推行加速发展战略，允许个体劳动存在	放弃与美国争霸，放松控制东欧国家

4. 思考感悟——苏联解体

教师出示一组材料。

当这久病不愈的机体已经溃败，而手术台边又缺少这么几位高明的医师时，一场毫无把握的手术的结果，就是把病人送进太平间。　　　　——资中筠主编《冷眼向洋》

学生在前面学习的基础上体会感悟苏联解体的必然性。教师出示《苏联解体形势图》，通过地图，结合课本，学生了解苏联解体的主要过程，提高历史感知能力。

在了解了苏联的改革、发展、变化和解体的全过程后，教师将学生分成政治、经济、对外关系三组，教师提供相关史料，组织学生讨论苏联解体的原因，进一步提高学生阐释历史的能力。

5. 总结

在学生充分讨论理解苏联解体的原因的基础上，教师出示文字：

1919年五四运动，我们以俄为师走上新民主主义革命的道路。1949年新中国成立，我们学习苏联老大哥开始经济建设。1991年苏联解体，我们的改革之路如何前行……

创设情境，引发学生思考，以史为鉴。最后，教师用赫尔岑的话作为结语，进一步提升学生的认识，引发学生思考历史的功能：充分地理解过去，我们可以弄清现状，深刻地认识过去的意义，我们可以揭示未来的意义。向后看——就是向前进。

�֎ 案例探究

您认为此案例的值得称道之处：

_____

_____

_____

_____

您从此案例中得到的启发：

_____

_____

_____

_____

_____

案例 3

❋ 案例说明

本案例出自北京市朝阳区教研中心郭大维老师讲授的人教版义务教育课程改革实验教材《历史》九年级上册第 8 课《法兰克王国》一课的第三目内容"查理帝国"。

❋ 案例描述

学情分析：

初中学生对西欧中世纪历史的了解比较有限，在学习基本史实的同时对西欧封建制度的特征作深入理解难度较大，容易感到枯燥乏味，如果这样就会影响学生思维的活跃程度。基于以上分析，在教学中从需要激发学生兴趣，注重教学方法的多样化，以生动的史实和直观的图像为基础，使理论化和抽象化的概念自然呈现其中，培养学生透过表象认识历史本质的能力，感受西欧封建制度的特点。

教学目标：

学生利用欧洲中世纪历史地图了解法兰克王国从建立到扩张和分裂的全过程，学习并掌握解读历史地图的方法。学生通过绘制示意图和角色扮演等活动，了解西欧封君封臣制度的形成，提高运用不同方式表述历史现象的能力；阅读图文材料，初步比较西欧封建制度与中国的不同，分析西欧封建制度的特点，感受人类文明发展的多样性。学生通过解读图文材料，认识查理帝国融合多种文明因素，对西欧文明的形成有着重要作用。

教学过程：

①教师利用动态地图演示法兰克王国从 714—814 年的发展，查理在位时期（768—814 年）法兰克王国处于极盛时代，查理在位 46 年，大小战争共打了 53 次，其中有 31 次亲临前线指挥作战，王国版图不断扩展。学生看地图，通过对比了解法兰克王国的疆域几乎扩大了一倍，包括今天的法、德、荷、比、奥及意大利和西班牙的一部分。

设计意图：帮助学生掌握结合地图学习历史的方法，同时更直观地看到查理帝国占有西欧绝大部分土地，为西欧连成整体文明同步发展创造了条件。

②提出问题：查理帝国的发展是否仅仅依靠强大的武力？出示图片材料：丢勒绘查理像；查理塑像；教堂彩绘玻璃查理像。指导学生观察不同艺术作品中查理大帝的相同之处，

思考其中的含义。学生观察图片，三幅作品中的查理都握有宝剑和十字架。剑象征武力和权威，十字架代表基督教，理解政权与教会的结合是查理帝国的重要特征。

设计意图：使学生从历史图片中获取有效信息，培养学生的观察力，在学生完成表层信息读取的基础上，由教师引导完成深层信息的挖掘。

③指导学生阅读教材，了解查理鼓励基督教发展的政策。出示材料：查理在他写给教皇的信中说："我的天职是用武力保卫教会，使它不受异教徒的攻击和蹂躏；而神圣的教皇，你的职责是用祈祷来支持我的武力。"(《基督教与中世纪西欧社会》)学生阅读教材和文字材料，了解查理用武力在西欧推行基督教并维护教会的权益，理解查理帝国和基督教之间的关系。

设计意图：有助于学生认识这一时期教会需要王权的保护，王权也要靠神权来维护，两者相互利用，依靠对方的帮助发展壮大。

④教师讲述教皇利奥三世为查理举行加冕典礼的故事，僧侣贵族齐声向他欢呼，称他为"罗马人的皇帝"。学生听讲述，了解查理由一个"蛮族"国王，上承古罗马恺撒、君士坦丁，成为罗马皇帝的继承人。

设计意图：这一事件说明罗马帝国的传统、基督教会和法兰克王国三者的结合，表现出西欧文明形成的特点。

⑤查理大帝并不只是一个征服者，794年他在亚琛建造了永久性的首都，试图创造一个属于自己的君士坦丁堡，亚琛被称为"新罗马"。投影展示图片：查理时期建造的亚琛大教堂和东罗马帝国的索菲亚大教堂。学生看地图，了解地理位置；观察图片，对比两座建筑，发现建筑风格的相同之处，认识查理对罗马文化的追求。

设计意图：通过图片引导学生感受历史，发掘图片内涵，进行分析，做出推断，寻找历史现象背后的原因。

⑥教师出示图文材料。

材料一：查理在787年写给佛伦西亚地区主教的谕令中要求"每一座教堂、每一所修道院都要设立学校，以培养教士与俗人的读书、写作能力"。

材料二：查理大帝下令各个修道院和教堂建立图书馆，以收集基督教文献，并收集了一些古代希腊罗马的典籍文献，甚至包括收集整理了蛮族古代的传说和歌谣。

——刘建军《查理大帝与加洛林文艺复兴》东北师范大学学报(哲学社会科学版)2003年第2期

材料三：知识永远也不会再跌落到罗马衰落之后的那几个世纪的低下水平。

——马文·佩里《西方文明史》(上卷)

材料四：今天，许多历史学家同意将查理的成就定性为创立了"第一个欧洲"，有的地理学家可能会反对说欧洲一直就在那里。　　　　　——本内特《欧洲中世纪史》

学生阅读文字，比较、分析不同类型的历史材料，思考查理帝国对西欧文明形成产生的影响，对材料三和材料四谈谈自己的理解和认识。学生认识到查理大帝重视文化教育的一系列措施使得古典文化典籍和著述得以保存，学术文化出现复兴现象。西罗马帝国灭亡后的几百年间，罗马文明、基督教文明和日耳曼传统开始融合为一种新的文明，查理帝国时期西欧文明作为一个整体已经出现，成为一个新时代的开始。

设计意图：

选取适当的历史材料，给学生提供探究问题的知识基础，使学生对探究的问题有更加鲜活和更加丰富的认识，培养学生从具体史实出发思考分析问题的能力。选取史实和史论两种类型的材料，培养学生依据史实对史论性材料作出自己判断的能力。

✳ 案例探究

您认为此案例的值得称道之处：

_____

_____

您从此案例中得到的启发：

_____

_____

（二）"灵活选择教学策略能力"的综合实践

①请选取一节课进行教材分析和学情分析。

_____

_____

_____

②请结合以上分析制定本课教学目标。

_____

_____

_____

_____

③请完成本课的教学设计。

_____

_____

_____

_____

_____

（三）细化"灵活选择教学策略"能力要点的结果指标

在前面详细解读本能力要点的三个层级在历史学科中的具体操作要求后，进行如表 3-2 所示结果指标的提炼：

表 3-2　"灵活选择教学策略"结果指标的提炼

维度	能力要点	针对中学历史青年教师的主要结果指标
教学设计	灵活选择教学策略	1. 根据教学目标和学习内容制定教学策略 2. 合理运用讲述、提问、板书和媒体演示等教学手段 3. 根据具体的教学情境，选择、调整教学策略

名家谈

策之而知得失之计，作之而知动静之理，形之而知死生之地，角之而知有余不足之处。

——孙武

计熟事定，举必有功。

——刘禹锡

先谋后事者逸，先事后图者失。

——陆予昂

有意而言，意尽而言止者，天下之至言也。

——苏轼

事必有法，然后可成。师舍是则无以教，弟子舍是则无以学。

——朱熹

教师之为教，不在全盘授予，而在相机诱导。

——叶圣陶

课堂应是向未知方向挺进的旅程，随时都有可能发现意外的通道和美丽的图景，而不是一切都必须遵循固定线路而没有激情的行程。

——叶澜

当教师把每一个学生都理解为他是一个具有个人特点的，具有自己的志向、自己的智慧和性格结构的人的时候，这样的理解才能有助于教师去热爱儿童和尊重儿童。

——赞科夫

在战略上，最漫长的迂回道路，常常又是达到目的的最短途径。

——利德尔·哈特

教学的技巧并不在于能预见课堂的所有细节，而在于根据当时的具体情况，巧妙地在学生不知不觉之中作出相应的变动。

——苏霍姆林斯基

战略制定者的绝大多数时间不应该花费在制定战略上，而应该花费在实施既定战略上。

——亨利·明茨伯格

如果一个人真正有话说，那么在他说话时，便会创造了他自己的格式。然而，学习一种格式而没有内心的体验，则只会导致肤浅。

——克里希那穆提

专题四　营造良好学习环境

本专题的研习目标

　　1. 能够明确"营造良好学习环境"这一标准中的重要名词在历史学科中的具体内涵；

　　2. 能够有效理解、内化并实际运用各层级结果性指标的具体操作要求；

　　3. 能够从教学案例中汲取所需营养，有意识提升自身的相关能力水平。

一、先期思考与实践

您认为良好学习环境是指：

_____

_____

您如何认识"营造良好学习环境"？

_____

_____

日常教学实践中您常用哪些手段营造良好学习环境？这些手段在教学实施中对于激发学生学习动机起到了什么作用？

_____

_____

_____

_____

_____

二、"营造良好学习环境"的检核标准解读

《北京市朝阳区教师教学基本能力检核标准》对"营造良好学习环境"的检核标准如表 4-1 所示。

表 4-1 "营造良好学习环境"的检核标准

合 格	良 好	优 秀
能够营造基本学习环境，以较为稳定的情绪和状态完成教学任务	能够营造整洁有序的学习环境、丰富多样的资源环境，以良好的情绪和积极的状态进行教学；以灵活的方式处理课堂中的突发事件，完成教学任务	能够在良好的课堂环境、资源环境和情绪环境的基础上，以稳妥的方式处理课堂中的突发事件并将其转化为教育契机，完成教学任务

下面就相关概念及结果性指标进行解读。

（一）名词解读

1. 环境

环境是相对于某一事物来说的，是指围绕着某一事物（通常称其为主体）并对该事物会产生某些影响的所有外界事物（通常称其为客体），即环境是指相对并相关于某项中心事物的周围事物。环境总是相对于某一中心事物而言的。环境因中心事物的不同而不同，随中心事物的变化而变化。围绕中心事物的外部空间、条件和状况，构成中心事物的环境。

2. 学习环境

国内学者对此进行了大量的探讨。朱晓鸽认为，学习环境指的是一种面对面地发生在学生与学习资源之间交流的学习过程。杨开诚认为，学习环境是一种支持学习者进行建构性学习的各种学习资源的组合。其中学习资源不仅包括信息资源、认知工具、人类教师等物理资源，还包括任务情境等软资源。武法提的研究指出，学习环境是一个动态概念，它与动态的学习进程是紧紧联系在一起的，是学习活动展开的过程中赖以持续的情况和条件。学习环境的要素就不仅仅是支撑学习过程的物质条件（学习资源），而且还包括教学模式、教学策略、学习氛围、人际关系等非物质条件。何克抗、李文光两位学者认为，学习环境是学习资源和人际关系的组合。学习资源包括学习材料（即信息）、帮助学习者学习的认知工具（获取、加工、保存信息的工具）、学习空间（比如教室或虚拟网上学校）等。人际关系包括学生的人际交往和师生的人际交往。

国外学者也对这一问题有大量的讨论。Wilson 认为：学习环境是这样一个场所，学习者在这里相互合作、相互支持，并且用多种工具和信息资源相互支持，参与解决问题的活动，以达到学习目标。Kirschner 认为：学习环境是学习者能找到充分的信息资料和教育辅助手段的地方，借助于学习环境，学习者能够有机会去根据自身的情况及其与他人的关系去构建定向基础，决定他们将介入的目标与活动。Jonassen 的研究指出：学习环境是学习者共同体一起学习或相互支持的空间，学习者控制学习活动，并且运用信息资源和知识建

构工具来解决问题。他认为，学习环境是以技术为支持的，在学习过程中技术是学习者探索、建构和反思学习的工具，提出了认知工具和学习策略的重要性并且还考虑了社会背景的支持因素问题。

综合以上国内外学者对学习环境的定义，我们发现，学习环境与学习场所、空间、技术工具、信息资源、共同体、建构性学习、情况与条件、社会环境有着密切的关系。我们可以从以下几个方面理解：学习环境最基本的理念是以学习者为中心；学习环境是一种支持性的条件；学习环境是为了促进学习者更好地开展学习活动而创设的；学习环境是一种学习空间，包括物质空间、活动空间、心理空间；学习环境和学习过程密不可分，是一种动态概念，而非静态的。它包括物质和非物质两个方面，其中既有丰富的学习资源，又有人际互动的因素；学习者在学习环境中处于主动地位，由学习者自己控制学习；学习环境需要各种信息资源、认知工具、教师、学生等因素的支持；学习环境可以支持自主、探究、协作或问题解决等类型的学习。

为帮助学习者较为简单地理解学习环境这一概念，我们认为，学习环境是影响学习者学习的外部环境，是促进学习者主动建构知识意义和促进能力生成的外部条件。主要包括：

①物理学习环境：这里的物理与硬件学习环境由自然因素和人为因素组成。自然因素包括自主学习者学习的自然环境，噪声、空气、光线等环境。这些环境影响着学习者的情绪与学习动机。人为的因素包括网络环境、电脑硬件等。

②资源学习环境：学习资源是指那些与学习内容相关的信息，比如教材、教案、参考资料、书籍、网络资源等，这些信息资源可以以不同媒体和格式存储和呈现，包括印刷、图形图像、音频视频、软件等形式，还可以是这些形式的组合。

③情感学习环境：情感学习环境主要由三部分组成：心理因素、人际交互和策略。学习者的学习观念、学习动机、情感、意志等心理因素对学习动机的激发、学习时间的维持和获得良好的学习效果有着直接的影响；人际交互（包括自我交互）的顺畅也同样对学习者的自主学习起着不可小觑的作用；教学策略和学习策略直接影响着学习者的学习效果的好坏。

案例 1

❋ 案例说明

本案例出自北京市润丰学校李春玲老师讲授的义务教育阶段北京版《历史》教材七年级上册第 29 课《明清君主专制的加强》之"军机处的设立标志着君主专制制度达到顶峰"。

❋ 案例描述

教师确定教学思路：一是要引起学生兴趣，二是要对突破的方式提供良好的环境。第一步：出示一个平面图，指出要从养心殿（皇帝的寝宫）通过一条密道才能到达军机处，这样学生就会非常有兴趣听，在想：为什么要通过一条密道才去呢？如下图：

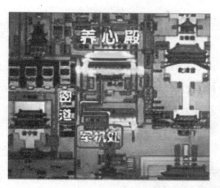

第二步：出示一个表格及材料让学生对军机处的解读。表格、材料如下：

简　介	说　明
发布命令方式	右"办理军机处封"、左"某处某官拆封"、军机大臣密寄
人员组成	皇帝挑选亲信，为军机大臣
官员品级	无品级、无俸禄
机构性质	最高执行机关、临时机构

承旨诸臣（军机大臣）亦只供传述缮撰，而不能稍有赞画于其间也。

——《清史稿·军机大臣年序表》

这时，老师提示：从人员组成、军机大臣办公时场景、命令发布方式三个方面理解。学生很快就找出了，人员是皇帝自己挑的亲信，军机大臣只能跪受笔录，命令是密寄的。这时，老师再总结：对，就是从这三个方面来说明军机处已经成为最高执行机关，但却是一个临时机构，军机处的官员无品级、无俸禄。这些材料组合在一起说明了什么呢？学生可以很快地回答出：皇帝的权力高到不能再高的程度了，也就是达到顶峰了。

通过这样的预设与互动，很好地完成了这个较为抽象的知识的学习。

☺案例分析

　　对于中国的政治制度部分内容，学生学起来相对比较吃力，很难理解。尤其是军机处这样一个机构，它的设立标志着君主专制制度达到顶峰，在讲述这部分内容时，就更需要教师对教学环境进行充分设置。要考虑到学生对军机处这样一个政治性机构不易理解的地方，还要考虑到学生通过什么样的方式能够理解，并对这些情况做出预测。

案例 2

❋ 案例说明

本案例出自北京市润丰学校李春玲老师讲授的义务教育阶段北京版教材七年级下册第

17课《战略决战》之"淮海战役胜利的原因分析"。

❋ 案例描述

在课堂教学中，教师先出示《淮海战役形势图》，请学生观察战场上敌我双方的军事力量分布情况，再指导学生分析在这样的兵力对比中，解放军实行怎样的战略战术才能取胜。学生通过读图，判断双方如果正面交战，解放军在兵力上处于劣势。学生根据对游击战的理解，会得出解放军采用声东击西的战术的结论。

第一组材料

淮海战役形势图

这时，老师接着进行环境创设：战术固然重要，但同学们再看下面一组材料，从中是否能分析出淮海战役中人民解放军胜利的另一重要原因。

第二组材料

《中国土地法大纲》　　　　　《豆选》（版画）　　　　翻身农民积极支援前线

淮海战役的胜利是人民群众用小车推出来的。

——陈毅

民工	担架	大小车	牲畜	船	筹粮	挑子
543万	30.5万副	88万辆	76.7万头	8 500条	9.6亿斤	20.6万副

——淮海战役中，翻身农民支援前线统计

根据教师的提示及所提供的教学资源，学生非常敏锐地发现了翻身农民积极支援前线的情况。从表格的数据中，学生可以清晰地看到翻身农民在担架、大小车、牲畜、船、筹粮、挑子等方面为淮海战役提供的数量，尤其支援前线的民工总数达到 543 万。结合《淮海战役形势图》中的数据，543 万民工加战场上 62 万解放军汇集的合力来对付 75 万国民党军队，这才是淮海战役中人民解放军获胜的根本原因。由此，学生就能理解"淮海战役的胜利就是人民群众用小车推出来的"这句话的含义了。通过教师创设的教学环境，学生的观察能力、归纳能力、表达能力、逻辑思维能力得以充分体现。

> ◎案例分析
>
> 对于七年级的学生，理解一场战争胜负的原因是比较困难的。因此，对于淮海战役中人民解放军取胜原因的分析就成为本课的一个难点。如果单纯从战场上的力量对比来看，解放军并不具备优势，只有把翻身农民积极参军、参战的因素考虑进来，才能更好地理解战局。所以，在准备教学资源时，教师要尽可能分析学生的学情，考虑学生的认知基础，对学生的思维方式进行准确的判断，为学生的学习创造良好的环境。在这里，良好的教学环境主要是指教师在课堂教学中为学生提供历史材料并辅以引导，在师生互动情境下完成对重难点的突破。

✳ 案例探究

您认为此案例中教师营造了哪些学习环境资源？

_____

_____

您如何对此案例中学习环境营造进行改进？

_____

_____

_____

3. 课堂突发事件

课堂突发事件就是课堂教学中突然发生的出乎意料的、令教育者难以应对的事情。课堂教学作为一个复杂多变的动态系统，其不可预测性及不确定性要求教师必须具有灵活应变、自如驾驭课堂的能力。课堂教学中的突发的教师意料之外的事件不同于一般的问题行为，常常干扰课堂秩序，打乱老师的教学思路。授课教师应该时刻注意控制教学中可能发生或已经发生的突发事件，提高教学管理水平。课堂是由师生组成的，因此，我们就可以从学生、教师以及师生关系这三个方面对课堂突发事件进行分类。基于此，课堂突发事件一般可以分为三类：因教学秩序混乱而造成的突发事件、因师生理解偏差而造成的突发事件以及因教师准备不周而造成的突发事件。

4. 教育契机

契机的本意指运动、变化、推动力、一瞬间、原因、决定性因素、本质情况等，即事物发展过程中的关键、枢纽或决定性环节。把握契机，即把握好事物发展或转化的关键、枢纽、决定性环节，对顺利实现事物的质变、飞跃具有重要意义。教育契机是指在教育过程中事物发展或一事物转化为他事物的关键、枢纽、决定性的环节。

依汉语词源解释，"契"是指灼刻在甲骨上的文字，中国古代的"契"有合一的意思，常常将记载双方意思合一的字据称为"契"，教育之"契"，在于教师行为与学生心理发展需求相"合"；"机"是指事物的枢要、关键，有重要关系的环节，对于教学来说，"机"指学生思维的脉络和走向，教学之"机"有赖教者悉心捕捉认准学生思维的脉络和走向，为教育铺设成功之路。

因此，教育契机是指能对学生发展产生决定性影响或使教学过程发生转折的诸种要素的组合。这种组合要讲究一定的机缘，教育"机"应建立在教师对学生思维需要的基础之上，是教师行为与学生思维"合"的产物。教育契机不仅需要教师有洞察学生发展水平的能力，而且对教师如何把握学生的思维走势，理解学生的心理需要，以及采取适宜的教育方法提出了更高要求，即教育契机中蕴含着教师如何接住学生抛来的问题，并以适宜的方式抛还给学生的教育智慧。把握契机，不仅应看到这个行为或者事件的教育价值，而且应跟随着学生的思维，衡量该教育内容和形式能否与学生的思维发展和接受水平形成契合。教师教育智慧的光芒就在教师如何把握教育契机上闪现。

5. 教学机智

我国的《教育大辞典》对"教育机智"的定义为："构成教育艺术的要素，善于根据情况变化创造性地进行教育的才能。它包括两方面的内容：在教育、教学活动中，有高度的灵活性，能随机应变、敏捷、果断地处理问题；有高度的智慧，能巧妙、精确、发人深思地给人以引导、启示和教育。"加拿大著名的教育学者马克斯·范梅南对"教育机智"的定义为："能使教师在不断变化的教育情境中随机应变的细心的技能。"他对教育机智作了理念上的探讨，认为教育最根本的意义是抓住现实生活中的教育时机，认为真正的教育是在恰当的教育契机下发生的。俄国教育家乌申斯基说："不论教育者是怎样地研究教育理论，如果他没有教育机智，他不可能成为一个优秀的教育实践者。"

（二）对结果指标的解读及实践能力认知

"营造良好学习环境"对于学习者的学习动机的激发、学习时间的维持和获得良好的学习效果有着直接的影响，居于至关重要的先导地位。一般意义上的学习环境主要包括硬环境和软环境两个方面，硬环境主要指教室环境（即前文所述最主要的物理学习环境），软环境主要指学生的人际关系和学习氛围（即前文所述情感学习环境）等。当然，本专题讨论的广义的学习环境还包括资源学习环境，即一切与学习内容相关的信息都是学习环境的有机组成部分。

由于学生的学习大部分时间是在教室中度过，教室作为学习的一个载体起着不可忽视的作用。营造良好学习环境的起点就要从学生踏入教室起，为教育教学的顺利进行打下良好的心理铺垫。总体而言，就是极力营造出一股暖意，让其充溢人情味，使得学生从心理上不自觉地去接受这个环境，从而带动对学习的自觉接受。教室内整洁卫生，窗明几净，器物放置有序，是最基本的要求。在此基础上，还应进一步加强教室的文化建设，例如，教室的环境布置有明确的主题，以主题为中心铺设展开。主题可以是这一阶段的学习重点，可以是学生近期关注的问题，也可以是这一时期班风建设努力的方向等。主题可以是明了的展现，也可以是隐设暗藏的，关键是要与班级活动和教学过程相配合。

营造良好的情感学习软环境，主要体现在教师为学习者提供一个安全、自由、充满人情味的心理环境。"自由学习"和"学生中心"的学习与教学观认为，促进学生学习的关键在于特定的学习心理气氛因素，突出情感在教学活动中的地位和作用，强调人际关系在教学过程中的重要性。学习活动中最重要的人际关系，毫无疑问是师生关系。师生之间真情互动，学习环境充满民主、宽松、和谐的氛围，从而最大限度地缓解学生学习上的压力，使学生保持良好的心态，既有轻松的心理，又有理性的思考。实践证明，潜移默化、和风细雨式的教育更能令学生接受；给予学生更多的关怀、爱护、尊重和信任，从而使师生感情融洽，可有效激发学习动机。

同教师一样，学生也是学习环境建设的主体，在创建良好的学习环境中发挥着重要作用。积极营造学习者之间在学习上互相帮助、共同进步，生活上互相照顾、互相关心的学习氛围，增强学习者之间的合作意识，强化合作行为，有利于促使学习参与者普遍提高学习水平。

营造良好学习环境还要求教师具有控制教学中的突发事件，并顺势将其转化为教育契机的能力。这对教师的教学机智提出了更高的要求。教育契机蕴含于教育过程之中，生成性是教育过程的基本属性，"教育的过程，在它自身以外没有目的；它就是它自己的目的，教育过程是一个不断改组、不断改造和不断转化的过程"。

营造良好的学习环境，目的是为学生的学习服务。良好的学习环境不仅有利于学习活动的高效运转，而且能陶冶学生情操，净化学生的心灵，激励学生勤奋学习、积极向上，促使学生全面发展、健康成长。因此为学生提供一个良好的学习环境，是教育者为学习者服务的主要任务。

1. 合格要求

◆能够营造基本学习环境，以较为稳定的情绪和状态完成教学任务

（1）操作要求

Ⅰ能够营造基本的物理学习环境，即整洁的教室物质空间，较为有序的课堂教学秩序。

Ⅱ能够营造基本的资源学习环境，即基础的教学资源、和学习内容相关的信息。

Ⅲ能够营造基本的情感学习环境，即比较和谐的教室人际关系。

（2）说明与分析

教学环境是以教室为空间、师生为主体、班级精神为主要特征的一种群体文化环境。它包括环境布置、卫生状况、人际关系、道德水平、审美情趣等，是校园文化的基础。它包含了教室物质空间所体现的地理文化环境和教室人际关系所形成的情感文化环境。人创造环境，环境塑造人。荀子曰："蓬生麻中，不扶而直；白沙在涅，与之俱黑。""孟母三迁"更被后人传为佳话。教室作为学生最主要的学习场所，其文化环境是以学生为主体创造出来的，又反过来决定和影响学生的成长进步，促进班级优良学风的形成。教室环境布置是教育过程中最微妙的领域之一。它能对学生起到潜移默化的影响，使学生在优美的教室环

境中坚定学习信念，激发学习热情，增长各种知识，感受人文关怀。因此，教师能够营造整洁的教室物质空间所体现的地理文化学上的环境是教学环境的重要内容。

人本主义心理学家认为人的潜能是自我实现的，而不是教育的作用使然，因此在环境与教育的作用问题上，他们认为教育的作用在于提供一个安全、自由、充满人情味的心理环境，使人类固有的优异潜能自动地得以实现。在这一思想指导下，罗杰斯在20世纪60年代提出了"自由学习"和"学生中心"的学习与教学观。他们重视的是教学过程而不是教学内容，重视的是教学方法而不是教学结果。他们认为教师的任务不是教学生学习知识（这是行为主义者所强调的），也不是教学生如何学习（这是认知主义者所重视的），而是为学生提供各种学习的资源，提供一种能够促进学习的气氛，让学生自己决定如何学习。为此，罗杰斯对传统教育进行了猛烈的批判。他认为在传统教育中，"教师是知识的拥有者，而学生只是被动的接受者……教师是权力的拥有者，而学生只是服从者"。因此，他主张废除"教师"这一角色，代之以"学习的促进者"。罗杰斯认为促进学生学习的关键在于特定的学习心理气氛因素，那就是尊重、关注和接纳，尊重学习者的情感和意见，关心学习者的方方面面，接纳学习者个体的价值观念和情感表现。

罗杰斯等人本主义心理学家从他们的自然人性论、自我实现论出发，在教育实践中倡导以学生为中心的自由学习，突出情感在教学活动中的地位和作用，强调人际关系在教学过程中的重要性，认为课程内容、教学方法、教学手段都维系于课堂人际关系的形成和发展；把教学活动的重心从教师引向学生，把学生的思想、情感、体验和行为看作是教学的主体，形成了一种以知情协调活动为主线、以情感作为教学活动基本动力的新的教学模式，对传统的教育理论造成了冲击，推动了教育改革运动的发展。

案例 3

❋ 案例说明

本案例出自北京第二外国语大学附属中学冯空老师所讲授的高中历史必修3《文化发展历程》第21课《西学东渐》之"维新思潮"。

❋ 案例描述

旁白：1895年，《马关条约》签订，消息传回中国，举国轰动。

荣禄：我泱泱中华，大清帝国，居然被蕞尔小国打败，怎么会呢？

张之洞：日本维新了，我们办洋务了。我们有亚洲最大的舰队，实力不输他啊！

谭嗣同：从前我国还只是被西方大国打败过。现在竟被东方的小国打败了，而且失败得那样惨，条约又订得那样苛刻，这是多么大的耻辱啊！四万万人齐下泪，天涯何处是神州！

严复：看着日本老同学驾驶舰艇将我北洋舰队歼灭，作为北洋舰队首席教官，我痛啊！

梁启超：我中华做了四千年大梦，也该醒醒了。

康有为：天下兴亡，匹夫有责。我们再也不能老样子过下去了。必须变法。

梁启超：眼看我们的国家被小小的日本打败了，又要割地赔款，我们大家都会慷慨激昂要救国。但我们中很多人没有新知识新技术，所能做的仅八股文章，所读过的书，仅中国的经史，布衣百姓能救国么？又到底该怎样救国呢？

康有为：我们需要舆论宣传，办报纸、办学堂，培养更多的维新人才。把我的《新学伪经考》《孔子改制考》再版重印，呼吁更多的人加入变法图强行列。

梁启超：老师两年前的大作《新学伪经考》将封建统治者奉为正统的古文经典斥为伪书，从根本上动摇了顽固势力恪守祖训、反对变法的理论基础。老师的又一力作《孔子改制考》，宣称"六经"是孔子为了"托古改制"的作品，假托于尧、舜之言论。论证了孔子是托古改制、主张变革的先驱。孔子是变革的先驱，我们也可以变法。老师的方案，既合乎古训，又适宜时局，其文章是我们所佩服的，其论调正合乎大家的胃口，我们还不拥护他吗？

谭嗣同：眼看就要亡国了，居然还有人说什么"祖宗之法不可变""宁可亡国，不可变法"，荒唐。

严复："物竞天择，适者生存""时代必进，后胜于今"。如果我们顺应天演规律，实行变法，就会由弱变强。须实行变法，否则必然亡国。

梁启超：法者天下之公器，变者天下之公理。变亦变，不变亦变。变法之本，在育人才；人才之兴，在开学校；学校之立，在变科举。而一切要其大成，在于变官制。要"兴民权，实行君主立宪"。

谭嗣同：两千年来封建专制制度为"大盗"之政，专制君主是独夫民贼。"君"如不能为"民"办事，亦可共废。废除宗法等级制度、纲常礼教……誓杀尽天下君主，使流血满地球，以泄万民之恨。

荣禄："民有权，君就会无权。""民权之说，无一益而有百害。"兴民权就会"大乱四起"。

张之洞：胡闹！你们这些读书人，哪里知道变法的凶险！要在安定时期，我们变法，只是有风险。如今四夷虎视眈眈，一旦打乱，列强就会干涉，就要亡国了。

梁启超：只有变法，才不会亡国，变则通，通则久。

张之洞：中国之祸，不在海外，而在九州之内。民权之说，无一益而有百害。要中学为体，西学为用。

严复：要国家富强，就要国民有强健的体魄，我们要禁止鸦片和缠足；变法最当先的是废除八股。八股"锢智慧""坏心术""滋游手"。八股害国，害得天下无人才。我们要向西方那样多办学校，重视教育，强行实行义务教育。开民智、废八股提倡西学；封建君主都是"大盗窃国"，国家属于人民，王侯将相是人民公仆。我们要新民德，创立议院。

荣禄：反了，反了。

康有为：秀才造反，三年不成。我们不仅要办报刊、办学堂，培育国民，宣传维新，还要上书皇帝，争取朝廷支持。

旁白：康有为、梁启超、谭嗣同、严复等维新志士，通过著书立说、办学堂、创报刊等方式宣传变法，他们提倡西学、变科举，兴民权、实行君主立宪，发展资本主义，这些观点和文章像是重磅炸弹，把清朝统治者震得心惊胆战，在民众中，尤其是在青年学生中，维新思想迅速传播，形成一次影响深远的思想解放潮流，推动中国维新、变法、图强。

◢ 案例分析

在进行高中历史必修3《文化发展历程》第21课《西学东渐》的教学设计过程中，作者认为，该课内容涉及人物众多，思想发展复杂而充满个性，尤其是甲午战争后关于维新思潮部分，顽固派、洋务派、维新派激烈交锋，如果只是以老师为主导、用一节课完成，很难让学生体会到中国思想文化近代化的艰难历程。为此，作者尝试让学生成为学习资源的一部分，拓展课堂资源。从图书馆借来《康有为》《梁启超》《谭嗣同》《严复》等书，推荐给学生，提出需要若干男生自编自导自演一幕《维新思潮》历史短剧，并在课堂上汇报演出。同学们积极踊跃，看书，揣摩，最后师生一起努力，共同创作了《维新思潮》历史短剧。

通过任务情境让学生成为学习资源的一部分，不仅很好地达成教学目标，还激发了同学的学习热情。一位学生并不喜欢历史，但他因旗人后代的身份被同学们推荐饰演荣禄，他不负众望，用旗人特有的"谱"和"派"演绎荣禄，鲜活生动的参与加深了同学们对历史的体验和理解，并改变了对历史的一些看法。

✳ 案例探究

您认为教师在本课教学是如何营造情感学习环境的？

_____

_____

_____

2. 良好要求

◆能够营造整洁有序的学习环境、丰富多样的资源环境，以良好的情绪和积极的状态进行教学

(1)操作要求

Ⅰ能够营造整洁有序的学习环境、丰富多样的资源环境。

Ⅱ能够保持稳定而积极的情绪，顺利开展教育教学工作。

Ⅲ能够理解情绪及情感知识，调控情绪，提高教学有效性。

(2)说明与分析

教师是学生成长过程中的重要他人。教师职业的特殊性，决定了其作为高情绪工作者需要在工作中投入大量的情绪。教师稳定而积极的情绪不仅是顺利开展教育教学工作、提高教学有效性的重要保障，而且是全面提高教师队伍的素质和促进师生双方心理健康发展的客观需要。情绪智力概念的提出为研究教师情绪与工作绩效的关系提供了一个新的视角和分析途径。情绪智力是指个体准确地感知、评价并表达情绪，爆发和产生促进思考的情感，理解情绪及情感知识，调控情绪以促进情感和智力发展的能力。心理学领域的大量研

究表明，情绪智力与工作绩效呈显著正相关。其中，既有来自个体心理层面的心理健康水平、工作生活满意度、压力应对方式等变量，也有来自个体社会生活层面的工作生活质量、社会关系质量等变量。情绪智力高的教师在进行教学活动过程中，会表现出较高的情绪自我监控和自我激励能力，善于调控自己的情绪，主动呈现出积极向上的情绪状态和乐观饱满的精神状态，减少破坏性情绪的产生，使自己更集中于工作，充分调动学生的学习兴趣，引导学生进行学习活动，提高工作绩效。而在教学活动之外，情绪智力高的教师具有良好的工作家庭协调能力，能够主动地协调工作对家庭以及家庭对工作的影响，积极地促进工作与家庭生活。低情绪智力的个体虽然也能进行情绪觉知、理解和调节，但由于他们的情绪调控能力较低，主动性较差，或者容易冲动，往往更可能在工作中产生消极情绪，出现工作倦怠，因而不能发挥主动行为在其中的中介作用。这提示我们，教师根据自身的不同情绪智力水平，采取适当的策略，以稳定的情绪和良好的状态进行教学。

由于教学内容的严肃性和认知上的距离感，在历史教学中，教师情绪状态尤为重要，稍有懈怠，学生就会产生一种气氛低沉状态，因此，在教学中好的历史教师非常注重调整自己的教学情绪，让自己在精神饱满、情绪振奋的状态下进行教学活动。只有教师自己处于一种愉悦的状态，学生才会处在一种兴奋的情绪状态下从事学习活动，并主动配合老师的教学，激发起参与的动机。所以，愉悦、兴奋的情绪不仅对学生的学习活动有促进作用，对老师的教学活动也有相应的促进效能。师生在教学中形成了良好的情感心理场，课堂教学就往往会收到事半功倍的效果。除了教师自身的文化修养和教师作为一种专业素养的情感调控能力外，教师生动的教学语言(包括体态语言)的运用对课堂氛围的创设显得十分重要。巴班斯基也说："显而易见，不能只凭历史、文学和艺术的材料本身，而且还要教师在讲述这些材料时带有强烈的情感，才能使学生在情感上得到强烈的发展。"因此，对于一个历史教师来说，积蓄好自己饱满的教学情绪，认真设计好自己的教学语言，并在教学过程中适时适度地加以发挥运用，这是获得良好教学效果的必备条件。

实践演练

请您以该项标准的诸项具体操作要求为据进行实际演练：

_____

_____

_____

◆以灵活的方式处理课堂中的突发事件，完成教学任务

(1)操作要求

Ⅰ能够针对突发事件。教师要充分利用即时生成的课程资源引发教学机智，处理好课堂偶发性事件，维护课堂秩序，创造性地完成教学任务，实现优质教学。

Ⅱ能够引发课堂教学机智，从而融洽师生关系，激发学生思维，启迪学生智慧，使学生的消极情感转变为积极情感，提高历史课的教学质量。

(2)说明与分析

课堂教学中总会伴有一些偶发、随机事件，怎样才能创造性地处理这些事件？这对教师提出了教学机智方面的要求。在实际教学的现场，有些教师激情四射，教学充满活力，教学进行得自然而流畅，特别在面对一些偶发事件时，能够从容应对、巧妙处理，这样既化解了危机，又使学生得到教益；与此同时，也有一些教师面对课堂上的突发性事件，不是回避，就是任凭课堂"冷场"而无所作为。当前的课堂教学是生成性的，在生成性教学中可能会出现较多的突发事件，这就要求我们扪心自问：面对一种意外的场面，我们该怎么办？当前，学生自主意识大幅度提高，不囿于现成答案，对教师多持质疑、批判的态度，学生的问题往往富有逆反性和挑战性，他们更易从习以为常的现象中发现和提出问题。因此，在高中课堂教学中，教师会经常遇到学生诸如"为什么"的疑问，面对突如其来的质疑，如果没有充分的思想准备，老师可能被问得张口结舌、处境尴尬，此时要充分理解学生的这种思维发展的阶段，对于授课出现的欠缺或失误要勇于坦率承认，当场不能解答的可以和学生说明情况，课下查阅资料后再给予详尽的解释，而不能视为学生挑衅和找碴，更不能不懂装懂、含糊其辞。

那么，教师能否更好地处理课堂突发事件呢？针对突发事件，教师要充分利用即时生成的课程资源引发教学机智，处理好课堂偶发性事件，维护课堂秩序，创造性地完成教学任务，实现优质教学，从而融洽师生关系，激发学生思维，启迪学生智慧，使学生的消极情感转变为积极情感，提高历史课的教学质量。

课堂教学机智是指在课堂这个特定的教学环境下教育机智的灵活运用，是在课堂这个特定的教学环境下，教师敏锐观察、精确分析和迅速处理课堂突发问题的应急行为；它是具有高度创造性的课堂教学活动，也是教师高度的课堂监控能力和灵活熟练的教学智慧的统一。灵活的课堂教学机智的运用，不仅有助于维持良好的课堂教学秩序，约束和控制有碍学习的行为，而且有助于激励学生潜能的释放，引导学生学习，提高学习效率。

案例 4

❋ 案例说明

本案例出自北京市人大附中朝阳学校李春香老师讲授的高中岳麓版必修3《文化发展历程》第14课《挑战教皇的权威》。

❋ 案例描述

学情分析：

面对高二理科班学生授课，他们的理性思维能力强，富有一定的批判精神和探究能力，对人文学科兴致不高。

教学设计：

讲解天主教会和世俗政权矛盾加剧这一问题时出示下列材料：

"教皇权力好比太阳，国王权力犹如月亮，它的光是向太阳借来的。"

——教皇英诺森三世

教师：在教皇眼里，国王权力来自哪里？

（话音未落，学生抢答。）

学生：那个时代都知道月亮向太阳借光了？

（完全答非所问，本想当作没听见，但是仔细观察全班，此问题一抛出，都眼巴巴地瞅着老师，满是期待，来自理科生的期待。虽然这个问题并不是教学内容，但是如果不处理，势必会让全班同学失望，学习环境僵化，后面上课的效果会大打折扣，所以这个问题不能无视，得回应学生）

教师：在我看来，这也许是一个在天文学、物理学史上比较有价值的问题（问问题的同学开始接受全班同学的膜拜，兴奋而愉悦）。可惜我并未对此问题有过专门深入研究（全班失望）。据我所知，比较早涉及太阳光和月亮光问题的是古希腊的亚里士多德，他提到过"月亮发光的一侧总是对着太阳"（吃惊）。中国北宋时期的沈括在《梦溪笔谈》中也有对此问题的介绍："月本无光，犹银丸，日耀之乃光耳。"（满足）教皇格里高利七世（1020—1085年）也曾有类似的观点。比较有名的就是我们刚刚看到的教皇英诺森三世（1161—1216年）的这句话。在中世纪，通过太阳和月亮的关系来说明教会和国王的关系，是为了强化教会教皇的权力（学生表示赞同）。但这个问题今天我们并未全面了解，感兴趣的同学下课我们可以一起查找相关资料，写成论文，或者将其改造为研究性学习课题（跃跃欲试）。

（因为师生之间的互相欣赏，接下来的学习环境不错，非常融洽，轻松而高效。）

案例分析

本案例中，老师面对着班里对教师质疑的学生，学生问题有逆反性和挑战性："那个时代都知道月亮向太阳借光了？"老师引用的材料是很常用的材料，从未有人对此提出疑问。学生从习以为常的现象中发现和提出问题。面对突如其来的质疑，老师没有被问得张口结舌而是充分肯定："这也许是一个在天文学、物理学史上比较有价值的问题。"随后，教师利用丰富的知识回答了学生的部分问题。教师坦率地承认对此问题没有深入研究，顺势引导孩子课后探究。

�֍ **案例探究**

您认为此案例的课堂突发事件是如何产生的？

_____

_____

教师在处理此次课堂突发事件时的做法对您有何启发？

_____

_____

3. 优秀要求

◆能够在良好的课堂环境、资源环境和情绪环境的基础上，以稳妥的方式处理课堂中的突发事件并将其转化为教育契机，完成教学任务

(1)操作要求

Ⅰ能够营造良好的课堂环境、资源环境和情绪环境。

Ⅱ能够稳妥地处理课堂突发事件，将其转化为教学机智，从而抓住教育契机。

Ⅲ能够受到当时教学情境的触动，引发教学机智，从而抓住教育契机。

(2)说明与分析

教学机智是指教育者在一定的教学情境中，瞬间做出的具有教育意义的创造性行动。一般情况下，人们将教学机智看作是教师在课堂教学中因为遇到教学预设之外的、突发的、紧急的事件而采取的机智行为。事实上教学机智也可能是教师没有遇到意外事件，而是受到当时教学情境的触发，瞬间对一个习以为常的问题或观点产生了新的认识、顿悟，从而主动打破教学常规，调整教学计划，指向新的教学目标，进而引发契合教学情境需要的创造性行动。教学机智的特征具有实践性、情境性、教育性和创造性。

第一，教学机智的实践性。教学机智首先是一种行动，它具有实践性的特点，主要表现在以下三个方面：首先，与普通的实践活动相同，教学机智也具有紧迫性和模糊性。教学机智是即兴的机智行动，不能提前预设，引发的过程也是模糊不清的，所以教学机智才能让教师们充满期待和幻想。其次，教学机智的引发总是为了处理课堂教学中的实际问题。当然，这种实际问题可能来源于教师本身、学生或者第三方。所以，教学机智虽然不是物质生产活动，但它是一种有明确目的教学实践活动。最后，教学机智只能在教学实践活动中不断探索和培养。它不是一般的理论知识，不能直接学习或者传授；也不是一门实用的技术，不能直接运用。

第二，教学机智的情境性。教学情境是指课堂教学活动的物理环境以及教师和学生的总体心理感受状态。其中，教师和学生的总体心理感受状态是由教师的感受状态、学生的认知水平、教学内容、教学时间以及课堂气氛等共同形成的。所以，教学情境是唯一的、不可再生的。教学机智的发生总是基于某种特定的教学情境，这也预示着教学机智具有偶发性和独特性。因此，教学机智没有固定的模式或标准作参考，更不能课前预设。

第三，教学机智的教育性。教学机智的教育性是指在课堂教学情境中强调行为的善。机智意味着能够打动别人，这就是教学机智的教育性所在。范梅南认为：教育从根本上是一种道德行为。他认为，教育必须具有指向善的这样一个标准。可想而知，机智的教学更是要指向学生发展的好的一面，由此，教育性可以看作是判断一种行动是否教学机智的标准之一。

第四，教学机智的创造性。教学机智的创造性是教师遭遇到偶发性事件或有新思想出现时对教学计划、教学常规的打破甚至超越，是教学机智的最本质特征之一。教学情境是不断变化的，这使得教学过程充满了不确定性。在课堂教学中，经常遇到来自教师本身、学生或任何一个第三方的偶发性事件，或者是教师对某个问题的全新认识，这时候，那些

预设的教学方案已经无法继续进行。教师必须大胆脱离常规教学，合理超越教学计划，勇于创造新生，争取引发教学机智。从某种意义上讲，不存在没有创造的教学机智。

案例 5

✳ 案例说明

本案例出自北京市第二外国语大学附属中学冯空老师讲授的高中岳麓版必修 3《文化发展历程》第 21 课《西学东渐》。

✳ 案例描述

在进行高中历史必修 3《文化发展历程》第 21 课《西学东渐》的教学过程中，我尝试让学生通过阅读历史传记，自编自导自演历史课本剧《维新思潮》，把 19 世纪 90 年代中国思想界的激烈交锋用一幕短剧呈现出来，涉及的历史人物有维新派康有为、梁启超、谭嗣同、严复，洋务派张之洞，顽固派荣禄。清一色的男性。

在角色的推选过程中，一名活泼外向的女生提出也要饰演其中的角色，我摊摊手，没同意。上课时，男生们展示精彩，这名女生流露了她的不满。我知道，这是一个好契机。

当历史剧演完，我提出：当时会有女生参与这样的争论吗？我的问题一下子激起了学生们的兴趣。男生扬扬得意，你们女生怎么能登上台面呢？女生则有些恼怒。

我又提出：维新派对女权有没有涉及呢？

饰演康有为的李浩然同学说，维新派提倡男女平等，办女学，成立不缠足会，开展反对缠足运动。

我说，维新派办女学，开展不缠足运动，将形体解放与思想解放视为争取女权的基础，拉开了妇女运动的序幕，开创了中国妇女运动的新时代。围绕着维新变法这一时代主题，维新派和顽固派进行了激烈的思想论战。这场论战使维新思想冲破重重阻挠顽强地传播开来，形成了一次影响深远的思想解放运动，为中国文化的发展开辟了一条新路。

✳ 案例探究

您认为此案例中教师是如何把课堂突发事件转化为教育契机的？

_____

_____

_____

教师处理此次课堂突发事件的做法对您有何启发？

_____

_____

_____

_____

三、对于"营造良好学习环境能力"能力标准的实践性把握

（一）教学案例的实践探究

案例 1

✽ 案例说明

本案例出自北京市日坛中学贾瑞老师讲授的岳麓版必修 3《文化发展历程》第 22 课《新文化运动》。

✽ 案例描述

1. 新文化运动的兴起

出示"1914 年 9 月，袁世凯率领百官在孔庙祭孔图片"及文字材料：

革命成功将近十年，所希望的件件都落空，渐渐有点废然思返，觉得社会文化是整套的，要拿旧心理运用新制度，决计不可能，渐渐要求全人格的觉醒。

——梁启超《五十年中国进化论》

教师：新文化运动为什么会发生？请依据图片和文字资料回答。

学生：辛亥革命发生了，用旧思想适应新制度，肯定不可能成功的，所以要全人格的觉醒（要人们在思想上觉醒），由此引发了新文化运动。

出示图片：陈独秀像、《青年杂志》第一卷第一号封面、《新青年》第二卷第一号封面。

教师：1915 年陈独秀创办《青年杂志》，后改名为《新青年》，标志着新文化运动兴起。这是创刊的《青年杂志》，我注意两个细节：最上面是用法文写的"青年"，封面是卡内基。从封面上看，陈独秀办刊的目的是什么？唤起青年人的觉醒（唤起人们的自觉，尤其是青年人）。

> **✺案例分析**
>
> 此时学生突然发问：为什么用法文？
>
> 此处教师有所准备，预设了主动教学机智转化为教育契机。

出示图片：

教师：1916 年，北洋政府任命蔡元培为北京大学校长。之后蔡元培找到了陈独秀，请他来做北京大学文科学长。1917 年，陈独秀受聘于北大。《新青年》编辑部也随即从上海迁到北京。当时在北大教坛中，即有旧式的学者：刘师培、辜鸿铭、黄侃等人；也有新思想的代表者：陈独秀、李大钊、胡适、鲁迅等人。这幅油画原名《宽容》，作者是根据当时北大学生顾颉刚的回忆文章创作的。

案例分析

此环节，学生私下纷纷发问：辜鸿铭是个什么人？他的经历是怎么回事？

教师顺势将此课堂突发事件转化化为教育契机。让学生讨论：辜鸿铭的北大任教经历说明了什么？顺势提出了下一个问题。

教师：请从图和文字中总结出北大的办校宗旨。

学生：兼容，包容，宽容。

教师：体现在哪些方面？

材料 1：对于学说，仿世界各大学通例，循思想自由原则，取兼容并包主义……无论何种学派，苟其言之成理，持之有故，尚不达自然淘汰之命运者，虽彼此相反，而悉听其自由发展。

——蔡元培《致〈公言报〉函并答林琴南君》

材料 2：对于教员，以学诣为主，以无背于第一种主张为界限。

——蔡元培《致〈公言报〉函并答林琴南君》

教师：蔡元培先生所阐述的北大办校宗旨"思想自由，兼容并包"，在这种思想下，北京大学成为新文化运动的主要活动基地。而《新青年》杂志依托北大，成为新文化运动的思想阵地。

材料 3：《新青年》的发展和阶段特征

卷数	作 者（逐渐增加）	特 征
第一卷 上海	主编陈独秀等（皖籍为主，多为同乡、好友）	
第二卷	李大钊、胡适、刘半农、杨昌济、吴虞、吴稚晖等	反孔、文学革命（引起强烈反响）
第三卷 1917 年 3 月北京	章士钊、钱玄同、蔡元培、恽代英、毛泽东	北京大学、轮流主编
第四卷	鲁迅、俞平伯、傅斯年、罗家伦	以北大教授和学生为主
第五至第七卷 1919 年前后	全国其他活跃的知识分子和青年	全国性
第八卷 1920 年	李汉俊、李达、周佛海、陈公博等	倡导唯物主义和社会主义
第九卷之后 1923 年 2 月	中共中央纯理论机关季刊	

学生讨论：

①陈独秀年初入主北大后，《新青年》投稿的作者也从陈独秀的好友、同乡，变成了北大的教授。

②从第二卷开始反孔教、宣扬文学革命。

③从第三卷开始迁址到北京。

④第八卷（后期）开始宣传马克思主义（社会主义）。

⑤第九卷成为中共的机关刊物。

⑥鲁迅在第四卷发表文章了。

教师：《新青年》在1915年第一卷创刊时只在少数知识精英中得到了响应，发行量仅仅1 000册左右，影响非常有限。随着陈独秀受聘于北大，以及北大教授的投稿，使《新青年》杂志得以快速发展，再加上第二卷宣扬反孔和文学革命，更引起了社会的极大关注，发行量增至1.5万多册。

> **案例分析**
>
> 　　此部分教学中，学生的思考作答往往不在教师预设答案之内，一时课堂比较沉闷，教学不能顺利进行。
>
> 　　面对此突发事件，授课教师意识到学生实际并未理解老师的具体要求，无所适从，不知如何入手。教师顺势将此问题结合答题方法训练，要求学生回忆如何解读表格——先纵向比较，再横向比较，或关注表头、比较内容，等等。在教师的指导下，学生立刻有了思维方向和切入点。

2. 新文化运动的内容

（1）提倡民主、科学，反对专制、迷信

材料：要拥护那德先生Democracy，便不得不反对孔教、礼法、贞节、旧伦理（忠孝节义）、旧政治（特权人治、专制）；要拥护那赛先生Science，便不得不反对旧艺术（中国戏）和旧宗教（鬼神、迷信）；要拥护德先生又要拥护赛先生，便不得不反对国粹和旧文学……我们现在认定只有这两位先生，可以救治中国政治上、道德上、学术上、思想上一切的黑暗。

　　　　　　　　　　　　　　　　　　——陈独秀《〈新青年〉罪案之答辩书》

教师：新文化运动提倡什么？

学生：德先生，赛先生。

教师：这些名词或者思想哪来的？

学生：西方思想。

教师：反对什么？

学生：旧伦理，旧政治，旧宗教，旧文学。

学生突然发问：新文化运动为什么反对国粹：武术、中医、中国画、旧艺术？

教师：所以，书上说他们是激进的民主主义者。什么是激进的民主主义者？对中国传统文化大量地否定和对西方思想更有深度地提倡。

> **案例分析**
>
> 此处教师有所准备，预计到了学生的疑问："新文化运动为什么反对国粹：武术、中医、中国画、旧艺术？"当学生提出时，教师将学生的疑问顺势化为教育契机。教师让学生顺利理解了激进的民主主义者这一概念难点，并为下一步讨论传统文化在今天的现实意义和新文化运动对传统文化的时代性打下基础。

材料：民主（德先生）：举一切伦理、道德、政治、法律、社会之所向往，国家之所祈求，拥护个人之自由权利与幸福而已。思想言论之自由，谋个性之发展也。法律之前，人人平等也。个人之自由权利载诸宪章，国法不得而剥夺之，所谓人权也。　　　　——陈独秀

【问题】新文化运动时期民主的内涵是什么？它与辛亥革命时期提倡的民主有什么不同？

学生：辛亥革命提倡民主制度，是在制度上反专制。

教师：新文化运动不仅在制度上反专制，还提倡民主思想，在思想上反对专制思想。

材料：科学（赛先生）：科学者何？吾人对于事物之概念，综合客观之现象，诉之主观之理性，而不矛盾之谓也。举凡一事之兴，一物之细，罔不诉之科学法则，以定其得失从违；其效将使人间之思想行为，一尊理性，而迷信斩焉，而无知妄作之风息焉。　　　　——陈独秀

【问题】你认为科学是什么？

新文化运动时期的科学相较之前的科学深在哪？（还包括科学方法和科学精神）

材料：我们反对孔教，并不是反对孔子个人，也不是说在古代社会无价值。不过因他不能支配现代人心，适合现代潮流，还有一班人硬要拿他出来压迫现代人心，抵抗现代潮流，成了我们社会进化的最大障碍。

孔教与共和乃绝对势不相容之物，存其一，必废其一。

　　——陈独秀《再答常乃德（古文与孔教）》，《新青年》第2卷第6号（1917年2月1日）

【问题】为什么要反孔教？

学生：儒学的伦理纲常、维护专制与民主科学的新思想格格不入。针对当时袁世凯尊孔复古而提出。

（2）提倡新道德，反对旧道德

材料：要提倡民主，反对专制，就要反对以儒家为代表的旧道德。　　　　——陈独秀

材料：儒者三纲之说，为吾伦理政治之大原，共贯同条，莫可偏废。三纲之根本义，阶级制度是也。所谓名教，所谓礼教，皆以拥护此别尊卑、明贵贱之制度者也。近世西洋之道德政治，乃以自由、平等、独立之说为大原，与阶级制度极端相反，此东西文明之一大分水岭也。　　　　——陈独秀《吾人最后之觉悟》

【问题】结合材料分析新道德与旧道德分别指什么？

材料：旧道德：阶级制度，表现为儒家的三纲，别尊卑、明贵贱。

新道德：自由、平等、独立。（自由、平等就是一种民主思想）

我翻阅了一查，这历史没有年代，歪歪斜斜的每页上都写着"仁义道德"几个字，我横竖睡不着，仔细看了半夜，才从字缝里看出字来，满本都写着两个字"吃人"！

——鲁迅《狂人日记》

新文化运动时，鲁迅对这种旧道德进行猛烈的抨击。1918年在《新青年》上发表《狂人日记》，说儒家的仁义道德（旧道德）是"吃人"。在古代，多少女性死于为男人殉节。所以说礼教"吃人"可以理解为害人，草菅人命。正因为礼教吃人，激进分子进而提出了"打倒孔家店"。（反孔教）

【问题】"打倒孔家店"是对传统文化的全盘否定吗？

教师：他们坚决反对儒学不适合当时时代发展的思想，如伦理纲常。而对作为一代哲人的孔子本人他们又是崇敬的。

（3）以提倡白话文为重点的文学革命

材料：旧文学、旧政治、旧伦理本是一家眷属，固不得去此而取彼；欲得改革，乃畏阻力而迁就之，此东方人之思想，此改革数十年前而毫无进步之最大原因也。

——陈独秀、胡适《论〈新青年〉之主张》

教师：1917年1月《新青年》上发表了胡适的《文学改良刍议》，提倡用白话文代替文言文，提出了"八不"。一个月后，陈独秀在《新青年》上发表《文学革命论》，旗帜鲜明地提出了文学革命的三个目标。之后，引发了文学革命。在此期间，还有白话文与文言文之争。

胡适提倡白话文，据说胡适写了中国第一首白话文诗，叫《蝴蝶》。（学生读）

教师：胡适以蝴蝶象征他新文学路上的知己朋友，如果没有了朋友彼此支持，靠自己是不能闯一条新文学的光明大道的。

教师：鲁迅把反对旧伦理、旧道德和白话文的艺术形式结合起来，是新文学的典范。

教师：1920年，政府规定学校使用白话文，白话文从此得到官方的肯定。至此，白话文之争告一段落。

2000年，美国方言学会举行过一次有趣的"世纪之字"评选活动（1900—2000），获得提名的"世纪之字"有"自由""正义""科学"等，而进入决赛的有两个词，一个是"科学"，另一个是专指女性的代词"她"。最终"她"字战胜了"科学"，成为20世纪最有影响力的字词。她字的创造者是另一位新文化运动的领袖刘半农。他受宣扬文学革命的胡适和陈独秀的鼓舞，写下了一首《叫我如何不想她》。在诗中首次使用了代表女性的"她"。

【问题】"她"字的从无到有，折射了什么历史进步？（在女性被压迫的年代，在文学体裁的变革下，还体现了自由、民主、平等在中国的传播。）

这就是以提倡白话文为重点的文学革命。

3. 新文化运动的影响

材料：新文化运动是人的运动。

——陈独秀《新文化运动是什么》《新青年》第七卷第五号

【问题】"人"具体指什么？

学生：人的思想。

这场思想革命的核心是人思想的觉醒，是中国人摆脱封建意识形态和社会关系的束缚，从跪在尊长脚下的臣民变为自由、平等(民主思想)、理性(科学精神)的现代公民的真正开始，正因为如此，运动产生的影响才会这样巨大。

新文化运动是一场伟大的文化革新和思想启蒙运动，特别是对青年知识分子的觉醒起了巨大的作用。受到影响的有这么一批青年人，如毛泽东、周恩来。

教师：毛泽东在此有着三重身份，他既是《新青年》的读者，也是《新青年》的作者，还是新文化运动影响下的广大青年中的一员。历史证明，正是以毛泽东、周恩来为代表的经受新文化运动洗礼的一代人，改变了中国的命运。

在1919年5月，深受新文化运动影响的青年人在北京发起了五四运动，抗议外交失败、山东主权沦丧。五四运动标志着青年的觉醒，也将新文化运动推向另一个高潮。

4. 对传统文化的认识

教师：今年正值新文化运动开始100周年。100年前，这些仁人志士为了救中国，大量地否定传统文化。而今天，无论从国家、从社会来说，都在弘扬传统文化。你对这个问题怎么认识？谈谈你的看法。

学生：为了宣传民主和科学，去大量否定对新思想不利的传统文化，可能会过激，但是和当时的时代是不可分的(有时代性)。而今天，认识到恢复传统文化的必要性，所以又加以弘扬。

教师：是要对传统文化完全保留的弘扬吗？

材料：对我国传统文化要坚持古为今用、去粗取精、去伪存真，经过科学的扬弃后使之为我所用。 ——2013年在全国宣传思想工作会议上习近平同志再提传统文化

总结：新文化运动是中国人救亡图存的又一次探索。回顾近代中国人向西方学习的历程。第一次向西方学习，主要是在器物层面。第二次在制度层面。前两次都没有救中国。20世纪初，新文化人士觉得只有在思想层面学习西方才能救中国。但当时的中国社会矛盾依然突出，这一批先进的中国人会用什么方式救中国呢？有没有彻底改变中国的命运呢？

"一个懂得尊重思想的民族，才会诞生伟大思想；一个拥有伟大思想的国家，才能拥有不断前行的力量。"(《大国崛起》)

❋ 案例探究

您认为此案例教师为学生的学习是怎样营造良好的学习环境的？该学习环境的营造主要围绕哪些方面进行？

_____

_____

您认为此案例是如何引发教学机智并将其转化为教育契机的？

_____

_____

案例 2

✳ 案例说明

本案例出自北京市东北师大附中朝阳学校魏龙环老师讲授的岳麓版必修2《经济发展历程》第8课《欧洲殖民者的扩张与掠夺》。

✳ 案例描述

导入环节：

前面我们学习了新航路的开辟。那么，欧洲人开辟新航路之后都干了什么？对世界又产生了怎样的影响呢？我们通过新航路开辟者之一哥伦布的一封书信来了解一下，下面我们请一位同学来读一下这封信：

在那里（美洲），我发现了许多岛屿，居住着不计其数的居民。我展开国王的旗帜，公开宣布替我们最幸运的国王占领了所有这些岛屿，岛上的居民无人反抗……我将把君主们想要的任何数量的黄金，还有香料、棉花等和陛下们想要的尽可能多的异教徒奴隶都奉送给他们……

——克里斯托弗·哥伦布

教师：请同学们思考，哥伦布开辟新航路后都做了什么？他即将做什么？

学生：哥伦布首先占领了岛屿，还想获得黄金、香料、棉花、奴隶等。

教师：那怎样获得这些呢？

学生：掠夺。

教师：我们今天就一起学习第8课《欧洲殖民者的扩张与掠夺》。

> ♨**案例分析**
>
> 　联系学生已有的知识基础，从学生熟悉的哥伦布入手，通过阅读历史文献——哥伦布书信，了解殖民扩张的真实动机和历史背景。通过新旧知识的联系，创设历史情境，营造历史氛围，试图让学生感受到欧洲殖民者殖民扩张的历史背景和动机目的。

新课讲授：

历史场景一：西班牙、葡萄牙的扩张与衰落

新航路开辟后欧洲人是通过哪些方式进行殖民掠夺的呢？我们首先看看西班牙殖民者皮萨罗在南美的所作所为？

西班牙殖民者皮萨罗在印加用欺骗的手段，将印加帝国皇帝监禁起来，敲诈了约合6吨黄金、12吨白银的赎金。之后又处死了皇帝。依靠武力开进首都，将它洗劫一空。

——斯塔夫里阿诺斯《全球通史》

教师：从材料中可以知道皮萨罗在南美都做了什么？

学生：勒索赎金，将当地洗劫一空。

教师：那他主要是通过什么手段呢？

学生：武力掠夺。

教师：通过材料我们可以看出他的主要方式就是武力抢夺，而这也是西方殖民掠夺的主要方式之一。结合所学说一说欧洲殖民者殖民掠夺的主要方式还有哪些呢？

学生：武力抢夺、开采矿产、强制劳役。

教师：那么在早期殖民扩张中掠夺了大量财富的西班牙、葡萄牙后来发展如何呢？

出示关于葡萄牙衰落的原因的材料：

17世纪西班牙、葡萄牙迅速衰落。葡、西两国衰落的原因，一是封建传统势力顽固；二是穷兵黩武，国力衰退；三是处理宗教问题的错误；四是掠夺到的大量金银造成社会全面腐化。其实说到底，根本问题还是社会和制度落后，工商业和资本主义发展欠缺，大量金银主要供王室贵族挥霍而没有用于资本原始积累。

——王加丰《强国之鉴》

教师：思考一下，葡萄牙掠夺来的财富为何没有使其长期居于世界强国之列？

学生：掠夺的财富未用在发展本国经济上。

教师总结：掠夺大量财富的西班牙、葡萄牙两国社会制度落后，并没有把资金用在发展本国经济上，而是用于进口消费，所以很快便衰落下去。与此同时欧洲的另一个小国开始崛起，这就是荷兰。

历史场景二：荷兰的崛起

投影展示荷兰的地理位置，引导学生思考荷兰崛起背后的原因。

出示一组关于荷兰崛起的原因的历史材料：

材料1：荷兰人常常自豪地说，"上帝创造了人，荷兰风车创造了陆地"；邓小平曾对荷兰首相说，中国有句话叫作愚公移山，你们称得上"愚公移海"。

材料2：一名叫巴伦支的荷兰船长试图找到从北面到达亚洲的路线，但他被冰封的海面困住，有八人死去，但他们丝毫未动别人委托给他们的能够救命的衣物和药品。

材料3：1602年，荷兰联合东印度公司成立，通过向全社会融资的方式，将分散的财物变成了自己对外扩张的资本；1609年，世界历史上第一个股票交易所诞生；在英国银行成立前大约100年阿姆斯特丹银行就成立了。

教师提问：依据上述材料和所学，概括指出17世纪荷兰成为世界性商业强国的主要原因。

> **案例分析**
>
> 教师通过系列历史材料，营造历史情境，使学生通过阅读分析材料可以探究荷兰兴起的原因，既培养了他们的阅读、提炼、分析、归纳信息的能力，也使他们对荷兰崛起的历史进程能有宏观的把握。

教师总结：正是由于荷兰人坚韧的毅力、诚信的经营，再加上领先的造船技术、发达的航运业，组建大型商业公司和通过股票银行融资等先进的手段，使荷兰在 17 世纪迅速崛起，但崛起的荷兰却受到来自邻国英国的挑战。

出示英荷战争中荷兰失败的材料，引导学生思考什么促使英国崛起。

历史场景三：英国的崛起

出示一组促使英国崛起的因素的相关材料：

材料 1：光荣革命之后，英国的制度框架为经济增长提供了一个适宜的环境……也许最重要的是，国会至上和习惯法中所包含的所有权将政治权力置于急于利用新经济机会的那些人手里，并且为司法制度保护和鼓励生产性的经济活动提供了重要框架。

——诺斯《西方世界的兴起》

材料 2：西北欧还拥有对经济利益格外敏感的社会结构和文化氛围。荷兰、英国，甚至法国的贵族绝不是轻蔑地看待经商事业，他们总是乐于参加任何有可能获利的商业冒险。由于商人和金融家就像绅士参与商业那样加入贵族行列，北方具有大得多的阶级流动性，商人一样可以成为地道的绅士、政治家、议员、枢密院官员、法官、主教和贵族。

——斯塔夫里阿诺斯《全球通史》

材料 3：制度创新理论认为，技术性因素和制度性因素构成了经济增长的两大要素。英国在欧洲率先建立了一系列法律法规，形成了一套鼓励技术创新、提高私人收益率的系统激励机制……使英国在古代文明的基础上，极其迅速地建立起了一个技术世界。

——岳麓版高中历史必修 2《经济成长历程》教师教学用书

教师：依据材料，概要指出是哪些因素促进了英国崛起？

引导学生阅读分析归纳促使英国崛起的因素。

出示 18 世纪欧洲贩奴贸易数据，引导学生认识黑奴贸易也促进了英国的崛起。

历史场景四：三角贸易

欧洲人乘船来到非洲，我们首先来看在西非铜版画中欧洲人的形象。

教师：他手中拿着什么呢？身边跟着的是什么呢？

学生：枪；猎犬。

教师：这俨然是一副猎人的形象，但他们狩猎的对象却不是非洲的动物，而是非洲的黑人。

后来，随着规模的扩大，他们获取黑人的方式也发生了变化，请一位同学来读一段材料：

葡萄牙航海者在虏获黑奴时总会遇到强烈的抵抗，非洲士兵会向他们发射成千上万的毒箭。然而很快，葡萄牙人发现他们可以购买奴隶，无须自己劫掠。他们满载马匹和欧洲工业品（纺织品、金属制品和火药武器）到非洲交换奴隶。

——本特利、齐格勒《新全球史》

教师：从材料中我们可以看到欧洲人获取黑人的方式发生了什么变化？

学生：从捕捉到购买。

教师：用什么购买呢？

学生：马匹和工业品。

教师：接着欧洲人将这些黑人套上枷锁押往海边，在那里一艘艘运奴船等待着他们。我们看，这就是当时运奴船的模型，看看当时船舱的平面图。

教师：仔细观察这密密麻麻整齐排列的是什么呢？

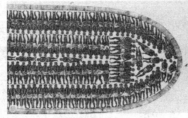

学生：黑人。

教师：对，就是一个个的黑人，那么为什么排列得如此整齐呢？

学生：是为了多装一些黑奴，多赚钱。

教师：我们再仔细看，每两个黑奴之间的手脚是怎样的呢？

学生：绑在一起。

教师：为什么这样呢？我们了解了这趟航程大家就明白了。装满了黑奴的贩奴船起航驶往目的地——美洲。这一路有多可怕呢？我们通过当时一位黑奴幸存者的回忆录来了解一下，下面请一位同学来读一下他的回忆录：

当我来到海岸时，一艘贩奴船正在抛锚等待装货。我对此充满惊讶，而在我被带上船时，惊讶很快变成恐惧……在那里我的五官受到了前所未有的待遇：混合着可憎的恶臭和哭号，我感到虚弱和恶心，不能进食，甚至没有品尝任何食物的欲望。我只希望最后的朋友——死亡——来解救我；但是令我忧伤的是，很快，两个白人给我食物，当我拒绝进食时，其中一个迅速抓住我，将我放在绞盘上绑住脚，另一个人使劲鞭打我。我想纵身跳下，逃脱这艘船的束缚，可是我动弹不得。水手们密切监视着没有被锁在甲板下的这些黑人，以防我们跳入海中。我看到一些可怜的非洲人试图跳下去，却被严重割伤，拒绝进食的人则会遭到数小时的鞭笞……两个锁在一起的同乡跳入海中。很快，另一个步前两个人的后尘；如果不是立即警觉起来的水手拼命阻挡，更多的人也会马上跳下去。

——本特利、齐格勒《新全球史》

教师：请同学们思考，在船上黑人面临什么样的处境呢？

学生：环境污浊——想死。

教师：那么他们能痛快地死吗？奴隶贩子又是如何对待他们的呢？

学生：不能，鞭打，强制他们进食，监视，防止他们跳海。

教师：为什么这么对他们？难道是真的关心他们的生命吗？

学生：不是，奴隶贩子把黑奴看作商品货物，为了避免损失。

教师：就这样他们横渡大西洋，能够活着到达美洲的大约只有百分之五十，来到美洲后，黑人被送进专门的奴隶买卖园。而奴隶贩子则广泛发布广告，这就是当年卖黑奴的广告。之后，举办拍卖会公开拍卖这些黑奴，而这些奴隶贩子则从美洲获得大量金银，为了保证利益的最大化，他们是不会让船舱空着的，还会带上一些美洲的物产，比如种植园生产的棉花、烟草等原料返回欧洲，完成一次完整贸易。同学们观察这种贸易的线路有什么特点？

学生：三角形。

教师：这一贸易又称作"三角贸易"。请同学们根据我们刚才所讲的，在学案中的地图上画出这一贸易的线路图和和每段航程的主要货物。我们找一位同学到黑板上画。

学生：（根据前面的讲解和要求完成三角贸易示意图。）

> 绘制三角贸易示意图：
> 要求：示意图中要有每段航程的线路、方向、名称和主要货物
> 主要货物用序号表示：
> 廉价工业品(纺织品、火药武器等)——①
> 黑奴——②
> 金银——③
> 棉花、烟草等原料——④

教师：在这种贸易中，欧洲殖民者从西欧出发到非洲西海岸，这叫出程；带着欧洲的廉价工业品(如纺织品、金属品和火药武器等)到非洲换成黑奴，运往美洲，这叫中程；主要货物就是黑奴，接着在美洲卖掉黑奴，带着美洲的金银和棉花、烟草等原料返回欧洲，这叫归程。这种贸易的路线呈什么形状呢？三角形，因此这一贸易被称作三角贸易，这就是残酷的三角贸易。那么，三角贸易对贸易三方都产生了什么样的影响呢？

首先，我们看海贸易对欧洲的影响。

通过当时贸易中的一个实例来看：在1730年殖民者用3.66米的一段白布（价值不到4英镑），在非洲能换到一个黑奴，运到美洲卖掉换成金银和原料运回欧洲价值60～100英镑，可见这种贸易利润惊人，通常能达到100%～300%。通过这种贸易第一

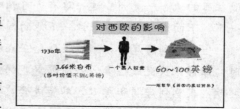

可以获得大量的财富；那么想要获得更多的财富怎么办？加紧生产更多的廉价工业品去换取黑奴，所以三角贸易还刺激了欧洲的商品生产，加速了欧洲的发展。我们以英国城市利物浦为例，1700年从事黑奴贸易前，这里只是一个人口不到5 000人、年关税收入不足1万英镑的荒僻小村镇，从事黑奴贸易后，1785年发展成为人口超过3.5万人，年关税收入达64.8万英镑的英国第三大港口，从这个城市我们可以看到三角贸易对西欧发展的影响。

但非洲却是另一番景象：保守估计，长达400年的黑奴贸易使非洲丧失精壮劳动力1亿，还有比人口丧失更可怕的，我们看看16世纪非洲刚果国王写给葡萄牙国王的信：

"奴隶贸易使整片土地都荒无人烟。"

教师：在信中我们可以看到比人口丧失更可怕的是非洲社会经济的衰败。

接下来，我们看看贸易对美洲的影响。大家看，这是17世纪美洲的一个种植园，里面的劳动力变成了什么人呢？

学生：黑人，黑奴贸易给美洲提供了大量劳动力，客观上促进了美洲的开发。

教师：但开发的果实被谁获取了呢？

学生：欧洲的殖民者。

案例分析

教师采用大量的图文材料，借助于 Prezi 课件的全局视角的呈现，营造三角贸易的历史情境，帮助学生尽可能地感受三角贸易的历史氛围，通过分析三角贸易对贸易三方的不同影响，理解西欧资本原始积累的野蛮性和残酷性，培养学生论从史出的历史学科意识。

❋ 案例探究

你认为在本案例教学中都有哪些营造良好学习环境的方式？

_____

_____

_____

运用史料营造良好学习环境需要注意什么？

_____

_____

怎样有效地利用信息技术手段营造良好的学习环境？

_____

_____

_____

你能否结合自己的教学实际思考本节课堂中曾经出现的教育契机？

_____

_____

_____

（二）正确"营造良好学习环境"的综合实践

①请选择自己感兴趣的一节课试着设计本节课的教学资源环境。

_____

_____

_____

②请研读此课（或其中一个子目）教学内容后，根据本专题"营造良好学习环境"的说明，尝试总结营造良好学习环境的方法。

_____

_____

_____

③请将该课营造良好学习环境的实践进行自主评价与反思。

_____

_____

_____

（三）细化"营造良好学习环境"能力要点的结果指标

在前面详细解读本能力要点的三个层级在历史学科中的具体操作要求后，进行如表4-2所示结果指标的提炼。

表 4-2 "营造良好学习环境"能力要点的结果指标的提炼

维度	能力要点	针对中学历史青年教师的主要结果指标
教学实施	营造良好学习环境	1. 能够营造整洁有序的课堂环境 2. 能够以良好的情绪和积极的状态进行教学 3. 能够以较为稳妥的方式处理课堂中的突发事件并将其转化为教育契机

名家谈

习于智长，优与心成。

——朱熹

志于道，据于德，依于仁，游于艺。

——孔子

把一切知识教给一切人。

——夸美纽斯

我愿做人梯让年轻人踏着我的肩膀攀登科学高峰。

——华罗庚

培养人，就是培养他获得未来快乐的前景的道路。

——马卡连柯

尚自然，展个性。

——蔡元培

为别人照亮道路，自己必须放出光芒——这就是人的最大幸福。

——捷尔任斯基

教育儿童通过周围世界的美、人的关系的美而看到精神的高尚、善良和诚实，并在此基础上在自己身上确立美的品质。

——苏霍姆林斯基

专题五　教学组织方式有效

　　1. 能够明确"教学组织方式有效"这一标准中的重要名词在历史学科中的具体内涵；

　　2. 能够理解有效的教学组织方式所包含的基本方法、手段、策略、标准和要求；

　　3. 能够有效理解、内化并实际运用各层级结果性指标的具体操作要求；

　　4. 能够从教学案例中得到教学组织方式的有效手段和方法，有效提升自身的相关能力水平。

一、先期思考与实践

您如何理解合作学习的内涵：

□合作学习是一种有明确责任分工的目标导向活动

□合作学习是为完成任务，师生之间的合作互动活动

□合作学习是以小组活动为主体进行的一种学习活动

□合作学习主要是由教师分配学习任务和控制学习进程的

□合作学习是以学生达成目标过程中的总体成绩为评价依据的

您认为有效的教学组织方式应该具有哪些特点？

_____

_____

_____

请列出你熟悉和常用的教学方法，并指出这些方法的优势和不足。

_____

_____

_____

请介绍你最满意或最有体会的一次教学组织活动。

二、"教学组织方式有效"的检核标准解读

《北京市朝阳区教师教学基本能力检核标准》对"教学组织方式有效"的检核标准如表 5-1 所示。

表 5-1　"教学组织方式有效"的检核标准

合　格	良　好	优　秀
能够根据学习需要和特定的学生情况，合理选择教学组织方式	教学组织方式多样，能够组织同位交流、小组合作、全班讨论等活动，有效掌控分组、分工和活动进程	运用多种教学组织方式，调动每个学生参与活动的积极性，恰当处理活动过程中出现的问题

下面就相关概念及结果性指标进行解读。

（一）名词解释

1. 教学组织形式

教学组织形式，简称"教学形式"，就是教学活动中教师与学生组合的结构形式，或者说，是教师与学生的共同活动在人员、程序、时空关系上的组合结构形式。从学生的组合方式来看，教学组织形式有两种基本类型。一为个体教学，即单个学生与教师发生相互作用。二为集体教学，即学生以集体的形式与教师发生相互作用。

集体教学是较为传统的教学组织形式，又可以划分为多种具体的形式，比较典型的有班级教学和分组教学等。班级教学是指教师以班级为单位对整个班级进行教学，班级是按照学生年龄和知识水平编成的，且人数和成员固定，教学内容按学校和学年分成许多既有

系统联系又相对独立和均衡的部分，每部分限定在统一的单位时间内，采用相应的教学方法和手段有计划地开展教学活动，这种组织形式提高了单个教师的教育能量，便于学生获得系统连贯的知识，形成认知结构，因而有效地提高了教学效率，同时班集体内的学习可以促进学生和教师、学生和学生之间多向的交流、启发、影响和促进，从而增加信息来源或教育影响。但是班级教学也存在不易照顾学生个别差异的弊端，因而又产生了根据学生的学习特点、能力、意愿等差异分组进行教学的形式，学生的学习时间相同，但课程内容不同。这种组织形式能够适应不同层次学生的学习准备和学习要求，也便于教师组织教学，但由于缺乏不同水平学生间的相互交流，使学生发展的机会受到了限制。

我国现在普遍推行的教学组织形式是班级教学，即班级授课制。在班级教学中，师生之间、学生之间的交流互动也存在着多种多样的方式，如同位交流、小组合作、全班讨论等，这都是对班级授课制的有益补充。

以道尔顿制为典型的个别化教学，于19世纪末20世纪初由美国道尔顿城教育家柏克赫斯特提出并试行，在这种教学组织形式之下，教师每周进行有限的集体教学，然后指定学习内容，学生接受学习任务后，在各专业课堂自学，独立完成作业，然后接受教师考查，合格后，又接受新的学习任务。道尔顿制是典型的自学辅导式的教学组织形式，是翻转课堂教学组织形式的雏形，它可以充分发挥了学生学习的自主性，能够较好地照顾到个别差异，培养学生的自学能力，但同时它依赖学生高度的自觉性，学习任务不受课时限制，否定了教师的主导作用，难以帮助学生形成认知结构，也难以保证教学活动的效率。

2. 教学组织方式

教学组织方式，就是教学活动中师生交流互动、相互作用的方式或模式。其核心要素是教师与学生在一个特殊环境（课堂）中互动，以完成有价值的活动和任务为目的。在教师和学生直接或间接相互作用的过程中，包括教学内容、教学方法、教学手段和教学程序、步骤在时间和空间上的集结或综合。历史教学组织方式，即在历史教学过程中，教师根据《历史课程标准》所要求的教学任务、教学内容，结合相应的教学资源，合理安排教学活动的组织形式。

如果把班级集体学习环境或小组学习环境看作是一个生态系统，教师和学生都是这个环境下活动的主体，相互依赖从而形成一个密不可分的学习共同体。这个学习共同体要运用多元化的学习方式，完成有机的学习活动、解决有趣的问题。从这个角度认识，教学方式并不是一种具体的教学策略、教学方法或技术手段，而是一种融教学价值观、知识观与方法论于一体的教学哲学。教学方式包括广泛而全面的教学方法，而并非一种具体的策略，教学方式具有具体策略和方法所没有的特性，即包括一致的理论基础——一种有关学生应当学习什么及如何去学习的观点，以及其推崇的教学行为和能够产生不同类型学习行为的课堂组织结构。

生态系统下的教学活动，是由学生和教师共同组成的学习共同体，以完成共同的学习任务为载体，以促进成员全面成长为目的的，强调在学习过程中以相互作用式的学习观作指导，通过人际沟通、交流和分享各种学习资源而相互影响、相互促进的学习集体。它强调人际心理相容与沟通，在学习中发挥群体动力作用。处于学习共同体中的个体拥有共同的目标、共同的关系、共同的情感取向和行为标准。因此，有效的教学组织方式应该是以生态共存的状态，通过师生互动活动的多样化，发挥学习集体的作用，实现成员个体的全面成长。

3. 教学方法

一般来说，教学方法是为实现既定的教学目标，在教学过程中师生共同活动时所采用的一系列办法和措施。

(1)教学方法具有的特点

其一，相对性。正如苏联教育学家巴班斯基所说：每种教学方法就其本质来说，都是相对辩证的，它们都既有优点又有缺点。每种方法都可能有效地解决某些问题，而对解决另一些问题则无效；每种方法都可能会有助于达到某种目的，而妨碍达到另一种目的。

其二，针对性。教师在进行教学时，要针对不同的对象和特点、不同的目的和要求，采取不同的态度，选择不同的教学方法。教师对教学方法掌握得越多，就越能找出适合特定情况的教学方法。

其三，综合性。教学方法是教师教的方法和学生学的方法的综合体。教师教的方法在于示范、启发、训练和辅导；学生学的方法，在于观察、仿效、运用和创造。各种方法在运用中，需与其他方法相互配合、取长补短，这样才能达到预期的目标。

其四，多样性。教学内容、目的是多样的，教学方法势必也是多样的。今天来看，教学方法多样化的趋势正在进一步扩展，一些新的教学方法正在随着教育教学改革的推进涌现出来，原有的一些教学方法也被赋予新的含义和光彩。

(2)教学方法的分类

按照教学方法中主体因素的构成来进行区分，即以教为主的教学方法、以学为主的教学方法和教与学并重的教学方法。

以教为主的教学方法分为三种：以语言形式获得间接经验的教学方法；以直接形式获得直接经验的教学方法；以实际训练形式形成技能、技巧的教学方法。三者分别表现为讲述法、演示法和练习法。这些教学方法之所以经常被采用，主要是因为它们都有重要的使用价值，对提高教学质量有特定的功效。

以学为主的教学方法分为三种：以学生自定学习目标、学习计划，自我把握学习进程为特征的自主学习；以小组活动为主要形式、师生合作以及生生合作为特征的合作学习；以提出问题、分析问题、解决问题为线索的探究学习。

教与学并重的教学方法分为三种：以感受体验形式获取知识的教学方法；以参与互动形式获取知识的教学方法；以质疑问难形式获取知识的教学方法。三者分别表现为角色扮演法、谈论法和问题教学法。这些方法注意调动学生参与教学的积极性，学生通过主动活动获取知识，是教学方法的重要组成部分。

在《学会教学》这本书中，也介绍了六种基本教学方法：①讲授和解释；②直接教学；③概念教学；④合作学习；⑤基于问题的学习；⑥课堂讨论。前三种方法主要基于社会学习理论、行为主义理论和信息加工理论，多少有些以教师为中心。后三种方法则是基于学习者中心的原则，其理论基础是约翰·杜威和其他进步主义教育家的哲学观点，以及现今一些教育学者所持的认知理论和建构主义理论。

（3）教学方法的选择

每一种教学方法所追求的教学效果都是以牺牲其他方法所产生的教学效果为代价的，每种方法都有其优势和劣势，没有哪一种方法有绝对的优势。教学方法在教学中究竟如何运用，要视具体情况而定，但其出发点和落脚点，都是为了培养学生分析问题和解决问题的能力，发掘其潜在能力。因此，正确地选择教学方法，应建立在一定的教学理念的基础上，以学生的实际情况和教师的教学目的为依据。

4. 合作学习

综合国内外关于合作学习的研究论点，可以认为合作学习是一种使学生共同努力达成某种目标的教和

学的组织方式，或者是一种旨在促进学生在异质小组（小组内学生水平高低有差异）中互助合作，达成共同的学习目标，并以小组的总体成绩为奖励依据的教学策略体系。

合作学习的基本理念主要包括以下几个方面的内容：

（1）互动观

合作学习视教学动态因素之间的互动为促进学生学习的主要途径，因而这种互动观无论在内容上，还是在形式上，都与传统的教学观有所不同，它不再局限于师生之间的互动，而是将教学互动推演至教师与教师、学生与学生之间的互动。

合作学习论认为，教学过程是一个信息互动的过程。从现代教育信息论的角度来看，教学中的互动方式大致呈现为四种类型：一是单向型，视教学为教师把信息传递给学生的过程，教师是信息发出者，学生是信息接受者；二是双向型，视教学为师生之间相互作用获得信息的过程，强调双边互动、及时反馈；三是多向型，视教学为师生之间、生生之间相互作用的过程，强调多边互动、共同掌握知识；四是成员型，视教学为师生平等参与和互动的过程，强调教师作为小组中的普通一员与其他成员共同活动，不再充当唯一的信息源。合作学习认为，教学是一种人际交往，是一种信息互动，把教学这一复杂的现象仅仅当作教师与学生之间的双边互动的过程来认识，实在是过于简单化了。实际上，教学是多种互动过程的有机统一，是一种复合活动，其间必然涉及上述四种信息互动过程和模式，缺一不可。

（2）目标性

合作学习是一种目标导向活动。由于合作学习强调动态因素之间的合作性互动，并借此提高学生的学业成绩，培养学生良好的非认知品质，因而这种教学理论较之传统的教学理论更具情感色彩。"在教学目标上，注重突出教学的情意功能，追求教学在认知、情感和技能目标上的均衡达成。"

合作学习论认为，学习是满足个体内部需要的过程。它将教学建立在满足学生心理需要的基础之上，使教学活动带有浓厚的情意色彩。从合作学习的整个过程看，其情意

色彩渗透于教学过程的各个环节之中。尤其是在小组合作活动中，小组成员之间可以互相交流，彼此争论，互教互学，共同提高，既充满温情和友爱，又像课外活动那样充满互助与竞赛。同学之间通过提供帮助而满足了自己影响别人的需要，同时，又通过互相关心而满足了归属的需要。在小组中，每个人都有大量的机会发表自己的观点与看法，倾听他人的意见，使学生有机会形成良好的人际关系技能，当学生们在一起合作融洽、工作出色时，他们学到的就会更多，学得也就更加愉快，由此可以实现认知、情感与技能教学目标的均衡达成。

（3）形式观

合作学习采用了班级授课与小组活动相结合的教学组织方式，强调以集体授课为基础，以合作学习、小组活动为主体形式，力求体现集体性与个体性的统一。合作学习中的课堂讲授是以合作设计为基础的，讲授过程也力求简要清晰、时短量大、高效低耗，有较强的研究性、探究性，能为继起的小组活动留有足够的空间。合作学习小组通常由四人组成，其中一人是优等生，一人是差生，两人是中等生，要求各小组总体水平基本一致，每个小组都应是全班的缩影或截面。同时，全班各合作学习小组之间又应具有同质性。组内异质、组间同质为互助合作奠定了基础，而组间同质又为保证全班各小组间展开公平竞争创造了条件。

（4）评价观

合作学习的评价观与传统教学也有很大不同。传统的教学评价强调的是常模参照评价，关注个体在整体中的位置，热衷于分数排队，比较强弱胜负。这种竞争性的评价是有局限性的，它把是否"成功"作为衡量学生优劣的唯一标准，脱离了大多数学生的实际。在这种评价方式下，只有少数学生能够得到高分或好名次，能够取得分数意义上的成功，而大多数学生则注定是学习的失败者，这不利于大多数学生的发展。有鉴于此，合作学习把"不求人人成功，但求人人进步"作为教学所追求的一种境界，同时也将之作为教学评价的最终目标和尺度，将常模参照改为标准参照评价，把个人之间的竞争变为小组之间的竞争，把个人计分改为小组计分，把小组总体成绩作为奖励或认可的依据，形成了"组内成员合作，组间成员竞争"的新格局，使得整个评价的重心由鼓励个人竞争达标转向大家合作达标。

小组合作学习使学生有直接交流互动的机会。每个学生客观上存在差别，通过小组成员之间充分地交换意见和讨论，可以集思广益、取长补短，也培养了学生集体活动的能力、学习的自主性，学会与别人配合等良好的性格特征。小组成员具有互补的学习经验和高效的合作方法是合作成功的关键。

无论什么方式的合作学习，都必须以学生扎实的独立学习为基础，这是别人和小组都无法替代的。教师在组织小组合作之前，必须给学生独立思考的空间和时间。

（二）对结果指标的解读及实践能力认知

在教学活动中，实现教学组织方式有效的条件有三个，即以学生为起点，以学生参与为基础，以学生核心素养发展为目标。教学本身是以学生为对象的，是以学生发展为目标的，即一切教学活动都是为了学生。以学生为起点，就要准确了解学生的认知水平、学习特点、学习兴趣等情况，教师对学生的起点了解得越清楚，教学活动也就越切合学生的需要，教学效果也就越明显。在多向互动能力表现领域，教学组织方式是否有效，是以学生是否参与、怎样参与、参与程度来决定的。因此，教师能否采取多种教学组织方式，调动每个学生始终积极地参与教学活动，就成为教师教学实施能力的重要表现。最近国家制定的中国学生发展核心素养总体框架，以培养"全面发展的人"为核心，内容分为文化基础、自主发展、社会参与三个方面，综合表现为人文底蕴、科学精神、学会学习、健康生活、责任担当、实践创新六大素养。核心素养是学生在接受相应学段的教育过程中，逐步形成的适应个人终身发展和社会发展需要的必备品格与关键能力。它是关于学生知识、技能、情感、态度、价值观等多方面要求的结合体；它指向过程，关注学生在其学习过程中的体悟；是个体能够适应未来社会、促进终身学习、实现全面发展的基本保障。由此看出，教学活动中注重学生自主发展、社会参与，关注学生学习过程中的体悟和多方面的需求，既是学生核心素养发展的要求，也是实现教学组织方式有效的重要条件。

从生态系统角度看，师生共同组成学习共同体，强调学习过程中的相互作用。本能力要点主要围绕教师在教学实施过程中，以学生为起点，以学生参与为基础，以学生核心素养发展为目标，实现师生多向互动、多样互动的能力提升问题。

1. 合格要求

◆能够根据学习需要和特定的学生情况，合理选择教学组织方式

（1）操作要求

Ⅰ能够结合学生的学习基础和教学要求，选择适当的教学组织方式。

Ⅱ能够依据教材重点、难点和学生疑惑点，选择适当的教学组织方式。

（2）说明与分析

操作要求Ⅰ是要求教师在分析学情的基础上，结合教学内容和目标，采取诸如讲授法、历史问题探究法等组织方式。讲授法是一种以语言为载体的教学方法，是教师通过口头语言向学生描绘情境、叙述事实、解释概念、论证原理和阐明规律的教学方法，这种方法普遍适用于日常的教学活动中。关于历史问题探究法，华中师范大学杜芳教授在《新理念历史教学论》中是这样阐释的，它"是指根据教学内容及要求，由教师创设问题情景，师生共同从背景提供、发现问题、解决问题、交流成果等方面来组织和实施教学，以期进一步激发学生的求知欲、创造欲和主体意识，培养与提高学生历史学习能力的一种教学"。

操作要求Ⅱ针对教学重点、难点和学生的疑惑点，教师可以采取小组合作、全班讨论等互动方式。小组合作方式最常用的是小组讨论，学生就某个历史问题展开讨论，小组成员发表看法、相互倾听，在小组讨论的基础上，进一步组织全班交流。全班讨论是以全班集中的方式进行的课堂交流活动。这种讨论方式要求较高，全班讨论又可分为直接集中和先分散后集中两种。直接集中就是教师提前布置讨论题和阅读参考资料，然后按预定计划进行集中讨论；先分散后集中就是先分成小组进行讨论，然后再集中讨论，各小组讨论后可推举代表在全班进行发言。

北京教育学院朝阳分院附属学校张秀娟老师在北京版义务教育课程改革实验教材《历

史》七年级下册第 8 课《"德先生"与"赛先生"》中关于对白话文的认识，是这样设计实施教学活动的：

教师先提供一段材料：

黄侃是旧派人物，反对白话文运动。黄侃在讲课中赞美文言文的高明，举例说："如胡适的太太死了，他的家人电报必云：'你的太太死了！赶快回来啊！'长达 11 字。而用文言则仅需'妻丧速归'4 字即可，仅电报费就可省三分之二。"

这一次，胡适回击了："前几天，行政院有位朋友给我发信，邀我去做行政院秘书，我不愿从政，便发电报拒绝了。请大家替我拟电文回复。"胡适从学生中挑出字数最少的文言文电文："才学疏浅，恐难胜任，恕不从命。"胡适念毕，不无幽默地说："这份电稿仅 12 个字，算是言简意赅，但还是太长了。我用白话文只需 5 个字："干不了，谢谢。"随后胡适解释道："'干不了'，已含有才学疏浅、恐难胜任的意思，而'谢谢'既有对友人费心介绍表示感谢，又有婉拒之意。"

随后提出讨论的问题：上面资料反映出黄侃与胡适之间关于文言文和白话文的争论。围绕文言文与白话文的争论问题，你有何看法？要求先小组讨论，然后进行全班交流。

为引领学生的思维，打开讨论的思路，教师把问题又进一步细化为三个：

问题 1：你如何认识白话文？

问题 2：白话文与文言文相比有哪些优点？

问题 3：白话文能取代文言文吗？

这个教学片断，张老师就是运用小组讨论的方式，通过问题引领，学生之间沟通交流相互促进。

东北师大附中朝阳学校魏龙环老师在北京版义务教育课程改革实验教材《历史》七年级上册第 13 课《三国鼎立》的教学中，讲到"官渡之战"时，根据课前进行的学情调查，学生普遍对这一内容有浓厚兴趣，但却缺乏细节的了解。为了激发学生的学习兴趣，使学生更好地理解官渡之战这场历史上以少胜多的著名战役，教学中魏老师没有对官渡之战的过程进行讲解，而是设计了一个角色扮演的课本剧活动，教师提供根据官渡之战内容改编的《许攸献计》剧本，安排学生根据兴趣分配扮演角色，小组内预演，班级推选展示。在学生展示完后安排课堂小组讨论：根据剧中情节官渡之战曹操能以少胜多的原因有哪些？讨论之后，小组推选代表发言，教师加以总结提升。

通过一个角色扮演的课本剧表演来带动学生积极性，在表演后再结合剧情进行小组讨论活动，将学生感性的认识上升到理性思维，由此更深刻地理解官渡之战以少胜多的原因，帮助学生理解历史问题。

教师在组织讨论时，要结合教学内容提出有价值的问题，这是使课堂讨论产生效果的重要条件。这个问题最好是开放的，结论不是唯一的，每种结论背后又可能有不同的史实依据：支持争议性的问题，这是最具讨论价值的。这些问题可激发学生从不同的视角看问题，重新调整自己的思维方式，增进学生对争议问题的理解。

实践演练

请您以该项标准的诸项具体操作要求为据进行实际演练：

_____

_____

_____

2. 良好要求

◆教学组织方式多样，能够组织同位交流、小组合作、全班讨论等活动，有效掌控分组、分工和活动进程

（1）操作要求

Ⅰ能够依据学生各方面的情况恰当分组。

Ⅱ能够根据学习目标任务进行有效分工。

Ⅲ能够结合课堂教学情况合理控制时间。

（2）说明与分析

小组划分是合作学习教学实施成功与否的关键所在。教师可以综合考虑每个学生的各方面情况，进行恰当分组。在进行分组时主要考虑以下因素：学生的学习能力、认知水平、兴趣爱好和性别性格等。教师要根据班内实际状况，有意识地将不同层次的学生按照"组间同质，组内异质"（小组间的水平相同，小组内学生水平有高有低）的原则进行分组，使学生在合作过程中做到组内合作，组间竞争，让每个学生在合作中都有展示自我的机会，让学习困难的学生在互助中不断提升，让学习优良的学生获得自信。小组的大小与构成可以随着活动的不同而有所变动，具有一定的可塑性和灵活性，但最常采用的是4人小组。

小组合作要有一定的分工。分工就是小组内每个成员都要承担一部分任务，消除依赖思想，激励每个成员努力参加小组合作学习。教师可以根据需要和小组人数分配各种不同的角色，并提出具体明确的要求（如表5-2所示），保证每个学生都有参与机会。小组角色可以互相轮换，充分发挥不同学习程度的学生的作用，防止分工拉开学生之间的距离，增强生生互动的有效性。

表5-2　小组分工各角色的职责

角色	职责
组长	引导小组活动，确保指定任务都能全部按时完成
主持人	激励所有小组成员参与活动（确保无人大包大揽和没人被忽视），要求小组成员各抒己见
记录员	记录小组讨论或活动成果
检查员	检查小组中每个成员的表现
发言人	代表本小组向全班汇报、交流

教师要根据问题的难易和课堂情况控制活动时间，进行有效组织。教师在控制时间上

容易产生两种倾向：一是活动时间过短，学生还没进入状态，讨论就结束了。导致这一现象的原因是问题设计得过于零碎并且不深入，问题缺乏整体性和思维深度，讨论的价值不大；还有些教师担心教学任务完不成，因此给学生活动时间过短；一些教师把合作讨论活动当作一种点缀、一种象征。二是讨论时间过长。导致这种情况的原因主要是教师设计问题过难，成员过多或任务分工不明确导致效率不高。

要解决教学活动时间过短或过长的问题，根本在于教师在教学活动设计中要有时间意识，要注意根据不同任务确定活动的时间。此外，教师还要注意教学活动的节奏，合理安排独立思考、小组合作与汇报的时间。在活动之前，教师应明确提出本次活动的内容和要求，让学生知道要干什么，还要让学生独立思考。

教师在判断所有小组结束讨论任务的时间上是有困难的，未必能准确把握，但可以在长期的观察中不断积累经验，亲自参加学习讨论，或让学习小组主动汇报，这可以帮助教师较为准确地控制讨论时间。

案例 1

✴ 案例说明

本案例出自中国人民大学附属中学朝阳学校李春香老师讲授的岳麓版高中历史必修2第15课《社会主义经济体制的建立》。

✴ 案例描述

针对"斯大林高度集中的计划经济体制的影响"这一教学内容，李老师是这样实施分组分工的：

第一，结合班级学生情况进行分组。全班共20人，分成5个组，每组4人。分组说明：按照班级既有的、成型的学习小组进行分组，组长明确，小组成员有比较成熟的分组学习经验。组长自主选择本组讨论材料。

第二，根据学习任务明确分工。①从四个视角提供、准备讨论材料，各组确定一个讨论视角。②明确具体讨论要求。请从各自所讨论的材料中提取信息。你认同其中的观点吗？请说明理由。

视角1：宣传中的……

《真理报》报道：在六小时一班的工作时间里，他采煤102吨，超过了普通定额的13倍。

视角2：斯大林眼中的……

材料1：肖洛霍夫曾给斯大林写信说："许多区没有完成粮食征购任务，也没有储备籽种……集体农庄庄员们和个体农民们由于饥饿现在正濒临死亡……工作人员正暴力征粮。"

斯大林回信说：庄稼人在"耍滑头"，他们要让工人、红军没有饭吃。庄稼汉们实质上是向苏维埃政权宣战。

——俄罗斯联邦总统档案第45号卷宗

集体农庄幸福快乐的少女

斯达汉诺夫同志创造新纪录

视角3：他国眼中的……

材料2：他接过的是一个扶木犁的穷国，他留下的是一个拥有核武器的强国。

——丘吉尔

材料3：美国新闻记者林肯·斯蒂芬斯从苏联回国后声明：我看到了未来，它（计划）行得通。

——斯塔夫里阿诺斯《全球通史》

视角4：历史学家眼中的……

材料4：五年计划引起了全世界的关注，尤其是因为同一时期西方经济的崩溃……有些国家甚至开始了自己的持续不一的计划，希望来减轻本国的经济困难……苏联人的衣衫褴褛、食物单调、住房糟糕和消费品匮乏给访问苏联的西方人留下了深刻印象。尽管苏联取得了五年计划的成就，但苏联社会在大多数西方人看来，似乎并不是一个值得仿效的社会主义乐园。

——斯塔夫里阿诺斯《全球通史》

材料5：不发达世界中前殖民地民族的反应则完全不同，对他们来说，苏联是一个在30年内成功地将自己从一个落后的农业国转变成世界第二大工业、军事强国的国家，使这一惊人的变化成为可能的种种制度和技术对这些民族来说非常重要。

——斯塔夫里阿诺斯《全球通史》

第三，各小组展开讨论时，教师积极参与并关注小组讨论进展。

教师在组织问题讨论时，要做好人员和学习任务的明确分工，并积极参与其中，了解学生的进展和生成问题，并及时加以指导和引领，才能有效达成教学目标和学习任务。

实践演练

请您以该项标准的诸项具体操作要求为依据进行实际演练：

_____

_____

3. 优秀要求

◆运用多种教学组织方式，调动每个学生参与活动的积极性

（1）操作要求

Ⅰ结合学情和教学内容制定目标，调动每个学生自主参与活动。

Ⅱ使用发展性和激励性评价机制，调动每个学生积极参与活动。

（2）说明与分析

操作要求Ⅰ要求教师根据不同的学情和教学内容设计学习活动，制定相应的目标，调动学生参与教学的积极性，对于识记性的知识首先通过学生主动活动获取，然后教师在学生自主学习活动的基础上，补充学习材料，设计问题情境，引领学生思维，深化历史认识。

案例 2

✱ 案例说明

本案例出自北京市朝阳外国语学校胡雯静老师讲授的岳麓版普通高中历史必修1第26课《世界多极化趋势》。

✱ 案例描述

自主学习：

通过明确学习目标，进行学法指导，引导学生通过自学，对本课识记性知识进行整理，并尝试构建本课知识结构，提出问题。（自主学习手册如下）

达成目标1：简述欧洲共同体的形成、日本成为世界经济大国以及不结盟运动兴起的相关史实。（重点）

学法指导：阅读教材，提取有效信息，对基本史实进行归纳概括。

具体操作：

◯阅读教材114页第一目"欧洲共同体的形成"，按照时序整理欧洲共同体形成的过程。

时间	事件
1951年	提出建立欧洲煤钢共同体。
1952年	欧洲煤钢共同体正式成立。
1958年	
1967年	

②欧洲共同体成立后，西欧国家不断加强合作的措施有哪些？涉及哪些领域？

③阅读教材115页第二目"日本成为世界经济大国"，概括指出日本成为经济大国的原因。

④请将教材116页第三目"不结盟运动的兴起"的内容细致地整理在知识结构图中。

达成目标2：了解世界多极化趋势的必然性和曲折发展。（难点）

学法指导：通过分析原因和影响，认识历史发展趋势和历史现象产生的必然性。

具体操作：结合所学知识，谈谈你对于世界多极化趋势的认识。

请你搭建本课的知识结构图。

自我测评：

内　容	我是否达成
我能简述欧洲共同体形成的过程。	
我知道日本成为经济大国的原因。	
我知道不结盟运动的基本原则和宗旨。	

问题档案：

我困惑的问题	解　决
我感兴趣的问题	解　决

课上教学(节选)：

①提供新情境、新材料，引导学生运用所学知识对历史事件进行分析和阐释。

②围绕学生在自学中出现的问题，补充资料，小组讨论，解决问题。

③展示部分学生自主学习的成果，通过思维辅合，帮助学生较为全面地认识历史。

♨案例分析

本案例中教师将个人自学环节提前到课前，对个人自学的任务和方法进行了指导，并将学生的个人自学成果作为学习资源应用在班级教学中，通过创设情境对学生的自学程度进行反馈，在学生自学的基础上，通过小组研讨、交流，补充资料，帮助学生加深历史认识，调动每个学生积极参与学习活动，恰当地运用多种教学组织方式，实现了教学互动的多样性。

操作要求Ⅱ要求教师使用发展性和激励性的评价，避免破坏学生学习自信心的评价。实际上，学生从步入学校大门的那天开始，就对学业成功产生了强烈的向往和激情，一直在任课教师那里寻求自己成功的证据。如果学生发现自己是成功的，他们就会产生一种幸福感和对未来成功的期望，这些感受会燃起他们努力学习的热情，激发他们的动力，从而带来更多的成功。学生从教师那里获得学业成功的证据就是教师对他们的正面评价。教师应通过评价让学生清楚地了解学业成功的含义，展示有关他们学业成功的信息，激发学生展示自己学业技能的欲望，增强学生学习的自信心和积极性。

评价主要有语言评价和书面量表评价两种形式。书面量表评价包括：①态度和情感。例如是否认真参加合作学习的活动，是否认真完成自己所承担的任务，是否做好资料的积累和分析的工作，是否与他人合作、采纳他人的建议等。②方法和技能。如查阅资料、使用工具书、结果的表达和交流等。③合作成果。评价学生合作学习的结果以及结果表达形式是否有自己独到的见解等。

在小组合作学习的实际操作中，有一种最有效的奖励方式，就是根据各个合作小组的进步人数和综合进步程度来确定小组奖励，进步人数较多或者综合进步程度较大的小组获胜，而不是简单地以合作学习小组成员的总分作为评价的标准。这样的奖励体系有助于激发学生的学习兴趣和积极性。当然，教师的评价要重视将个人评价与小组集体评价相结合，促进小组成员之间互学、互帮、互补、互促和互评。

北京教育学院朝阳分院附属学校张秀娟老师为调动每个学生积极参与活动，设计和使用了小组合作学习评价表，见表5-3。

表5-3　小组合作学习评价表

组长　　　　　　　　发言人　　　　　　　　记录员

	优	良	中	差	小组评价
参与情况	所有的学生都积极参与小组活动，为小组活动献计献策	3/4的学生积极参与小组活动，为小组活动献计献策	一半的学生参与小组活动，为小组活动献计献策	仅有1、2个人参与小组活动，活动时有时无	
合作情况	任务被平均分配给组内诸成员，不同的见解能妥善处理	任务被小组的大部分成员分担，不同的见解能处理	任务仅被小组中的1/2成员分担，不同的见解基本能处理	任务仅由组中一人承担，有不同见解，吵闹不休	
秩序情况	服从领导，勤于思考，不随便打断别人发言，说话声音轻	勤于思考，偶尔打断别人发言，说话声音较轻	勤于思考，经常打断别人发言，说话声音重	不服从组长领导，大声喧哗，乱哄哄，处于无序状态	
发言情况	敢于发言、质疑，发言声音洪亮，思路清晰，语言简练，突出重点	敢于发言、质疑，发言声音洪亮，思路清晰，基本能突出重点	能主动发言，发言声音一般，思路清晰	没有疑问，发言声音一般，语无伦次，不能突出重点	

◆恰当处理活动过程中出现的问题

（1）操作要求

Ⅰ结合具体情况及时指导，恰当处理活动过程中出现的问题。

Ⅱ及时总结和归纳，帮助学生寻找解决问题的思路和方法。

（2）说明与分析

操作要求Ⅰ强调课堂活动中教师的主导地位和作用。教学活动中会出现很多生成性的问题，在学生讨论过程中随时都可能有意外的问题发生，如果这些问题得不到及时有效的解决，往往会阻碍活动的顺利开展。教师要介入学生活动，从学生的体态语言中获知学生对知识的理解程度、思维的进展情况等，教师不要存在固定的教学思路生硬地把学生诱导到结论中，应根据学生的实际情况提供及时有效的指导。

确保讨论围绕教学内容进行。课堂讨论中，特别是全班讨论中，可能会偏离主题或讨论受阻，教师应及时加以指导，为讨论提供及时的点拨，引导讨论的方向，使讨论顺利进行。

解决讨论中的疑难问题。在讨论遇到疑难问题和学生提出未能解决的问题时，教师应及时干预，把自己的点拨、解释等活动与学生的活动结合起来。主要有以下几种方式：

征答式：教师列出班级内的疑难点和提出的问题，征求学生意见，让他们主动为同学解答，其他学生和教师要进行质疑和释疑。这样，可以进一步调动学生学习的积极性，用与学生的学习经验非常接近的语言呈现问题的解答过程，有利于其他学生思考、分析和顿悟。

点拨式：学生原来不能解决问题，并不说明一窍不通，可能是"一层窗户纸"在作怪，教师一般不必直接给出答案，应该采取"设梯""搭桥"的方法启迪学生进一步思考，激发思维的活跃性，引导他们解决问题。

解决讨论中的争执问题。如果学生出现争执，教师可采取适当策略加以解决。这些策略包括：不偏向其中某一方；引导学生认识到双方的一致之处；提醒学生讨论的主题；运用幽默化解双方冲突；概括双方观点，提出共同面临的问题，把讨论引向深入。

应对讨论中断的情况。如果发现讨论陷入僵局或学生长时间保持沉默，教师要提供新的必要的知识信息，或给予点拨和指导，再次激活讨论，保证讨论的顺利进行。

操作要求Ⅱ突出教师在课堂活动中对学生历史学习方法的指导和训练。

适时总结和归纳。如果学生的观点趋于集中，教师应当把它们记下来，写在黑板上或幻灯片上，适时地进行阶段性总结或归纳。阶段性总结或归纳可以明确讨论中已解决的问题，达成共识；也可以明确当前的任务，使讨论在当前的基础上向前推进，理清思路，明确方向。

及时肯定和鼓励学生的见解。对于个别学生、小组的独到见解或创造性思维的火花，教师要及时给予鼓励和支持，适量提出值得学生思考的问题，引导学生提出自己的见解、观点和解决问题的策略，提升学生分析和认识历史问题的方法，使学生由表及里、自现象到本质，将感性认识上升到理性思维。

案例 3

✳ 案例说明

本案例出自中国人民大学附属中学朝阳学校李春香老师讲授的岳麓版高中历史必修2第15课《社会主义经济体制的建立》。

✳ 案例描述

关于"斯大林高度集中的计划经济体制的影响"，李老师在合理安排小组讨论的基础上，组织全班讨论交流。

1. 各组代表汇报讨论结论整理

小组汇报	提取材料信息，你认同其中的观点吗？请说明理由。
视角 1	我们提取的信息是斯大林时期进行工业生产的积极性较高和农民在集体农庄中生活幸福。我们并不完全认同这一观点，因为《真理报》和宣传画都是从政府层面对斯大林时期的经济进行宣传，可能存在为推行斯大林经济体制而进行美化的成分
视角 2	材料一说推行农业集体化中有征粮困难、暴力征粮、集体农庄中人民生活困难等问题。材料二中斯大林认为上述现象是农民蓄意反抗政府。我们认为材料信息相对真实地反映了农业集体化推行过程中的问题以及斯大林对这一问题的态度。理由是材料来源于档案、相对可靠
视角 3	材料三中英国丘吉尔认为斯大林时期苏联成为一个军事强国，美国记者认为苏联实施的五年计划很好。我们同意材料中的看法。从"二战"苏军的军事实力可以印证丘吉尔的看法。而相比西方经济危机，苏联在计划体制经济下经济有条不紊地展开，确实吸引了其他国家的关注
视角 4(1)	材料四中提到经济危机时期，西方国家注意到苏联的计划经济，有的国家也开始尝试运用计划手段，但苏联的人民生活水平较低等问题较突出，很多方面并不值得仿效。我们能接受这些信息，历史学家的观点比较符合当时苏联的实际情况，辩证地看待斯大林经济体制
视角 4(2)	材料五中的信息是殖民地半殖民地人民更多地从苏联的发展壮大中看到本国发展的希望，苏联对这些国家的影响较大。我们认同这些观点，斯大林经济体制短时间内创造了经济的快速发展，这也是落后国家普遍希望达到的

2. 教师总结整理各组观点

我们接受的看法涉及积极和消极两个方面。

积极方面主要表现为计划手段可统一调配人力、物力和财力资源，在较短时间内实现苏联经济快速发展，为取得反法西斯战争的胜利奠定了基础。计划手段不同程度地影响了处于经济危机中的西方和殖民地半殖民地国家。

斯大林经济体制的问题主要表现为人民生活水平相对提高缓慢，僵化的计划指令压抑人民和企业生产积极性等。

实践演练

请您以该项标准的诸项具体操作要求为据进行实际演练：

_____

_____

_____

三、对于"教学组织方式有效"能力标准的实践性把握

（一）教学案例的实践探究

案例 1

❋ 案例说明

本案例为北师大版义务教育课程改革实验教材《历史》七年级上册第1课《中华大地的远古人类》（摘自夏辉辉编著的《问题解决：历史教学课例研究》）。

❋ 案例描述

组织讨论活动的设计实施：

教师首先翻阅大量历史典籍、考古书籍，还对互联网上有关原始人类遗存的资料进行搜集，归纳整理出有关北京人的文字和图片史料。这些史料大都以考古资料为主，以描述性的语言为主，为学生开展学习讨论提供了前提条件。

1. 第一次课堂实施

我们今天的学习主题是了解原始人类的生产生活状况。元谋人、北京人、山顶洞人距今已有几十万甚至上百年，我们无法让时光倒流回到那遥远的年代，也不能亲自到原始人类的遗址，触摸他们留下的痕迹。但考古学家已经找到了原始人类的遗址，并通过扎实细致的考古研究，为我们留下了许多文字和图片材料。现在，我们一起来模仿考古学家，根据这些考古材料重构北京人生活的历史场景。大家在分析这些史料的过程中，要充分发挥自己的想象能力，把自己想象成北京人，如果自己生活在那个时代将会是什么样子。下面，我们先小组讨论，然后集中进行讨论。讨论中大家可以自由发表看法，也可以互相辩论。

开始时学生的讨论天马行空，不着边际。例如：

学生1：我看北京人的复原图很像外星人。人类是否起源于外星人？我对这个问题很感兴趣，可以研究一下。

学生2（质疑）：请问你见过外星人吗？外星人是否真的存在？

学生1：（一时语塞，这个问题被打住了）

……

这时教师对小组的讨论及时"抛砖引玉"，加以引导。

教师：大家可以阅读材料，从材料中归纳出北京人使用石器的特点，从生产工具的特点推断出原始人的生产、生活状况。

教师引导的讨论方向并没有引起学生的兴趣和讨论欲望，随后在教师的继续引导下，大家找到了有兴趣且有价值的问题。

讨论一：北京人穿什么服饰？

学生1：我对北京人的服饰比较感兴趣，我想他们一定是用树叶包住屁股的。

教师：你很有想象力。但是，你的这些想象有什么依据？我们始终强调一个原则：就是想象必须有依据，要在已有史料的基础上进行合理的推测，而且要言之有理，言之成理。

学生2：是否用树叶来缝制衣服我们无从考证，但用动物的皮毛制作衣服，我倒觉得有可能。因为在北京人遗存的化石中有各种动物化石，原始人类在成功狩猎后，可能会把动物皮毛剥下来制成衣服用来御寒。

教师：很好，你会用"可能"这一个词语表示推测的不确定性，可以看出你的思维比较严谨。

学生3：我觉得假如让你们当警察查案子的话，可能会出现很多冤假错案。警察叔叔讲求的是有多少证据得出多少结论，如果证据不充分，疑罪从无。你们怎么能仅凭着原始人遗存中有各种动物的化石就判断他们会剥掉动物的皮毛制作衣服呢？难道你不允许这些动物在这些遗存中自然死亡吗？北京人还没有完全进化成人，他们有厚厚的毛发，可以御寒，可能不需要衣服来御寒。

教师：你说得太好了。其实考古学家和警察叔叔查案一样，严格遵循"一分材料说一分话"的原则，这就是历史研究中所遵循的"史必有证，论从史出"的基本原则。

学生4：我反对你们的观点。我认为，他们都不会穿衣服，因为他们的脑容量还很小，未必有廉耻观念。只要廉耻观念没有形成，他们就不会穿衣服。

教师：很好，你认为穿衣的目的不仅在御寒，而且包括遮羞。你思考的角度已经从物质层面转向精神层面，这证明我们的思维逐步深入。由于时间关系，这个问题先讨论到这，原始人究竟有没有廉耻观这个问题，有兴趣的同学可以课后把它作为小课题继续研讨。现在，我们继续下面的学习。

讨论二：北京人会制造火吗？

学生1：我对北京人的用火问题比较感兴趣。我认为北京人已经学会制造火了，因为遗址中有大量烧过的炭屑存在。

学生2：我不同意你的观点。在遗址中有炭屑就可以证明他们会制造火吗？天上的闪电、地下的火山爆发难道不可以产生火吗？为什么就可以肯定这火就是原始人类制造出来的呢？

教师：请从材料中分析，有没有证据可以推断出原始人类能制造出火来？

学生2：有，因为材料中说"在北京人遗址中发现了五层面积比较大、堆层比较厚的灰烬和其他用火遗迹，灰烬最厚的达6米。灰烬成堆成层分布"。这可以证明原始人会控制火。

学生3：有这么厚的灰烬只是证明他会控制和保存火，而恰恰是如此厚的灰烬反而证明他们不会制造火。这些火种极有可能是自然火，他们为了保存弥足珍贵的火种，不断地往火堆中加燃料，所以才有如此厚的灰烬。如果他们能够制造出火的话，他们就无须如此小心翼翼地保存火种。

学生4：我们从北京人的遗存中发现了大量的打制石器。北京人在制造石器的过程中，石头与石头高频率的碰撞，难道不会产生火花吗？而且，北京人已经是有智慧、会思考的动物，难道他们不会把打制石器、研磨工具产生火的经验口耳相传给他们的子孙后代吗？

在教师适度的点播和有趣、有效的问题引领下，学生不仅深刻体会到讨论的乐趣，而且逐渐走进历史现场的情境中来。

2. 第二次调整教学设计

为把讨论推向深入，引导学生探寻历史发展规律，有效引领学生合作学习，教师设计了一份学案，内容如下：

(1)"原始人类的相貌和生产生活状况是怎样的呢?"根据所给的阅读材料，分小组探讨这个话题。各小组组长将探讨的结论和主要依据填写在下面的表格中。

探讨项目		探讨结果	证明结论的主要依据（从材料中提取关键信息）	质疑点	质疑原因	结论
探讨内容	相貌特征					
	生活方式 1. 吃什么食物，怎么食用?					
	2. 会穿什么打扮自己?					
	3. 社会组织是群居还是独居?					
	生产方式 4. 使用过什么工具?					
	5. 制作工具的方法有哪些?					
	6. 怎样使用工具获取食物?					

(2)请各小组派代表分别介绍所探讨的结果并展示相应的史料加以论证，然后思考讨论以下问题：

①从元谋人、北京人、山顶洞人的生产生活情况看，你能发现他们之间有什么不同之处吗？

②从这三种原始人类不同的生产生活情况分析，你能看出什么变化吗？这说明了什么？

③是什么促使人类进化呢？

从具体的教学思路来说，学案的设计意图是要引导学生分别归纳元谋人、北京人、山顶洞人三大远古人类的相貌特征、生产生活状况；对比三大远古人类的共同点和不同点；从共同点和不同点的归纳中总结出人类进化的规律，即人类从低级向高级发展；总结出人类进化的原因。这一设计既充分遵循了学生的认知规律，也充分体现了历史概念、历史思维形成的一般过程。

✳ 案例探究

您认为这个课例前后两种设计哪个更好？为什么？

_____

_____

_____

您从此案例中得到的启示：

_____

_____

_____

您认为此案例中学生活动的价值在于：

_____

_____

_____

_____

▶▶▶ 案例 2

✳ 案例说明

本案例出自北京市陈经纶中学张娜老师所讲授的岳麓版普通高中历史必修1《政治文明历程》第三单元《近代西方资本主义政体的建立》。

✳ 案例描述

课前准备工作：

1. 恰当分组

依据学生不同性别、兴趣和能力，把全班同学共分成10个学习小组。其中关于英国、美国、法国、德国民主政治的陈述组及评估组各4个，对于四国民主政治的共同点和对17—19世纪近代西方民主政治发展趋势探究的归纳组2个，每组3～6人不等。

2. 有效分工

对各组同学的任务和要求做详细而明确的布置。具体安排如下：

(1)陈述组

成员：每组6人

分工：搜集资料(2人)，制作课件(2人)，课件汇报(2人)

任务：①复习巩固基础知识。了解一个国家民主政治的情况的一般思路：有哪些权力机构？各机构产生方式、职能是什么？它们之间是什么关系？②制作课件。要求：用直观的形式表现四国民主政治的特点，比如图示、图片等；对四国的民主政治进行评价(既要看到它的创新和贡献，又要指出它的缺憾；评价时要有理有据)；要显示小组合作。③课上展示课件。两位同学展示课件。④课上对评估组的评价做出回应。推选发言人。

(2)评估组

成员：每组3人

分工：制表(填表)员、记录员、发言人

评价角度：内容评价(科学、完整)；观点评价(合理)；态度评价(认真负责)；补充说明。

评估评价标准：

内容(是否科学完整)	观点(是否合理)	合作态度	时间控制	补充说明

(3)归纳组(有课前的探究，也有课堂的生成)

成员：每组5人

任务主题：

归纳小组一：侧重于对四国民主政治共同点的探究；

归纳小组二：侧重于对17—19世纪近代西方民主政治发展趋势的探究。

任务要求：①提前准备：上网和查阅书籍，总结归纳17—19世纪近代西方民主政治的共同点和发展的趋势是什么。②课堂任务：认真倾听，做好记录，结合前四个小组的成果，归纳总结共同点和发展趋势。③课堂展示：根据四个小组的汇报，结合课前的探究，进行归纳总结。

在组织、划分合作学习小组时，采取了合理搭配划分的方式。这种方式能保证组内各成员的差异性和互补性，以及小组之间合理竞争的公平性。学生的分工职责明确后，生生间、师生间的互助性学习和探究活动便开始了。此后三天，高一备课组老师与各小组同学，利用每天下午放学后的时间到学校的计算机房以小组为单位查找资料、研究探讨、制作课件、组内交流成果。

教学设计的课堂实施：

1. 导入环节

教师：历史必修1的主题是政治文明历程，那么西方在政治文明发展过程中作出了什么贡献？让我们先回顾一下古代西方的情况。(出示图片：雅典瓶画；陶片放逐投票的一个片断——点票)。古希腊贡献给人类的是什么？

学生答：民主。

教师：有人说：光荣属于希腊，伟大属于罗马。罗马贡献给人类的主要是什么？(出示图片：十二铜表法与查士丁尼民法大全)

学生答：法律或罗马法。

教师：以上是第二单元的内容，第三单元讲的是近代西方的民主政治，我们已经学过了第8课《渐进的制度创新》、第9课《北美大陆上的新体制》、第10课《走向共和的艰难历程》、第11课《民族国家的统一之路》。学完之后，老师希望同学们能够进一步通过合作、通过探究，用自己的理解方式去体验和感受近代西方的民主政治。同学们尝试了合作学习，这一节课就把这一过程展示出来，以供同学们交流分享。请按照英国、美国、法国、德国的顺序进行。

2. 教学过程

（1）各学习小组用多媒体演示合作探究近代西方资本主义政体的有关内容

英国、美国、法国、德国四个小组先后派代表进行演示、学生交流、教师评价。

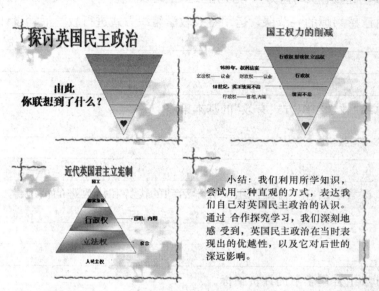

小组代表交流后，教师提出问题：近代西方四国民主政治的共同点有哪些？反映的历史趋势是什么？

（2）学生代表发言：归纳概括近代西方四国民主政治的共同点及反映的历史趋势

3. 课堂小结

教师指出各个小组共同的优点，引导学生从合作、质疑、创新、倾听、欣赏等多角度思考和总结，不但肯定学生的学习能力，更肯定他们在学习过程中体现出来的优良的学习品质。教师指出本节课作为一种新的学习方式的尝试，难免有不足之处，近代民主政治制度也是如此，也不是完美的，所以才有以后的不断创新和完善，我们在今后学习的过程中还要不断地去体验和感受。

✱ **案例探究**

请谈谈对此案例的看法：

_____

_____

_____

您认为此案例在调动学生参与活动方面值得称道之处：

_____

_____

您认为此案例中教学方式的有效性体现在：

_____

_____

_____

（二）"教学组织方式有效"能力的综合实践

①请择取自己感兴趣的一节课，运用有效教学组织方式进行教学活动设计。

_____

_____

_____

②思考和总结"教学组织方式有效"的基本策略。

_____

_____

_____

③请根据该课教学内容，总结您组织教学活动的优势和待改进的情况。

_____

_____

_____

④尝试设计小组合作学习的评价指标。

_____

_____

_____

_____

_____

_____

（三）细化"教学组织方式有效"能力要点的结果指标

在前面详细解读本能力要点的三个层级在历史学科中的具体操作后，进行如表 5-4 所示结果指标的提炼。

表 5-4　"教学组织方式有效"能力要点的结果指标

维度	能力要点	针对中学历史青年教师的主要结果指标
多项互动	教学组织方式有效	1. 能够根据教学内容和学生情况，选择适合的教学组织方式 2. 尝试组织同位交流、小组合作、全班讨论等活动，能够明确活动的目的要求，做到具体分组和分工 3. 能够控制教学互动活动的进程，把握教学活动的方向

名家谈

学生能从互教互学中受益。

——昆体良

当你教别人的时候，你就相当于又学了一遍。

——塞内加

人有联合他人的倾向，因为他在和人的交往中有一种比个人更丰富的感觉，感到更能发展自己的自然禀赋。

——康德

寻求并找出一种教学的方法，使教师因此可以少教，学生可以多学，使课堂因此可以少些喧嚣、厌恶和无益的劳苦，多些闲暇、快乐和坚实的进步。

——夸美纽斯

人的内心有一种根深蒂固的需要——总感觉自己是一个发现者、研究者、探询者。

——苏霍姆林斯基

儿童不仅需要有机会去探寻自己的观点和思维方法，也需要通过和他人的对话找出不同的观点和意见。正是通过对话，自我的个人世界才得以延伸，只有在别人帮助下找到各种更深入和全面的思维方法，我们才能够走出自我中心的思维模式。

——罗伯特·费舍

往一个人的灵魂中灌输真理，就像给一个天生的瞎子以视力一样是不可能的。如果不通过人们在相互的提问与回答中不断地合作，真理就不可能获得。

——恩斯特·卡尔西

教师普遍犯的一个错误就是只重视学术目标而忽视了旨在培养学生之间高效合作的社交技巧目标。

——约翰逊

广义地来讲，以学生为中心的讨论帮助学生实现智力和社会的发展。通过对文本细致的研究和讨论，学生培养出分析性阅读、仔细聆听、引证、尊重地表示异议的能力和开放的心态。……在以学生为中心的讨论中，学生们有可能提出之前任何人从未有过的观点。那些书面表达能力欠佳的学生很可能在讨论中脱颖而出。如果一切顺利，这些讨论会很有趣，是激发活力、综合思想的最好的学习经历。

——M·S·黑尔

专题六　合理调控时间节奏

本专题的研习目标

1. 能够明确"合理调控时间节奏"这一标准中重要名词在历史学科中的具体内涵；

2. 能够有效理解、内化并实际运用各层级指标的具体操作要求；

3. 能够从教学案例中汲取所需部分，有效提升自身"合理调控时间节奏"的相关能力水平。

一、先期思考与实践

您认为"课堂调控"是指：

☐课堂时间管理

☐课堂空间管理

☐课堂教学内容的管理

☐课堂教学资源的管理

☐课堂学生学习行为管理

☐课堂教师教学行为管理

☐课堂人际关系管理

☐课堂教学节奏管理

您认为"合理调控时间节奏"应该考虑哪些因素？

_____

_____

您在"控制时间节奏"时，通常会从哪些方面着手？具体手段有哪些？

_____

_____

_____

请您以 1 课时的新授课为例，尝试列出教学流程中各环节的时间分配。

二、"合理调控时间节奏"的检核标准解读

《北京市朝阳区教师教学基本能力检核标准》中对"合理调控时间节奏"这一能力的检核标准如表 6-1 所示：

表 6-1 "合理调控时间节奏"的检核标准

合　格	良　好	优　秀
能够控制课堂时间和教学节奏	能够把控学生的状态，对课堂时间和教学节奏进行调控	能够针对课堂上的突发状况，灵活调整各环节的时间分配，随机应变，较好地完成教学任务

下面就相关概念及结果性指标进行解读。

（一）名词解读

1. 课堂调控

课堂调控就是指教师在教学过程中，为实现教学目标，运用一定的手段和策略，对课堂教学过程进行的管理、调节和控制的教学行为。课堂调控主要的任务是按计划推进教学活动，灵活调节和控制课堂教学秩序和突发事件，协调课堂物理环境和心理环境，引导学生集中注意力，以便共同高效地完成课程学习的任务。有效的课堂调控可以使学生在教师的指导下，进行自学、思考、讨论、训练、实践等多种学习活动，获得更丰富、更全面的学习体验。

（1）课堂教学的调控要素

①调控对象。调控对象包括学生和教师。学生是教育教学的主体，充分发挥其主体作用是教学活动的核心；教师是施教者，在教育过程中起到主导、引导作用。

②作用范围。作用范围是指课堂教学的过程。它决定了教师在具体的教育教学活动中的自我调节和控制行为。

③发生过程。教师对课堂教学过程的调控，分为三种：一是自我检查，教师对自己的教育教学活动进行有意识的、自觉的检查和审视，它是教师对教学活动的一种敏捷的反应；二是调节学生，教师在自我检查的基础上，对学生的学习过程给予反馈、矫正、调节，使学生更有效、更主动地学习，以便收到更好的效果；三是强化巩固，它是前两者的延续，在这个过程中，教师要主动寻找强化的方式和手段，防止原有疑难问题的重复出现，以期能取得优异成绩，这是调控过程的结束。

④表现形式。在教学过程的不同阶段，教师可以通过不同的形式进行调控，如教师课前是以做计划和做准备的方式进行调控的；课堂上是从师与生、教与学两个方面来进行调节控制的；课后是用检测的方法以教的效果、学的效果来控制的。

(2)课堂教学的学生调控

教师要善于调动学生的主观因素，以使其积极参与教育活动；要善于了解学生的思想状况，对学生深层的思想做出准确的判断和分析，并在此基础上采取行之有效的措施来进行教育管理。因此教师一定要有把握、引领方向的能力，"己所不欲，勿施于人"的原则，"润物细无声"的技巧。学生在教师指导下的学习心理过程，是一个接受指令以后自我发动和自我控制的过程，我们把学生接受教师指令以后的自我调控称为教学过程调控的学生调控。在学生调控中，学生是主体，教师的调控必须通过学生的调控才能实现预定的目标。因此，教师应更关注运用干预、调控的原则和技巧。

(3)课堂教学的教师调控

教师是课堂教学活动的组织者、指导者，在教学活动中起着重要作用。教师能否对自己进行良好的调控，直接关系到课堂教学活动的成败。教师对自己的调控体现在两个方面：

①教学行为的调控。这是指教师能根据社会发展的需要、科技发展的程度以及来自学生的信息反馈，在课堂教学过程中适时适度地调节教育教学计划、内容和方法。

②心理状态的调控。这是指教师能始终以饱满的热情和愉快乐观、进取向上的精神状态感染学生。即使遇到挫折困难，教师也要善于控制自己，不急不躁，始终以良好的心理状态出现在学生面前。

2. 节奏与教学节奏

(1)节奏

节奏原指音乐中交替出现的有规律的强弱、长短的现象。节奏的一个显著特点是具有起伏感和富于动态变化。

(2)教学节奏

教学节奏是指教学活动的组织具有规律性变化。教学节奏具有多种多样的表现形式，如缓急有序、动静相生、疏密相间、起伏有致、强弱得当、张弛有度等。

(3)课堂教学节奏

课堂教学节奏是指教师组织实施课堂教学时，在深刻理解和准确把握教学内容实质的基础上有意识地改变讲授的方式和速度，使课堂处于规律的动态变化之中。通过控制课堂教学节奏，教师不仅可以有效地传达情感、态度，突出教学重点、难点，而且可以有效组织教学并保持学生对学习问题的关注和参与。因此，处理好课堂教学节奏，既是教学自身的需要，也是课堂教学管理的需要。实践表明，良好的教学节奏可以把学生带入教学艺术的境界，有利于提高教学质量。混乱失调的教学节奏则容易导致学生不满，并可能引发课堂问题行为。

（4）课堂节奏的调控

课堂节奏的调控主要指教师在课堂教学过程中，根据学生的生理和心理发展水平，有规律地施加教育影响力，从而使课堂教学过程呈现张弛相间、高低参差的一种现象。

（二）对结果指标的解读及实践能力认知

"合理调控时间节奏"是教学实施过程中对课堂进行调控的基本能力，也是教师进行课堂组织管理的基本功。

课堂时间管理包括不同环节课堂教学时间的分配，教师、学生分别活动的时间比例，因偶发事件导致的课堂时间调节与再分配等。在课堂时间管理中，核心指标是学生有效投入学习的时间，即学生实际专注于学习、积极投入学习的时间。教师想要提高课堂教学效率，就必须加强时间优化意识，注重时间管理策略。

课堂教学时间调控的基本要求如下：

首先，坚持时间效益观，最大限度地减少时间的损耗。必须建立合理的教学制度和增强教师的时间观念，将由教师、学生可能造成的时间浪费的人为因素减少至最低限度，保障将规定的有限时间落到实处以提高时间的使用率。

其次，把握最佳时域，优化教学过程。根据心理学家的研究，一节课中，学生思维的最佳时间是上课后的第5～20分钟，这段时间可以说是课堂教学的最佳时域。要提高课堂的时间效率，就必须保证在最佳时域内完成主要任务，解决关键问题，并辅以精心设计的方法，使教学过程一直向着预定目标进行，学生也一直处于积极的专注状态，保证学生在正常上课的时间内完成学习任务。

再次，保持适度信息，提高知识的有效性。课堂教学一定要给学生足够的信息量，要形成予列刺激，激活学生的接受能力，使其保持积极情绪和积极进取心理。现代心理学认为，学生在课堂的学习是一个获得并加工信息，从而不断调节与完善认知结构的过程。课堂信息量过少，环节松散，会导致时间的浪费；信息量过多，密度过大，超越学生的接受能力，教学效益低下，也是浪费时间。因此，教师要做深入细致的分析，保持单位时间内适度的信息量。

最后，提高学生专注率，增加学习的投入时间。投入时间是指学生实际上积极学习或专注于学习的时间，它取决于学生对学习的注意和意愿。促进学生投入时间的方法有：一是增加参与。教师提供有趣、有参与性、与学习兴趣有关的教学内容，吸引学生的有意注意。二是选择恰当的时机处理学生行为，防止出现破坏课堂规则和形成冲突的情境。三是保障各项活动的顺利衔接。此外，要在提高学生专注率的基础上，选择适宜的课堂密度、课堂速度、课堂难度、课课强度及激情度，以保证学生的学习效率。

时间是流动的音符，一节成功的课犹如奏乐，按照主旋律，曲调抑扬顿挫，节奏明快和谐，就会给人以美的享受。特级教师于漪曾说："如果45分钟都是一个调子，平铺直叙，像流水般地淌、淌、淌，学生也会感到乏味，打不起精神。"这就强调了课堂教学节奏的重要性。

课堂教学节奏主要表现在以下几方面：

第一，就教学进程的速度而言，快慢得宜。这里既包括对教学内容各部分、教学活动各步骤的时间分配比率，更强调对教学进程中时间消耗速率的有效控制和灵活调节。教师在设计教学节奏时，要突出重点，突破难点，切忌平均用力，这就要求教师将内容安排得错落有致，时间的分配大体要适当。新课引入宜快，时间不能拖得过长；学生易懂的问题可以一带而过；学生易混淆的内容则要重锤敲打；两个小环节之间的过渡可以快些，而两个大环节之间的过渡就需慢些。快与慢是辩证的统一，教师太"快"了，学生就可能"慢"，学习动机就会下降；反之，教师适当地"慢"，学生自学成分却可能加大，思维效果就可能得到加强。在教学进程中，教师还应避免学生因为节奏太快造成的疲劳，或是因为节奏太慢形成的懈怠。所以，快须有度，慢不拖沓。

第二，就教学活动的外部表现而言，动静相生。"动"，可以通过讨论、问答、朗读、表演等方式不断给学生以新的刺激，使其保持兴奋状态；"静"，可以通过观察、听讲、思考、默读、联想、书写和自省等，保持教学刺激的有效性和长效性。教师在教学过程中，要巧于安排教学方式，按照科学顺序有机组合教学活动，使学生消除疲劳、保持注意力，在紧张而愉快的课堂教学气氛中发展智力，培养能力。

第三，就教学活动信息的密度而言，疏密相间。一节课，学生接受信息的量度，要看他可以记忆贮存多少新知识。信息的间隔大、频率小、速度慢，给人以徐缓、轻松的感觉；信息的间隔小、频率大、速度快，给人以急促、紧张的感觉。疏密相间，则会给学生带来有张有弛的心理节律，使其保持旺盛的精力。

第四，就教学过程的态势而言，起伏有致。教学过程如果平铺直叙，缺乏变化，未免乏味。耶克斯—多德森定律告诉我们：学生如果较长时间处于较高激动水平，对其学习较困难的内容有干扰。因此，教师必须遵循学生的认识规律，根据教学资源的实际情况，精心安排教学活动，使教学过程体现出阶段性、层次性，波浪式地向前推进。这种流程节奏，反映着课堂教学各个层面的内在联系和运行机制。其内部机理如表6-2所示：

表6-2　课堂教学各个层面内部机理

进程	开端	发展	高潮	结局
时间跨度	1～5分钟	5～25分钟	25～40分钟	40～45分钟
节奏基调	简洁	舒缓	强烈	含蓄
情绪体验	欢快	活泼	紧张	激动

续表

进程	开端	发展	高潮	结局
教学功能	导入、激发兴趣、作好准备	展开、积极参与、紧张思维	突破、解决重点、攻克难点	总结、梳理归纳、迁移应用
概括归纳	起	承	转	合

第五，就教师教学语言的特点而言，抑扬顿挫。教师的语言应当流畅连贯、富有动感。教师通过对教学语言中节拍的强弱、力度的大小、句子的长短、语调的升降等因素的变化，可以明显增强表达力和感染力。现代生理学研究表明，人在一种单调声音的刺激下，大脑皮层会很快进入抑制状态，具有节奏感的教学语言则是打破这种单调的催眠刺激、提高教学效率的有效手段。

第六，就一节课的整体感受而言，和谐自然。课堂教学起承转合的每一细节都应缜密思考，精心设计。这需要教师综合考虑、巧妙安排，使构成要素搭配合理、衔接有序，以促成整体节奏的和谐。

1. 合格要求

◆能够控制课堂时间和教学节奏

（1）操作要求

Ⅰ能够根据不同学段、课型的特点，合理分配时间，在规定的时间内完成合理预设的教学环节，按时上下课。

Ⅱ能够恰当使用语言、板书、视频等媒体手段控制教学节奏。

Ⅲ能够遵从教学内容本身的节奏，合理安排阅读、讲解、提问、讨论、反馈等教学活动的时间。

Ⅳ能够根据课堂教学结构把握教学节奏，使教学环节衔接流畅，教学重点突出。

（2）说明与分析

教师在教学实施过程中要合理分配时间，争取给学生更多的时间使他们投入有价值的学习活动中，从而提高所用时间的质量。这就需要注意以下几点：

①合理分配时间，每一教学环节的时间安排得当，克服前松后紧或前紧后松的。②师生各自所用时间得当，克服教师用得过多、学生用得过少的现象。③学生个人时间与集体时间分配得当，克服集体活动时间过多，学生个人自学、独立思考、参与学习过少的问题。④各类学生所用时间得当，克服优秀生用得过多，中下等生被遗忘的现象。⑤防止教学时间的遗失，克服脱离教学，东拉西扯，浪费宝贵教学时间的现象。

教学实施的过程是师生活动的有序流动的过程，既体现为一定的时间性，也体现为一定的节奏感。就教学内容而言，一节课有一般内容、重点内容和难点内容。对一般内容的处理应该简单明了，而对重点内容和难点内容应加以强调，这样就形成了节奏。在教学方式的选择上也是如此。例如，教师在讲解中，讲解主要内容、传授重要信息时，应紧凑些和紧张些，以引起学生的注意和重视；而引用材料对主要内容、重要信息进行讲解时，语气可舒缓些，以利于学生体会和理解。重要的问题提出后，要停顿，给学生留足思考的时间。

就一般讲授新课的课型来说，如果按照课堂的纵向结构，可以把课堂教学分解为三个阶段，即开始阶段、中间阶段和结束阶段。每个阶段有不同的教学方式，教学环节的设置应该疏密结合、张弛有度。把握好这三个阶段，就可以很好地把握课堂的节奏，做到缓急有序、收放有度、详略得当、重点突出。

学生在整节课中不可能自始至终保持稳定的、关注的状态。如果没有适当的放松，便会产生疲倦的感觉。如果教学环节富于变化，并具有合理的节奏，那么即使学生专注在教学内容上较长时间也不觉得吃力。一节课，紧张与松弛多次交替出现，使学生大脑皮层的兴奋点不断转移和变换，持续保持最佳思维态势，能轻松愉快地理解和掌握教学内容。

实践演练

下面是一位教师对于北京版义务教育课程改革实验教材《历史》第2册第8课《"德先生"与"赛先生"》一课的教学过程的描述。

教学内容	预设时间/分	实际用时/分	教学实施
导入	2	2	按预定时间完成
新文化运动的兴起	13	16	准备的资料过多，部分资料内容重复
新文化运动的前期内容	12	18	解读材料用时过多；教师语言不够精练，有重复现象
新文化运动的后期内容	3	2	因为前面的教学环节用时过多，所以压缩教学时间
新文化运动的意义	5	3	因为时间不够，所以缩减了这一内容的教学时间
小结	2	1	因为前面用时过多，所以压缩时间
课堂练习	3	0	因为时间不够，所以这一内容调整为课后作业

您认为本课的教学内容在时间分配上预设是否合理？在教学实施过程中哪些因素导致时间分配的调整？教师的调整是否合理？请写出您的建议。

_____

_____

_____

2. 良好要求

◆能够把控学生的状态，对课堂时间和教学节奏进行调控

（1）操作要求

Ⅰ能够有意识地观察学生的学习状态。

Ⅱ能够根据学生课堂上的反应及时调整学习进度和教学节奏，维持学生的关注状态。

（2）说明与分析

学生学习状态是指学生在从事学习活动时，身心活动在强度、稳定性、持久性方面所表现出来的特征。学习状态可以分为学习生理状态和学习心理状态。前者包括学生的觉醒状态、意识状态、兴奋状态；后者包括学生的注意状态、情绪状态、认识状态，特别是思维状态、动机状态和意识状态等。具体表现为在学习过程中学生对学习的兴趣、学习时的情绪、学习的主动性、学习的参与程度、学习的持久性、学习的稳定性、学习的意志力等。学生学习状态具有短暂性与相对稳定性、情境性与变化性、指向性与具体性、共同性与个别性、可控性与效能性等特征。良好的学习状态具有稳定性、调控性、协同性和意识性。由此可见，学习状态是使学习过程得以进行，并一直伴随学习过程的综合身心状态。

在教学实施中，一方面要按计划掌握时间和节奏，另一方面还要时刻注意学生在课堂上的反应，随时做时间及节奏的调整，以保证教学任务的完成。例如，发现学生在课堂上心不在焉，就要考虑是否教学内容过浅或过深。若过浅，就得加快节奏，缩短时间转入学习新的内容；若过深，就要放慢节奏，力求把难点解决了，该环节的时间适当延长。如果发现学生学习兴致很高、神采奕奕，即使在一节课的"疲劳区"，也可以不变换节奏，一直维持强节奏。但在快节奏地解决教学重点、难点时，如果学生显得疲惫，就要想办法提起学生的精神，这时不妨放慢节奏，如说个笑话，做个小游戏调节一下。

案例

✳ 案例说明

本案例出自日坛中学（原一一九中学）刘玥老师讲授的高二历史会考复习课片段《非选择题解题指导——提取信息类》。

✳ 案例描述

教师活动	学生活动	教学节奏
【例题1】唐朝沿用隋朝开凿的大运河。安史之乱后，唐朝还能再延续150多年，很重要的一个原因就是靠运河转运的东南财政收入的支持。大运河把长安、洛阳、涿郡、江都（扬州）、余杭（杭州）等大都市联系起来。杭州在唐中期以后日益繁华，"万商所聚，百货所殖……骈樯（货船）二十里，开肆三万室"。 依据材料结合所学，概括大运河在唐朝发挥的作用。 （4分） ……定程度上维持了唐朝政府的财政收入，便利了运河周围城镇的运河两岸的经济发展，又好维护唐朝的统治起到积极作用。	出示会考模拟题和学生答案，学生分析1分丢在哪儿了。归纳纯文字类材料提取信息的方法	学生相互纠错，引发关注，激起兴趣，情绪高涨

续表

教师活动	学生活动	教学节奏
英国经济学家曾说："大洋洲有我们的牧羊场，阿根廷和北美西部草原上有我们的牛群，秘鲁送来它的白银，南非和澳大利亚的黄金流向伦敦。印度和中国人为我们种茶，而且我们的咖啡、白糖和香料种植园遍布东印度群岛。" 【例题2】概括图文资料所反映的历史现象，说明"二战"后这一历史现象出现哪些新的发展趋势	从文字材料和地图上分别提取信息。地图上的信息要看图例和图上有什么，用文字描述。审题时要把时间标出来	增加了新的信息，在保持学生学习兴趣的同时，增强思维力度的训练

沿海城市国内生产总值

	2001 年	2003 年	2005 年
上海	4 950.84	6 180.74	9 154.19
大连	933.12	1 254.66	2 152.23
天津	1 826.27	2 172.04	3 697.62
青岛	700.75	910.06	2 695.82

——《中国经济改革30年，对外开放卷》

依据上表概括说明上海等沿海城市生产总值变化的趋势，结合所学从经济角度分析其原因。（6分）

观察表格里的数值变化，分析原因，找出与表格时间对应的相关历史知识

变换一个新情境，学生的兴趣、情绪、思维维持较高水平

【例题3】观察上图，指出在世界贸易中所占份额增长最快的国家和地区，结合所学分析促成其增长的主要因素。（6分）

对比两幅饼状图上文字内容的变化，对比所占比例的变化，看变化的时间点前后的重大历史事件

呈现另一种类型的材料，使学生保持新鲜感觉，信心满满地挑战新问题

❈ **案例探究**

比案例中，教师对课堂教学节奏的控制采用了哪些方式？

_____

_____

_____

3. 优秀要求

◆能够针对课堂上的突发状况，灵活调整各环节的时间分配，随机应变，较好地完成教学任务

(1)操作要求

Ⅰ 能够对课堂上发生的预设外突发状况做出快速反应和及时、恰当的处理。

Ⅱ 能够利用课堂教学机智灵活地调整各环节的时间分配，并对教学内容做出取舍，以保证学生的实际获得。

(2)说明与分析

教师花费大量时间设计教学：准备教案、挑选辅助资料、设计学生活动、计划考试，等等。但是，课堂教学中我们往往会遇到一些与教学计划相悖的课堂行为。预期的教学时间经常因干扰而大大减少。研究表明，经常有 30％或者更多的教学时间被浪费在了可预见的和不可预见的干扰上。这些干扰从学生的不当行为到学校内部广播系统的通知，可谓各种各样。不管这种干扰是由什么引起的，时间的浪费必然会对学生的学业成就产生消极的影响。对于课堂突发事件，若处理不当，就会影响正常的教学秩序，甚至会导致一堂课教学的失败。教师对课堂上出现的非预期的学生反应付出更多的关注、宽容，甚至是鼓励，就必然面临教学节奏放慢、效率下降等考验。比如在考试前的复习课上，当教师正在快速讲解某道习题时，教室后边的学生开始传阅笔记并小声说话，而前排的学生表现出迷惑不解。明智的教师在这个时候会改变其教学节奏，哪怕这将意味着要抛弃预设的方案。他可能会决定只讲这节课一半的内容，花更多的时间进行详细的解释，会将教学内容与学生的日常生活加以联系，或者提一些与讲课内容有关的开放性问题，灵活调整教学计划和时间分配，而不是机械地执行教学计划，学生学到的东西会更多。

如何在动态生成的基础上实现效率与精彩的双赢，对教师的要求显然更高，这就需要教师运用教学机智来应对。课堂的教学机智是指教师对学生活动的敏感性，以及对学生发生的意外情况做出快速反应和及时、恰当的处理。这对于教师来说是必须具备的一种十分重要的心理能力。这种能力主要体现为在意外的或特殊的情况出现时能够因势利导，把不利于课堂教学的行为引导到有益于学习的方面来。这就要求教师能够恰到好处地处理课堂突然出现的问题，根据实际情况，灵活地运用恰当的教学形式，有针对性地给予及时处理，化解不利因素，恢复良好的教学秩序。所以，处变不惊、沉着应对、机智灵活，是一名教师驾驭课堂能力的体现，也是教师课堂组织调控能力不断走向成熟的标志。正如苏霍姆林斯基所言："教育的技巧不在于能预见到课上的所有细节，而在于根据当时的具体情况巧妙地在学生不知不觉中做出相应的变动。"

实践演练

请您以该项标准的诸项具体操作要求为依据进行实际演练：

_____

_____

_____

_____

三、对于"合理调控时间节奏"能力标准的实践性把握

（一）教学案例的实践探究

案例 1

❋ 案例说明

本案例出自北京市工业大学附属中学邱菊老师讲授的北京版义务教育课程改革实验教材《历史》第 1 册第 24 课《金与南宋的对峙》。

❋ 案例描述

教学环节	教师活动	学生活动	设计意图	预设时间/分	实际用时/分
新课导入	哪个民族建立了清朝，这个民族的历史是怎样的？	思考回答	形象直观的历史图片创设情境，拉近历史与学生之间的距离，引发学生的学习兴趣	2	2
自主预习	一、阅读教材完成表格。 政权／时间／建立者／民族／都城 金 南宋	小组合作完成自学内容	学生自学为主，通过小组合作完成自学提纲	5	7

续表

教学环节	教师活动	学生活动	设计意图	预设时间/分	实际用时/分
自主预习	二、阅读教材，完成以下问题，答案标注在书上。 1. 女真族为什么起兵抗辽？结果如何？ 2. 学生在小组内讲述靖康之变。 3. 宋金订立的和约内容有哪些？有何影响？ 小组合作，完成自学提纲。	小组合作完成自学内容	学生自学为主，通过小组合作完成自学提纲	5	学生合作完成学习任务用时超出预设
讲授新课 一、女真崛起，建金灭辽	 女真族是一个什么样的民族？为什么起兵抗辽？结果如何？	阅读材料，思考回答	了解女真族的生活习性，认识完颜阿骨打为了争取民族独立以弱抗强，建立金朝灭辽	5	3 上一环节的自主预习效果较好，所以用时较少
二、金灭北宋，岳飞抗金	你如何看待金灭北宋、攻南宋？ 南宋统治者采取了什么政策？广大的人民和南宋的官兵又会是什么态度？	讲述靖康之变 阅读材料，回答问题 读图回答 阅读材料，思考问题，小组合作完成	对比金灭辽与金灭北宋、攻南宋战争性质的不同，全面、客观地认识各民族之间有正义和非正义战争 认识南宋统治者的妥协、不抵抗政策，为后面岳飞抗金失败、宋金对峙局面的形成奠定了基础	7	16

教学环节	教师活动	学生活动	设计意图	预设时间/分	实际用时/分
二、金灭北宋，岳飞抗金	以下材料均选自《宋史》，阅读后回答问题。 材料一　康王(赵构)即位，飞上书数千言，大略谓："臣愿陛下亲率六军北渡，则将士作气，中原可复。" 材料二　居数日，复遇敌，飞单骑持丈八铁枪，刺杀黑风大王，敌众败走。……兀术(金军将领)破濠州，张俊驻军黄连镇，不敢进……金人闻飞至，又遁(逃跑)。 材料三　帝初为飞营第(建造府第)，飞辞曰："敌未灭，何以家为?"……军号(口号)"冻死不拆屋，饿死不卤(掳)掠。"卒(士兵)有疾，躬(亲自)为调药……凡有颁犒(赏赐)，均给军吏，秋毫不私。 岳飞和岳家军给你留下什么印象? 简介岳飞的结局，提出问题：为什么全国有很多岳王庙?	讲述靖康之变 阅读材料，回答问题 读图回答 阅读材料，思考问题，小组合作完成 阅读材料，了解岳飞抗金的过程 阅读，思考，感悟	培养学生研读史料，进行分析、归纳，了解岳飞的为人和治军，感悟岳飞的精神品格，形成感性认识 了解岳飞抗金取得的巨大胜利，进一步感受岳飞和岳家军的爱国精神，加深感性认识 认识岳飞受百姓爱戴的原因，使感性认识升华为理性认识，汲取精神力量	7	该内容教师提供的材料较多，学生提取信息用时稍长 学生阅读归纳材料并书写用时较长

续表

教学环节	教师活动	学生活动	设计意图	预设时间/分	实际用时/分
三、宋金对峙、南宋偏安	宋金达成了和议,其具体内容有哪些?有什么影响? 以上材料表明宋金对峙对北方地区有哪些影响? 这组材料表明宋金对峙对南方地区有哪些影响? 	阅读教材,思考回答 阅读材料,归纳总结 阅读材料,归纳总结 对比南方发生的变化,认识对峙产生的影响,全面认识各民族之间的战争与和平	培养学生阅读教科书,使学生对民族之间的战和有较全面的认识,为后面的学习做铺垫 从两个政权各自管理、发展的角度——女真族统治的北方地区和汉族统治的南方地区展现宋金之和,梳理思维 通过三组材料,认识到金加强对中原地区的管理,不仅促进了北方地区经济的恢复和发展,还将女真族的习俗传入中原地区,丰富了中原地区的汉文化,感受中华民族的形成过程	13 15	"金对北方的管理"用时11分钟,材料较多,引导分析用时较多 "南方的发展"用时2分钟。因为学生比较熟悉所归纳的地区发展状况,所以用时较少

续表

教学环节	教师活动	学生活动	设计意图	预设时间/分	实际用时/分
	你如何认识金、辽与宋之间的战争与和平？	小组讨论，合作完成	学习用史论结合的方法评价、认识历史问题，从宏观上全面认识民族之间的战与和，将感性、直观的认识内化、升华为理性、客观的认识，形成正确的历史意识	3	3
课堂小结	请你用图示的方法总结本课的内容	独立完成	培养学生从宏观视野把握学习内容，通过独立思考，归纳总结知识，梳理历史发展脉络，进行个性化的学习	3	2 前面用时较多，教师给学生的时间较少
课堂反馈	练习题	独立完成	及时反馈，查漏补缺	5	没有完成

✳ 案例探究

此案例中，教师对课堂时间分配的预设和调整涉及哪些因素？

_____

_____

您从此案例中得到的启发：

_____

_____

_____

❋ 案例说明

本案例出自日坛中学(原一一九中学)刘玥老师讲授的高二历史必修3(文化发展历程)第3课《汉代的思想大一统》。

❋ 案例描述

课前预设:

步骤一:2分钟

教师出示教材第3页最后一段。

孔子的思想在当时未受到太多重视,后来经过历代学者的发扬和统治者的改造,逐渐形成完整的思想体系,成为中国传统文化的主流。

【设计意图】导入。

步骤一:6分钟

出示表格,探究汉初的政治思想。

材　料	社会状况	统治政策	指导思想
天下既定,民亡盖藏,自天子不能具醇驷(同一颜色的四匹马),而将相或乘牛车。 ——《汉书·食货志》			
汉兴六十余载,海内艾安,府库充实而四夷未宾,制度多阙。 ——《汉书》			

【设计意图】通过解读材料,完成表格填写,学生感知当时的社会现实是制定政策的依据,随着社会的发展,思想理论发生变化。

步骤三:6分钟

阅读教材第1页第3段,归纳汉武帝时期大一统局面形成的背景。

【设计意图】引导学生看书,提炼信息。

步骤四:20分钟

呈现一组材料,探究董仲舒的思想主张。

材料1:《春秋》大【尊崇】一统者,天地之常经,古今之通谊也。

材料2:天亦有喜怒之气,哀乐之心,与人相副。以类合之,天人一也。

——《春秋繁露·阴阳义》

材料3:王者承天意以从事。

——《春秋繁露·尧舜汤武》

材料4:天子受命于天,诸侯受命于天子,子受命于父,臣受命于君,妻受命于夫,诸所受命者,其尊皆天也。虽谓受命于天亦可。

材料5：故屈民而伸君，屈君而伸天。

材料6：国家将有失道之败，而天乃先出灾害以谴(责)告之，不知自省，又出怪异以警惧之，尚不知变，而伤败乃至。以此见天心之仁爱人君而欲止其乱也。

——《汉书·董仲舒传》

材料7：君臣、父子、夫妇之义，皆取诸阴阳之道。君为阳，臣为阴，父为阳，子为阴，夫为阳，妻为阴。

材料8：阳贵而阴贱，天之制也。

材料9：君为臣纲，父为子纲，夫为妻纲。

材料10：《春秋》大一统者，天地之常经，古今之通谊也。今师异道，人异论，百家殊方，指意不同，是以上亡以持一统。法制数变，下不知所守。臣愚以为，诸不在六艺之科、孔子之术者，皆绝其道，勿使并进。邪辟之说息，然后统纪可一，而法度可明，民知所从矣。

——《汉书·董仲舒传》

【设计意图】解读材料，提取信息，理解董仲舒的观点，归纳其主张，分析其对儒家思想的继承和发展。

步骤五：6分钟

依据教材第15页《授业图》的图文资料，探究"罢黜百家，独尊儒术"的影响。

【设计意图】培养学生解读材料、挖掘信息的能力，引导学生重视教材资源。

步骤六：5分钟

练习巩固。(董仲舒主张)建立一个由"孝悌"、读书出身和经由推荐、考核而构成的文官制度，作为专制皇权的行政支柱。这个由董仲舒参与、确立于汉代的政治—教育("士—官僚")系统是从统一大帝国着眼的整套官僚体系：政治的治乱兴衰不再仅仅依靠作为首领的"圣人"，而且更依靠遵循客观的"天道"，而这"天道"也就包含建立这整套的官僚行政体制。

——据李泽厚《中国思想史论》整理

根据材料并结合所学知识，说明董仲舒为王朝统治提出了哪些治国方略。

【设计意图】巩固落实知识，训练解读材料及知识的迁移能力。

课堂实施：

步骤一：1分钟

教师出示教材第3页最后一段。

(案例分析：一上课，学生精神饱满，直接引入新课。)

步骤二：8分钟

教师出示表格，学生结合教材，探究汉初的政治思想。

(案例分析：出示的两段材料是对教材结论的解读，课前设计的步骤二、三上课时觉得重复，课堂教学实施时将其合并。此目教学节省了时间。)

步骤三：26分钟

教师呈现一组材料，学生探究董仲舒的思想主张。

(案例分析："董仲舒新儒学的主要观点"既是教学重点也是教学难点。这部分教学通过对原始文献的解读，准确理解每一思想主张的内涵，培养学生提取信息的能力和论从史出的史学素养。学生对每段材料逐一解读，进行分析概括，同学之间还要相互补充。这部分教学需要充足的教学时间保证，课堂实施时增加了教学时间。）

步骤四：10分钟

学生依据教材第15页《授业图》的图文资料，分析"罢黜百家，独尊儒术"的影响。

（案例分析：此时课堂教学已接近尾声，学生有些疲惫，思维也不够活跃了。教师出示图文材料后，学生只回答儒学取得统治地位，就无话可说，也不愿说了。为了激起学生的兴奋度，我提出一个问题：过去，有些人家的大门上有这样的对联：忠厚传家久，诗书继世长。"诗书"指的是什么？属于哪一学派？继而再问：《授业图》中，学生可能会学什么，老师可能会教什么？汉代选官的标准是什么？这反映出什么问题？汉代尚儒的原因？鉴于此，重新进行时间分配，把课堂巩固练习一环舍掉，布置成课后作业。）

✳ 案例探究

此案例中，教师对课堂时间分配的预设和调整涉及哪些因素？

_____

_____

您从此案例中得到的启发：

_____

_____

_____

案例 3

✳ 案例说明

本案例出自中国人民大学附属中学朝阳学校程春音老师讲授的高三年级中国通史复习课《中国社会主义经济建设的曲折发展》。

✳ 案例描述

展示材料：社会主义社会有两类矛盾，一种是"敌我之间的"一种是"人民内部的"，前者用镇压的方法，后者用说服的方法，即批评的方法……在社会主义条件下，国家政治生活的主题，是正确处理人民内部矛盾……正确处理人民内部矛盾的问题，目的是团结全国各族人民进行一场新的战争——向自然开战，发展我们的经济和文化，巩固我们的新制度，建设我们的新国家。

——毛泽东《关于正确处理人民内部矛盾的问题》（1957年）

教师：毛泽东关于两类不同性质的矛盾的阐述相比马克思主义而言，有怎样的突破和发展？

学生：将社会主义社会的矛盾分成了两类。

学生：将重点放在正确处理人民内部矛盾上。

> ♨案例分析
>
> 　　在最初教学设计时，由于两类矛盾划分这一知识点不是本课重点，因此针对材料仅设计了一个问题。但是课堂教学中，从学生的学习状态看，学生的思维不活跃、兴趣状态不高，仅能从材料的文字信息出发，概括出毛泽东关于两类不同性质矛盾的阐述，但是并不能分析出其突破之处。教师分析反思，因为学生对马克思主义关于社会矛盾的了解不够，而且社会矛盾这一部分理论性也较强。因此教师在教学设计时的对比设问无形中增加了学生的思考难度。在学生课堂反馈无法达到教学设计预期的情况下，教师只好调整节奏和设问内容，将设问分解。

教师：同学们分析得很好，从内容上看，毛泽东将社会主义社会的矛盾分成了两类。并且将重点放在正确处理人民内部矛盾上。这种转变如何体现对马克思主义的突破呢？我们换个角度，阅读材料，从目的上看，毛泽东为什么要对两类不同性质的矛盾进行划分？

学生：目的是团结全国各族人民，发展经济，巩固制度。

教师：那我们结合以前所学的内容思考一下，在新中国成立前，中国共产党在马克思主义的指导下，带领中国人民斗争的主要目的是什么？

学生：反帝反封建。

教师：因此，那段时期社会的主要矛盾是什么？

学生：阶级矛盾。

教师：阶级矛盾属于材料中的哪种矛盾？

学生：敌我矛盾。

教师：为什么1957年毛泽东认为敌我矛盾不再是政治生活的主题？

学生：已经建立了新中国。敌人整体上已经消灭了。

学生：已经完成了三大改造，社会主义制度已经确立。

教师：好，那么我们还是回到最初的问题上，请大家概括一下，1957年，毛泽东关于两类不同性质的矛盾的阐述相比马克思主义而言，有什么样的发展？

学生：在主要矛盾改变的情况下不再以阶级斗争作为主要矛盾，而是以人民内部矛盾为主，其目的是为了建设国家、发展经济。

教师：那这种思路与马克思主义有什么关系呢？

学生：是对马克思主义的发展。把马克思主义与国情、时代相结合。

教师：1957年毛泽东的关于正确处理人民内部矛盾的这一思想，在马克思主义发展史上第一次创立了关于社会主义社会的矛盾学说和正确处理人民内部矛盾问题的理论，对发展马克思主义做出了独创性的贡献。可见，在觉察苏联模式弊端并尝试走中国自己的路之后，1956年针对社会主义建设在经济和政治上的问题，党和国家都做出了准确的判断。

但是，随着国内形势的发展，1958年，中共召开八届二中全会，这次会议修改了八大关于主要矛盾以及国内阶级关系的论断，制定了社会主义建设总路线。我们来看社会主义建设总路线的内容。

材料1："鼓足干劲，力争上游，多快好省地建设社会主义。"——社会主义建设总路线（1958年）

教师：社会主义建设总路线相比中共八大的相关内容，有什么不同？

学生：中共八大提倡反保守反冒进，在综合平稳中前进。八大提出多快好省地建设社会主义。

教师：你如何看待社会主义建设总路线？

学生：这是一条"左"倾的路线，强调速度快，导致后来发生了"大跃进"、大炼钢铁。

🐚**案例分析**

　　此处教学设计原本计划引导学生认识社会主义建设总路线提出的必然性和存在的问题，但学生出现了与设计不相符合的学习情况。表现在以下两点：第一，学生从社会主义建设总路线直接引出了教学设计的下一个知识点："大跃进"。针对学生已有的知识储备，教师调整教学时间和节奏，略过了教学设计中从社会主义建设总路线到"大跃进"的过渡环节，而从此处直接进入"大跃进"的学习，节省时间；第二：学生由于没有一五计划提前超额完成对人民建设社会主义信心的鼓舞相关知识储备，结合所学的能力较弱，从而无法辨证的认识到社会主义建设总路线提出的时代必然性，缺乏对总路线的全面认识。基于上述分析，教师重新进行时间分配和内容安排。

教师：这位同学从社会主义建设总路线的影响分析出了大跃进和大炼钢铁。我们举一个关于大跃进的例子。1957年，毛泽东计划用50年左右的时间赶超美国。1958年5月，毛泽东说：只要15年就可以赶上英国，并且赶上美国。一周后，他说，7年赶上英国，再8年赶上美国。6月，毛泽东指示：超过英国，只需要2年到3年。我们可以看到，党中央对于经济建设的速度要求越来越高，这是为什么？

学生：（茫然）

教师：大家想一想在1957年经济方面完成了什么事情？

学生：1957年"一五"计划提前超额完成。

教师：这和国家经济建设的速度越来越快有什么关系？

学生：大家有建设国家的热情和信心。

教师：这个大家指的是谁？国家领导人？人民群众？

学生：都包括在内。

教师：因此社会主义建设总路线的提出，是在国家上下，从执政党到民众，建设国家的信心大涨的情况下制定出来的。它的出现并非某个人一时头脑发热的结果，有其必然性。

那么，在社会主义建设总路线指导下的"大跃进"具备什么特点呢？

材料2：《反映1958年工农业生产的几项宏伟指标》的宣传图画。

学生：都片面追求速度，农业追求粮食高产量，工业追求钢铁产量，包含工业和农业两个领域。

材料3：宣传画《肥猪赛大象》和民谣《我们说了算》。

教师："大跃进"还有什么特点？

学生：浮夸、片面夸大人的主观能动性。

教师：我们今天读到这些数字和材料，都觉得夸张、明显违背客观规律。当时难道就没有人质疑吗？

材料4："土地所能给人们的粮食产量碰顶了吗？科学的计算告诉人们：还远得很！把每年射到一亩地上的太阳光能的30%作为植物可以利用的部分，而植物利用这些太阳光能把空气里的二氧化碳和水分制造成自己的养料，供给自己发育、生长结实，再把其中的五分之一算是可吃的粮食，那么稻麦每年的亩产量就不仅仅是现在的两千多斤或三千多斤，而是两千多斤的20多倍！"——钱学森《粮食亩产会有多少》《中国青年报》1958年6月16日

教师：大家如何认识以钱学森为代表的知识分子在大跃进中的行为？

学生：这篇文章真的是钱学森写的吗？我觉得他不会写这样缺乏常识的文章吧！

学生：我认为在当时的环境下，他很可能是被别人逼着写的这篇文章，他不敢不写，不写就会被打倒。

◈案例分析

教师在选择本段材料时也注意到了关于本文究竟是钱学森本人所写，还是有人代笔的问题还存在一定争议。但不可否认，钱学森在其他文章中也有过类似的表述，应该属于他对于农业"大跃进"的个人观点，因此教师最终还是使用了这段材料。通过对学生学习状态的分析发现，由于钱学森是我国著名科学家，在学生的心目中的形象高大，这一材料对学生的价值观冲击很大，极大调动了学生的主动性，提高了其学习参与度，从而引发了课堂争论，学生出现了教师教学设计之外的课堂生成性问题。此外，部分学生由于还了解一点反右派斗争，因此引发了对这篇文章是被迫而写的怀疑，偏离了教师教学设计时想引导学生在分析知识分子对大跃进的反应中，反思国民理性对于国家经济发展的重要性的初衷。钱学森是否在被迫的情况下写出本文并不是讨论的重点，如果沿着学生课堂生成的这一问题推进，甚至会引发其他的问题，例如当时国家的政治形势如何？知识分子处于一种什么样的政治氛围之中？但这些都不是本课的重点。如果纠结于此文是否钱学森本人所写这一问题势必将学生的关注点引向他处，偏离本课教学目标。教师在此处灵活调整教学设计，将学生的关注点从"文章是否为钱学森所写"调整为"钱学森此文反映的社会问题"，重新进行时间分配和内容安排。

教师：同学们在遇到历史材料时有质疑的思维非常好。但是在此文之外的其他场合，钱学森也有过类似的关于农业亩产应该近万斤的推测。而且当时科学家参与证明农业"大跃进"的合理性并不是个别现象，大家想一想，钱学森是研究农业的吗？

学生：不是。他是物理学家。

教师：一个物理学家用物理学的原理对农业问题进行科研，并且在没有实验的基础上得出结论、公开发表，你觉得有什么问题？

学生：超出了自己研究的领域，妄下判断。这种行为不严谨、不科学。

教师：那如果当时科学界不只钱学森一位有这样的想法又说明什么问题呢？

学生：部分科学家缺乏实事求是的研究精神。

学生：当时社会已经丧失了理性。

教师：在狂热的社会背景下，科学家们表现出了各种复杂的态度，有的科学家公开支持丰产成果，有的虽然反感运动中的荒唐举措却选择了沉默。作为一个国家科研最高水平和理性思维的代表者——科学家们的反常举动，恰恰说明了当时中国民众自上而下都处于一种非理性的狂热状态下，大家都盲目而过高地估计了建设国家的能力，严重脱离了实际。

教师：农业上片面追求速度，浮夸风盛行之下，农业生产破坏严重。但在当时国家却没有意识到这一点，相反它使人们产生了一个错觉，以为我国农业问题解决了，进而造成了全国经济工作中心转移到工业，开始了工业上以追求钢铁产量的增长为目标的"大跃进"。

展示图片：动员群众土法炼钢图。文字材料："全国城镇到处建起小高炉，为了炼钢，人们毁掉山林，开采煤矿，把家里的锅砸了，把铁锹扭弯，连秤砣都不放过……"文字材料："谷撒地，薯叶枯，青壮炼铁去，收禾童与姑，来年日子怎么过。"——1958年农村民谣

教师：请大家结合材料，谈一谈城镇大炼钢铁的危害。

学生：污染环境、导致农业歉收。

学生：浪费资源，毁掉山林。

学生：影响农业发展，人们没有粮食吃，饿死了很多人。

> ### 📖案例分析
> 　　教师教学设计时意在引导学生从四个方面分析大炼钢铁的危害：导致农业歉收；污染自然环境和浪费资源；造成重工业和轻工业、农业比重失调；导致人民生活水平下降。从学生的学习情况看，学生仅关注到了材料本身，即农业、环境两个角度反映出的问题，对后两个方面的影响分析不到位；另一方面，学生随堂生成了新的问题，将三年困难时期的相关知识提前联系起来，甚至提出了饿死很多人这一问题。大炼钢铁是不是导致人口死亡的间接原因？三年困难中的饿死人的极端例证是否需要课上联系和转移学生关注点？显然没必要。教师在此需要灵活调整教学设计，把不利于课堂教学的这一问题引导到有益于实现本课教学目标的方面来。既要对学生的回答进行反馈，但同时不能突出三年困难时期饿死人这一

冲淡本课教学目标的内容，教师于是一方面，将学生描述的饿死人这一现象联系出三年经济困难时期的概念，将它从后面的教学设计中提前，同时淡化饿死人这一容易引致教学偏离主题的问题，另一方面引导学生将关注点落实到大跃进对经济结构影响的分析上，转移了学生的关注点。

教师：大家从环境和农业两个角度分析了大跃进的危害，我们如果进一步思考，农业歉收的同时，工业在大炼钢铁，会对经济的整体性造成怎样的危害？

学生：造成经济结构不平衡。重工业发展，农业、轻工业发展缓慢。

教师：农业和轻工业发展缓慢会导致人民生活水平下降，这些问题最终导致了 1959—1961 年中国出现三年经济困难。

✿ 案例探究

您认为此案例中，教师对课堂学生学习时间和节奏的调整有哪些值得称道之处？

_____
_____
_____

此案例中，面对学生反馈类问题和生成类问题，教师是如何调整教学时间分配并对教学内容进行取舍的？

_____
_____
_____

您从此案例中得到了哪些启发？

_____
_____
_____
_____

案例 ❹

✿ 案例说明

本案例出自北京工业大学附属中学李建靖老师所讲授的岳麓版高中历史教材必修 1 第 7 课《古罗马的政制与法律》。

❈ 案例描述

教材分析：

"古罗马的政制与法律"一课是新课改后《普通高中历史课程标准》新增加的内容，在以往多年高中历史教学中随着世界古代史的删除而退出高中历史舞台。古代希腊、罗马作为人类文明的发源地，希腊以民主闻名，罗马则在法律上具有特色，学习古希腊、古罗马民主与法制的特色对人类文明的发展具有重要的启示和借鉴作用。

根据《普通高中历史课程标准》，本课的学习在世界政治制度史方面具有重要的地位和作用。从专题角度看，"古代希腊、罗马的政治制度"和"欧美资产阶级代议制的确立与发展"两个专题，前者叙述的是西方古代民主与法制的起源与发展，罗马法不仅与近代西方国家的政治法律制度有着历史的传承关系，而且对中国民主与法制建设有着积极的借鉴意义。"欧美近代资产阶级代议制的确立与发展"叙述的是欧美各国近代政治民主化进程的伟大成果。其主要特征是以国家权力取代王室家族权力，以民选的国家机构取代王朝和廷臣专权，在原则上体现以主权在民取代主权在君。从文化发展的规律看，这种以法治代替人治的思想既是对古代希腊、罗马的民主法制思想的一个继承，又是一个全新的发展。

教学过程：

1. 导入新课

教师设问：世界历史上存在过五大法系，它们分别是英美法系、中华法系、大陆法系、伊斯兰法系、印度法系，同学们思考今天中国的法律属于中华法系吗？

> **〽案例分析**
>
> 以设问导入，对这一问题的认识，同学们的答案一定会存在分歧，通过老师纠正答案，指出中华法系在清朝末年已经宣告解体。设问的导入容易引发学生思考，让学生快速进入课堂情景，是有效的导入手段。

教师引导学生回顾初中历史知识古罗马的历史分期，即王政时代（公元前8—前6世纪）、共和时代（公元前509—前27年）、帝国时代（公元前27—前476年）。

2. 讲授新课

第一部分：古罗马的政制——从共和国走向帝国

（1）罗马政治体制的演变与重大的政治活动

教师：古罗马从一个弹丸小国发展为地跨亚、欧、非三大洲的庞大帝国，演绎了一部从共和走向集权的制度史，在这一历史发展进程中，古罗马经历了哪些重要的历史事件？同学们阅读教材，完成下面的表格。

幻灯片展示表格：罗马政制体制的演变与重大政治活动

学生活动：学生阅读教材并讨论，合作完成表格。

师生共同归纳表格：

时代	政体	重要的政治活动
王政时代	君主制	
共和时代	贵族共和制	平民与贵族斗争，保民官设立 制定《十二铜表法》 对外扩张，成为霸主
帝国时代	元首制（君主制）	公元前27年，屋大维确立元首制 3世纪，戴克里先实行公开的君主制 395年，帝国分裂 476年，西罗马帝国灭亡 制定法律
东罗马帝国时代	君主制	《查士丁尼民法大全》

♨案例分析

由于学生获取知识的主要依赖课本，通过阅读教材，在整体上把握了古罗马政治制度的主要内容，对知识有一定了解后能激发学生进一步学习的兴趣。表格的形式相比于问答和罗列条目更为清晰，教学方式的变化形成合理的教学节奏，那么即使学生专注在教学内容上较长时间也不觉得吃力。

（2）罗马共和制的主要机构及职能

幻灯片显示图片：小塔克文被驱逐

教师：这幅图片反映的是王政时代的最后一个王小塔克文因统治残暴，罗马人揭竿而起，一举推翻他的统治。为了防止再次出现戕害人民的国王，罗马决定不再设立君主，采取贵族共和制。在共和国时期罗马是如何调解贵族和平民之间的矛盾的呢？

学生活动：结合教材，分组派代表发言。

学生1：执政官共两名，罗马的最高官职，二者权力相等，所有的政令必须经过二人的同意才能够执行。在国家因内乱或外敌而遭受极大的威胁时，元老院会任命"独裁官"，集国家权力于一身，但只是在一定的委托给他的任务范围之内，其权力的有效期不超过六个月。

学生2：元老院是国家决策机构，成员全部是贵族，实行政事共商、少数服从多数的原则。

学生3：公民大会平民可参加，负责选举公职人员和通过拟定元老院的方案。

学生4：平民保民官！

教师总结：罗马共和国时期的政治制度已经具备了民主建制的特点，公民大会、元老院和执政官三权分立、相互制衡，这种模式被视为现代议会制度的古典渊源。

> **案例分析**
>
> 　　学生答题时思维活跃、分析到位，可以看出是用心预习的结果。同时，学生有些口语化的表述，虽然不够准确，但是也可以引发课堂共鸣，在这种较好的讨论氛围中，教师只需做简单的总结，就可以进行下一步的教学，既节省了时间，又让学生在兴奋的状态中继续教学活动。

　　(3)帝制的建立及发展

　　①屋大维实行元首制。

　　幻灯片显示材料：

　　在斯巴达克杰出的指挥下，起义军曾多次击败前去镇压的罗马军队，使整个意大利从南至北都燃起了起义的烽火，古罗马统治者惊慌失措，宣布国家处于紧急状态。在选举镇压起义军的统帅时，元老院贵族成员一反常态，"没有人敢提自己为候选人"。

　　学生活动：结合教材及上述材料思考：罗马由共和走向帝制的原因是什么？奴隶起义是否与帝制建立有关？为什么？

　　教师总结：斯巴达克起义暴露了罗马共和制的腐朽与没落，以罗马公民为社会基础建立起来的共和制度，已不再适应镇压奴隶和维护帝国统治的需要。在罗马共和国后期长时间的内战中，最终是屋大维使长期内战和分裂的罗马重新统一起来。公元前27年，屋大维正式确立个人独裁统治，因其采用"元首"称号，这种制度被称为元首制，标志着罗马从共和国进入帝国时期。

　　教师设问：元首制的实质是什么？为什么？

　　学生：结合教材回答。

　　教师总结：屋大维对共和制的大本营——元老院进行了彻底的清洗与改造，使其成为毫无实权、完全听命于元首的忠实工具，奠定了罗马500余年的帝业基础。

> **案例分析**
>
> 　　在结合材料回答问题的环节，学生活动没有以往积极，这时候教师要根据学生情况，调整教学节奏，合理把控时间。教师选择重新设问，希望通过设问引发学生的思考，让学生从平缓的看材料答题的"视觉为主"转换到"听力为主"的思维上，让学生张弛有度、动静结合，合理地调控了教学节奏。

　　②戴克里先实行公开的君主制。

　　教师设问：共和制外衣下的君主专制能确保罗马帝国永远"和平"吗？为什么？

　　学生：讨论回答。

　　教师总结：共和制外衣下的元首制，严格地说已经形成了专制王权，君主权力没有束缚，压制元老院等势力的发展，其残暴统治引起了各个阶级的不满。自3世纪后，罗马帝国陷入危机中，284年，宫廷禁卫军首将戴克里先由军队拥立即位，对内镇压高卢和阿非利加的起义，对外战胜波斯(今伊朗)、打退日耳曼人入侵，于是彻底抛弃共和外衣，君主代替元首成为皇帝的正式称号，罗马帝国正式进入君主制时代。公元 395 年，罗马帝国分裂为东罗马帝国和西罗马帝国。西罗马帝国在 476 年被日耳曼人所灭，东罗马帝国一直延续到 1453 年被奥斯曼土耳其所灭。

教师过渡：古罗马不仅以武力征服建立了地跨三洲的帝国，更创造了一套治理国家的经验——罗马法。

> **案例分析**
>
> 通过讨论有效地过渡了教学内容，也避免了教学内容的跳跃式转化，这样的设计符合学生的认知水平，有利于学生建立完整的结构认知。

第二部分：罗马法

（1）罗马法的含义

罗马法是古代罗马奴隶制国家法律的总称，指公元前 6 世纪塞尔维乌斯图利改革到公元 7 世纪中叶为止这整个历史时期罗马奴隶制国家所实施的全部法律制度，包括从罗马国家产生、西罗马帝国灭亡，直到东罗马帝国查士丁尼时期的法律。

幻灯片显示材料：

材料 1：法律是调解社会关系的强制性规范，由国家立法机关制定，国家政权机关保证执行。早在原始社会，氏族部落组织就有约束氏族部落成员的严格禁忌与习惯法。

氏族部落转化成国家之后，成文法逐渐取代习惯法，成为各国统治者维系自身统治的有力武器，其中以罗马法最为完备，历史影响最为深远。

材料 2：在我们的城市初建之时，人民开始最初的活动，没有任何固定的法律和权利，一切由国王专横决断。

——古罗马法学家赛克斯图斯·庞甫尼乌斯

教师：法律作为调节社会关系的强制性规范，从形式上经历了由习惯法到成文法的转变。成文法是指政府以书面的形式发布的各种法律，习惯法即未经政府公布而为人们约定俗成的社会规范。罗马法是古代罗马奴隶制国家法律的总称，指公元前 6 世纪塞尔维乌斯图利改革到公元 7 世纪中叶为止这整个历史时期罗马奴隶制国家所实施的全部法律制度，包括从罗马国家产生、西罗马帝国灭亡，直到东罗马帝国查士丁尼时期的法律。罗马法作为古代世界最为完备、影响最为深远的法律体系，其产生、发展、完善经历了 1 000 余年。

> **案例分析**
>
> 通过阅读教材和多媒体资料，帮助学生弄懂罗马法的基本概念，通过明确罗马法存在的时间，明确罗马法的性质是奴隶性质的法律。这一部分内容没有组织学生讨论，而是教师分析材料进行讲解，也是考虑到教学时间的分配和教学节奏的轻重缓急。

（2）《十二铜表法》——罗马法的雏形

教师设问：《十二铜表法》是古罗马第一部成文法，因各表刻在青铜上而得名。《十二铜表法》是在哪个阶层的要求下制定的？主要为哪个阶层服务？为什么？它的颁布又会产生怎样的结果？

学生：阅读教材回答，教师点评。

原因：在平民与贵族斗争下、平民保民官的要求下制定的。

内容：基本是过去未成文法的汇编，明确维护私有财产权和贵族的既得利益。

意义：标志成文法的诞生，以后判案就得按律判案和量刑，贵族不能随意曲解法律。

教师总结：《十二铜表法》诞生之后，罗马法又陆续制定了许多法律，如公元前445年废除了贵族与平民不能通婚的法律，公元前367年以法律形式授予平民与贵族享有土地的平等权利，公元前326年确立禁止债务奴隶制的法律等。整个罗马共和国时期颁布的法律，一定程度上缓和了贵族和平民的矛盾，因此，这一时期的罗马法被称为公民法，这是从罗马法的使用范围上划分的。

幻灯片显示案例：

案例一：罗莫洛是一位仁慈、善良的贵族，也是罗马共和国初期军队的一名首领。生前立遗嘱，希望把他一半的财产捐给那些跟随他作战受伤或战死的士兵的家人。但罗莫洛死后，他的家人却不履行罗莫洛的遗嘱，受伤或战死的士兵的家人因此告上了法庭，想一想，法官会怎么判？

案例二：古罗马大将恺撒进兵埃及，与美丽的埃及女王克利奥帕特拉一见钟情，两人还有一个私生子，取名托勒密·恺撒。当恺撒归国执政后，克利奥帕特拉携子赴罗马与恺撒相会，并向罗马法庭为自己和儿子申请罗马籍。请问，按照罗马共和国时期的法律，法官会判给克利奥帕特拉和儿子罗马籍吗？为什么？

> ✍ **案例分析**
>
> 　　通过案例分析阅读，一方面使学生理解、应用《十二铜表法》的相关知识，另一方面培养学生的案例分析能力，通过历史情境的设置激发学生的学习兴趣。学生在比较兴奋的时候，教师可以按照教学进度进行过渡，让学生可以很快进入下一个模块的教学内容当中，教师的过渡可以根据实际的教学情景进行安排和统筹，根据教学时间进行调整，可以有效把控课堂的节奏。

教师过渡：罗马帝国时期，罗马法新增了许多新的内容调节罗马人和被征服民族的关系，到公元212年，罗马颁布《卡拉卡拉敕令》，授予帝国所有被征服者公民权，罗马法由共和国时期的公民法发展为万民法。于是罗马法进入了一个新时期——统一法时期，教材中阐述查士丁尼在位时的《查士丁尼民法大全》，就是属于统一法时期的罗马法。

（3）查士丁尼法典——罗马法的完备

学生：阅读课本正文和小字部分的内容，分析、总结查士丁尼法典制定的原因、构成、地位和作用。

> **案例分析**
>
> 查士丁尼法典是罗马法的重要教学内容，但是原因、构成、地位和作用需要做比较全面的概括和总结，如果让学生自主探究学习、发散思维，课堂节奏就容易失去控制。在这种情况下，教师选择和学生共同归纳要点的方式，让学生可以有条理地掌握这部分教学内容，合理调控了教学时间。

师生共同归纳：

原因：因为历代制定的法律庞杂，使用不便；罗马皇帝的重视（查士丁尼）；法学家的努力。

构成：《查士丁尼法典》《查士丁尼法学总论》《查士丁尼学说汇纂》和《查士丁尼新敕》。

地位：标志罗马法发展到完备阶段。

作用：（对罗马）它保留了古罗马在法学上的创造性成果，对人的行为做出详细的法律规范，为调解复杂的社会矛盾提供了法律手段；（对世界）以查士丁尼法典为总结的罗马法为后世东西方法律提供了蓝本（《权利法案》《法国民法典》）。

教师总结：在公元前286年，罗马确立了一项新的法律叫作《阿奎里亚法》，其中对公民财产受到侵犯等情况设定了详细的赔偿条款，这一法律的颁布成为现代民事侵权法的开端。这里民事侵权法的含义是指一方因故意或因过失对另一方造成损害、伤害。

（4）对罗马法的评价

综合探究：结合教材正文、知识链接"罗马法的遗产在今天"以及幻灯片中的材料谈谈你对罗马法的认识。

幻灯片显示材料：

材料1：它是古代奴隶制社会最发达、最完备的法律体系，罗马法对后世各国民法曾经无例外地产生并将继续产生不同程度的影响，恩格斯把它誉为"商品生产者社会的第一个世界性法律"，其内容之丰富、法理之精深，实为世界法制史中所罕见。它的一些法学名词和术语，如公法、司法、民法、人格、住所、条件、善意、恶意、奴权、不当得利、无音管理、代位利益、顺序利益等，以及许多法律原则和法律制度，如对公共财产和胎儿利益的特殊保护、新法优于旧法、一事不再理、行使权利不再以损害他人为目的（权利滥用之禁止）、过失责任原则、无过失责任的规定，甚至对有意损毁抛弃其他人财物而无须负责以及成年失踪宣告、信托等制度均有其理论原型，并为当代民法所沿袭。

材料2：罗马法虽属奴隶制社会的产物，但由于它对反映简单商品生产的各种法律关系做了详尽的规定，因而也就包含着资本主义时期的许多法律关系，因此，它对资本主义民法领域产生了很大影响，特别是在属于大陆法系的许多国家，其影响更加显著。1804年《法国民法典》，有关人的权利能力和行为能力以及物权和债券部分，就是以罗马法为基础制定的。1900年生效的《德国民法典》，从概念、术语到与债券、物权有关的法律关系，不少地方沿袭了罗马法的传统。欧洲大陆上其他国家的许多民法，乃至欧洲以外一些国家，如日本和中国，也深受罗马法的影响。独立于罗马法之外发展的英国法律和英美法系，在司法方面也参照了罗马法的某些规定。

学生活动：分组讨论，提示学生注意前后联系，既要认识罗马法对当时的影响，又要考虑罗马法对后世的借鉴价值。

> **案例分析**
>
> 　　这是本课比较重要的学生活动之一，教师给学生准备了充分的材料，又进行了适当的引导，教学效果非常好。教师在这一阶段，合理调控节奏，既包括设定讨论时间，也包含对讨论方向的把控，防止学生思考到错误的方向，耽误教学进度，打乱教学时间的安排。

教师归纳总结：

罗马法的影响：

第一，对罗马帝国的影响：为维护奴隶主阶级的权利提供了法律依据；维护奴隶制度，稳定社会秩序。它规定私有财产神圣不可侵犯，顺应了经济的发展要求和变化，保护了统治阶级的政治和经济利益；承认了公民的平等权利；罗马帝国把罗马法推广到帝国的每个角落，对于进一步巩固帝国的统治基础起到了积极的作用。

第二，对后世的影响：

①为资产阶级反封建和资本主义制度的确立、发展及巩固提供了思想武器。

②为现代资产阶级法律体系的建立提供了蓝本，为西方司法和政治制度奠定了基础。

③影响东方国家的立法和司法。

④自然法思想为近代启蒙思想提供了思想基础。

罗马法的实质：是保障和维护罗马奴隶主阶级的地位和统治的工具。

3. 课堂小结

本课主要学习了古罗马国家的政体演变以及罗马法的内容、实质和影响等问题。罗马法的发展过程也就是罗马国家的发展过程，它不仅维系和巩固了罗马奴隶主阶级近千年的统治，并对后世产生了深远的影响。

> **案例分析**
>
> 　　课堂小结非常重要，但是在课堂内容条理清晰、重难点突出的情况下，课堂小结可以进行得比较简单。此案例的课堂小结简单两句话概括，点睛扣题。将课堂小结设计得比较简单，也可以预防课堂中学生活动等突发情况耽误教学进度，过于全面和详细的课堂小结会占用过多的课堂时间，不利于课堂节奏的把控。

❋ 案例探究

您认为此案例中，教师对课堂学生学习时间和节奏的调整有哪些值得称道之处？

_____

_____

_____

您从此案例中得到了哪些启发？

_____

_____

_____

（二）"合理调控时间节奏"能力的综合实践

①请选择自己感兴趣的一节课，对其进行课堂教学时间和节奏的预设，并在课堂教学实施后根据课堂实录进行对比，看看教学设计与实施的差异在哪里，思考产生差异的原因。

_____

_____

_____

_____

②请依据本专题的相关内容，尝试为不同课型（新授课、复习课、讲评课等）的主要教学环节设计时间分配方案。

_____

_____

_____

_____

（三）细化"合理调控时间节奏"能力要点的结果指标

在前面详细解读本能力要点的三个层级在历史学科中的具体操作要求后，进行如表 6-3 所示结果指标的提炼。

表 6-3 "合理调控时间节奏"结果指标的提炼

维度	能力要点	针对中学历史青年教师的主要结果指标
教学实施	合理调控时间节奏	1. 能够在规定的时间内完成合理预设的教学环节 2. 能够遵从教学内容的节奏，合理安排阅读、讲解、提问、讨论、反馈等教学活动的时间 3. 能够按照课堂教学结构把握教学节奏，做到张弛有度，详略得当，重点突出 4. 能够把控学生状态，及时调整某些环节的时间和教学节奏

名家谈

节奏是一切艺术的灵魂。

——朱光潜

教学的艺术不在于传授本领，而在善于激励唤醒和鼓舞。

——第斯多惠

教师的责任就在于运用各种方法、手段让学生置身于一个可以活跃心灵以及充满智慧与人类经验的环境中。

——哈罗德·泰勒

教师在课堂上讲什么当然重要，但学生想的是什么更重要。思想应当在学生的头脑中产生出来，教师要做一名真正的优秀思想的助产婆。

——玻利亚

对于一个有观察力的教师来说，学生的欢乐、兴奋、惊奇、疑虑、恐惧、受窘和其他内心活动的最细微的表现都逃不过他的眼睛。一个教师如果对这些表现熟视无睹，他就很难成为学生的良师益友。

——赞可夫

教育者应当深刻了解正在成长的人的心灵。当我听到或者读到对人的个别对待的态度这些词的时候，它们在我的意识里总是跟另一个概念——思考——联系在一起的。教育——这首先是活生生的、寻根究底的、探索性的思考。没有思考就没有发现(哪怕是很小的、乍看起来微不足道的发现)，而没有发现就谈不上教育工作的创造性。

——苏霍姆林斯基

教育的伟大目标不是装饰，而是训练心灵，使具备有用的能力，而非填塞前人经验的累积。

——爱德华兹

专题七　准确把握内容走向

本专题的研习目标

　　1. 能够明确"准确把握内容走向"这一标准中的重要名词在历史学科中的具体内涵；

　　2. 能够有效理解、内化并实际运用各层级指标的具体操作要求；

　　3. 能够从教学案例中汲取所需部分，有效提升自身相关能力水平。

一、先期思考与实践

您认为"准确把握内容走向"应该考虑并依据哪些因素？

☐科学制定的教学目标

☐教学设计思路

☐教学目标的达成

☐教学反馈信息

☐教学生成问题

您自己最满意的准确把握了内容走向的课例是什么？

_____

_____

_____

上述课例中您认为"有效把握内容走向"的做法有哪些？

_____

_____

_____

_____

_____

_____

二、"准确把握内容走向"的检核标准解读

《北京市朝阳区教师教学基本能力检核标准》对"准确把握内容走向"的检核标准如表 7-1 所示。

表 7-1　"准确把握内容走向"的检核标准

合　格	良　好	优　秀
能够按照教学设计的思路，依照课程标准把握课堂教学的走向，完成教学任务	能够按照教学设计的思路，根据教学反馈的信息，对教学内容和过程进行调整，达成教学目标	能够准确把握课程标准的要求，灵活处理课堂生成性问题，合理引导课堂教学的走向，全面达成教学目标

下面就相关概念及结果性指标进行解读。

（一）名词解读

1. 教学内容和教学过程调整

教学调控指对课堂教学中的变量的适当合理的调整和控制，是教师通过对教学目标、教学内容、教学节奏、教学心理、教学语言、教学方法、教学手段和教学评价等的调控，使课堂呈现一种张弛有度、和谐自然、意趣盎然的生动情景。

（1）教学过程调整

教学过程是教学活动的启动、发展、变化和结束在时间上连续展开的程序结构。随着时间的推移和研究的深入，人们逐渐认识到教学过程的复杂性和多元性，教学过程不仅是认识过程，也是心理活动过程、社会化过程。因此，教学过程是认识过程、心理过程、社会化过程的复合整体。

调整教学进程，需要抓住变化情境中的有效信息，充分发挥教学智慧，灵活应变，或调整教学计划，按照新的教学方向前进，或拨正学生的思维方向，把学生拉回到既定目标上来。这样就可以使师生的思维始终指向教学目标。

（2）教学内容调整

教学过程的实质是认识过程。在这一过程中，教师通过各种手段把教学内容传授给学生，通过学生的内化过程，达到使学生掌握知识、形成能力的目的。因此，在教学实施过程中，对教学内容的把握和调整是十分重要的。

教学内容调整是指在课堂教学过程中，教师随时依据学生在课堂学习过程中的各种反馈信息及生成性问题，适当改变教学设计中既定的教学内容，从而更高效更有针对性地达成相应教学目标，把握好课堂教学的基本方向。

教学内容调整要注意两个方面：首先，注意难易度适中。难度过大或难度过小都难以充分调动学生的学习积极性，导致教学效率低下，无法正常达成预定教学目标。其次，注意重点突出，难点突破。一节课的教学内容非常丰富，教学内容之间更是存在千丝万缕的

联系，都需要学生充分了解，但在教学实施过程中，对围绕重难点的教学内容要予以更多重视，对于偏离教学内容、偏离教学目标实现的内容，要根据教学目标进行及时调整。

2. 教学反馈信息

(1) 反馈

反馈是控制论的重要概念，通俗地说，反馈就是由控制系统把信息输送出去，又把其作用结果返送回来，并对信息的再输出发生影响，起到控制的作用，以达到预定的目的。

(2) 课堂教学反馈

教学活动是师生之间复杂互动的过程，互动效果依赖课堂教学中的反馈活动。

课堂教学反馈是学生在教师的指导下，领会学习目标、掌握学习方法和自主活动后，师生就学习结果的信息进行的交流活动。课堂教学反馈是影响教学效果的重要手段和条件。

(3) 教学反馈信息

教学反馈是信息流动的过程。这种流动指向两个环节：其一，信息由教师流向学生。指的是学生从教师那里获得学习的信息，这种信息会帮助学生调节自己的学习行为，进而提高学习效果。其二，信息由学生流向教师。当信息由学生流向教师时，教师可以适时关注与教学相关的信息，调整自己的教学行为，提高教学质量。

教学过程是复杂而多变的，要想充分利用一切有益于教学的因素和条件，顺利而有效地完成相应的教学活动任务，需要师生双方从多种途径获取各种反馈信息。从内容上看，主要包括知识性结果的反馈、方法性策略的反馈和思想性鼓励性反馈；从形式来看，有言语、非言语、操作性反馈；从其反馈的进程看，有即时反馈和延时反馈。教学过程的各种反馈信息系统称为教学反馈信息。

当然，信息的反馈调节并非一劳永逸，需要多次反馈，才能保证持续的有条不紊的课堂教学秩序。

(4) 历史教学的信息反馈

历史教学信息反馈是在协调整个教学系统的活动中，教师及时、科学地调控，是保证历史教学的有效性、连续性的不可或缺的工作。

在历史教学过程中，教师不但要注重知识的传输，而且要注意教学信息的反馈。历史教学过程中，信息反馈的作用主要是及时检测教与学的状况，并调控历史课堂教学中教与学的活动。

教师在上课时必须时刻注意观察学生的表情和行为，看出学生对自己教学的反应。教师要对学生的各种表现做出快速的分析、判断，采取应变措施，并不动声色地调整自己的教学方法或教学内容。如果教师调整教学措施后，学生的学习情绪发生了变化，这一反馈就达到了预期的效果。

教学反馈不仅存在于课堂上，而且延伸到课下。例如，从学生的书面作业看出学生对某些问题的理解情况，掌握历史知识的情况；还可以在平时与学生交谈中觉察出某些学生受到各种影响而不重视历史课学习等。

要发挥教学信息反馈的作用，教师必须注意一些原则：①及时性。及时的教学信息反馈，能保持知识映像和教学效果的连续性，也可以保证高速度、高效率地对教学进程进行调控，及时地解除困难、纠正错误、端正与强化学生的学习动机，持续地调动学生的学习积极性。②准确性。教学过程中的信息反馈，是师生高效率进行教学联系的重要纽带，唯有准确，才能促进教学双方的提高和发展。教师在教学过程中不能及时发现问题，固然不利于教学高效率地进行，发现了问题，如找不出或找不准问题的症结所在时，就采取应变的措施，也不可能有把握地提高课堂教学的效果。③自觉性。在教学过程中，教师的教与学生的学必须维持动态的平衡。为实现这样的平衡，就要利用教学信息反馈这个桥梁，只有如此，才能使我们的教学活动系统、连贯、准确、高效地进行，从而提高教学效率。所以我们必须自觉地、不失时机地抓住来自学生的、各种情况下的诸多反馈信息。

3. 课堂生成

（1）课堂生成

吴金炉所著《教学思辨：历史教学有效平衡方略》一书指出：课堂生成指的是师生教学活动离开或超越了原有的思路和教案，表现在结果上，指的是学生获得了非预期的发展，表现为"茅塞顿开""豁然开朗""怦然心动"，表现为心灵的共鸣和思维的共振。

课堂生成具有以下两个特性：①难预测性：是指教师在预设时较难预测到流变的课堂会出现哪些形形色色的情况、事件以及成果。②即时性：是指教师对变化了的情形立即做出反应和"就在这一刻"的调整应变，使教学朝着更有意义的方向前进。

课堂生成需把握好两个关键：①生成是对原有预设的调整。预设是教学过程中必不可少的一个方面，但教学过程中仅有预设是不够的，还需要根据实际变化对原有的预设进行调整。对教师而言，当教学不再按照预设拓展时，将面临严峻考验和艰难抉择，这需要教师既具有预设的目标意识，又具有生成的机智意识。②生成要把握富有教育意义的信息。虽然课堂生成是对原有预设的调整，但这也并不意味对着教学过程中所有不同于原来预设的信息都必须进行课堂生成，课堂生成需要紧紧把握住富有教育意义的信息。课堂生成常常是因为一个学生的"突发奇想"或偶然事件的介入而引起的。教师要考虑的是这个问题是否具有普遍性，是否有助于学生基本学习能力的提升，花很多时间进行讨论对大多数学生是不是有益。学生在教学中产生某种顿悟，但没有引起教师的关注和进一步利用，或师生进行不着边际的无意义互动，从严格意义上说，不能算是教学的生成或生成性教学。一般来讲，生成性教学资源必须具有学科专业价值。

生成教学中，固然要培养学生的问题意识，活跃他们的思维，但不能盲目追求生成性。课堂上对生成资源的开发要适度，有时需要搁置生成，在委婉拒绝中寻求平衡。有时对生成要做缩小的处理，有必要回到原点，去照应预设的教学目标，在有目标、有方法的引导下对生成做有效点化，实现平衡中的超越。

通常，历史课堂教学的生成表现为两种基本形式：一是教师通过预设逐步启动问题的生成；二是学生在学习中随机提出具有个性特征的生成性问题。生成性问题是学生认真思考的一种反映，抓住这种资源能够最大限度地发挥学生学习的主体作用。

（2）预设与生成的关系

凡事预则立，不预则废，预设是课堂教学的基本要求。教学是有目标、有计划的活动，没有预设方案的准备，教学就会变成信马由缰的活动。创造性的生成是"以学生为本"的体现，它有利于提高学生自主探索的积极性和创造性，使教学过程充满生命活力。有的时候教学生成的发展变化和教学预设是一致的，这反映出教师对教学内容逻辑性的合理把握和对教学对象认知状况的深入了解；但更多时候，两者是有差异的，甚至是截然不同的，这反映出教学过程的复杂性和教学对象的差异性。

预设与生成是对立统一的矛盾体。就对立而言，课前细致的预设使本该动态生成的教学变成了机械执行教案的过程；就统一而言，预设与生成又是相互依存的，没有预设的生成往往是盲目的，而没有生成的预设又往往是低效的。

传统教学突出强调预设的单方面作用。现行的教学倡导在精心预设的基础上，以教学过程中的动态生成实施补位。可以这样认为，预设是生成的基础和前提，预设越科学、充分、合理，生成越良性、高效，如果缺少预设，教学就会缺乏目的性。生成是预设的有效实现和超越，有效的历史课堂教学是预设和生成的结合体。

教学预设对于教学生成应像海绵一样，虽具有定型，也富有弹性；教学生成对于教学预设应像风筝一样，虽随风飘荡，却心有牵挂。预设和生成是没有轻重之分、优劣之别的，它们都应该为课堂的"顺利"和"完美"承担责任，都应该在课堂中得到正确的诠释和有效的演绎。

（二）对结果指标的解读及实践能力认知

准确把握内容走向是在科学制定教学目标的前提下，在教学实施中能够合理调控教学内容，有效处理生成问题，把握教学方向，以期教学目标的达成。

准确把握内容走向是课堂教学实施的重要组成部分，是教师课堂调控能力的基本体现。因为只有准确把握内容走向，课堂教学才可能沿着教学设计的基本思路顺利推进，并针对学生课堂具体参与水平，适当调整教学设计，营造一个教师乐教、教有所得，学生乐学、学有所获、学有所悟、学有所长、学有所用的高效历史课堂。

对教学内容走向的准确把握，是在课堂上对教什么、怎么教问题的具体把握，实际上是对历史课堂实施过程的系统有效把握，因为教学实施的走向很大程度上决定了教学内容的走向。

杜芳主编的《新课程——历史教学论》一书提出，历史新课程实施存在三种基本取向，即忠实取向、相互调适取向和课程创生取向。从课堂教学角度看，历史课堂教学的实施中同样存在忠实取向、相互调适取向和课堂创生取向三种基本取向。

忠实取向，即视历史教学实施为忠实地执行历史教学设计方案的过程。这种观点强调教学设计的优先性与重要性，强调事前规划的教学方案具有示范作用，教师应当不折不扣地执行。并不鼓励教师在自己的课堂情境中修改教学内容。

相互调适取向，即允许对教学设计进行修正调整，从而采用最有效的方法确保教学过程有效实施。这种观点倾向于把课堂变革视为一种复杂的非线性的和不可预知的过程，而不是预期目标与教学设计的线性演绎过程。

课堂创生取向，即把课堂教学实施视为师生在具体的课堂情境中共同合作、创造新的教育经验的过程。真正的教学并不是在实施之前就固定下来的，它是情境化、人格化的。课堂教学实施本质上是在具体的课堂情境中"创生"新的教育经验的过程。

上述三种取向从不同侧面解释了课堂教学实施的本质，各有其存在的价值，一堂准确把握教学内容的课应该是既能忠实于教学设计，又能根据教学反馈调整教学内容，同时还具有教学生成的课。

在基本明晰课堂教学取向所呈现的几种类别后，结合"准确把握内容走向"能力要点各层级结果指标可以发现，其具体要求涵盖了忠实取向、相互调适取向和课堂创生取向三个方面，当然贯穿始终的是教学设计。

1. 合格要求

◆能够按照教学设计的思路，依照课程标准把握课堂教学的走向，完成教学任务

（1）操作要求

Ⅰ能够依据课程标准及学生情况进行教学设计。

Ⅱ能够按照教学设计组织实施课堂导入方案。

Ⅲ能够按照教学设计组织实施课堂教学内容。

Ⅳ能够按照教学设计组织实施教学活动策略。

Ⅴ能够按照教学设计组织课堂总结方案。

（2）说明与分析

按照教学设计的思路开展教学，首要任务要求教师在课前形成教学设计。教学设计是现代课堂教学的重要环节，是课堂教学的起点，它包括教学目标、教学内容、教学对象、教学策略、教学媒体、教学评价等基本要素。只有在对学生情况全面了解的基础上，才能完成针对性较强的教学设计；只有充分地理解和领悟课程标准中对相应问题的表述，才能形成重点突出、内容完整的教学设计。

教师在顺利完成课堂导入后，应积极组织实施课堂教学内容。教学内容是教学设计的核心，是教与学相互作用过程中有意传递的主要信息，是落实教学目标和教学质量的载体。教师必须紧紧围绕教学内容层层展开、步步推进，抓住教学内容之间内在的横向联系和前后的纵向逻辑联系，进而做到纲举目张、重点突出、教学内容清晰有条理，便于学生理解与掌握。

教学方法与活动策略是教学过程中教师与学生为实现教学目标和教学任务要求，在教学活动中所采取的行为方式的总称。常用的有讲授法、讨论法、直观演示法、练习法、读书指导法、任务驱动法、参观教学法、现场教学法、自主学习法等。选用何种教学方法需根据学生水平及教学内容的特点而定，在教学实施过程中，选择和运用恰当的教学方法和活动策略能有效地解决教学重难点，帮助学生克服思维和认知困难，从而达到良好的教学效果。

完整的教学过程是按照从教学起点出发，沿着教学目标的方向，安排恰当的教学内

容，并运用相应的教学方法，实施贴近学生水平的教学活动，把教学内容的知识结构和学生的认知结构很好地结合起来，最后进行总结归纳提升，使学生对所学内容形成相对完整、深入的认知。

新课程课堂实施环节可参照表 7-2 中课堂系统部分所示。

表 7-2   基于课堂教学设计核心环节的操作流程

	系统	课堂教学系统		
	子系统	课前系统	课堂系统	课后系统
课堂教学设计操作流程	操作任务	核心环节Ⅰ——确定课堂教学目标（分析课程要求和教材内容，分析学生，确定课堂教学目标，确定课堂教学重点与难点，设计课堂教学方式策略，设计课堂教学环境和教学用具，设计学生课前探究活动方案） 核心环节Ⅱ——设计课堂教学结构（设计出课堂导入方案、课堂教学内容及其教学活动方案、课堂总结方案）	核心环节Ⅲ——组织实施课堂教学（实施课堂导入方案、课堂教学内容及其教学活动方案、课堂总结方案）	核心环节Ⅳ——完善课堂教学设计方案（根据对课堂教学活动过程和实施效果的评价结果，及时修改课堂教学设计方案）

从历史课堂教学实施的三种基本取向看，在这一层级的教学中，教师对内容走向的把握主要体现了忠实取向，能够完成预定教学任务，达成预定教学目标。

案例 1

❋ 案例说明

本案例出自北京教育学院朝阳分院附属学校王蕊老师所讲授的义务教育阶段北京版《历史》第 4 册第 9 课《西欧的联合》。

❋ 案例描述

在整体设计本课时，教师就关注到时事新闻中关于欧盟发展前景的一些新闻，凸显出欧盟内部的确也存在诸如沟通与平衡、共同治理等问题。因此在教学环节中设计了相关新闻链接。教学活动按照教学设计推进，以"欧盟"为关键字设计百度搜索，选择较新的新闻罗列出来，帮助学生理解相关问题，保证了教学过程的顺畅，把握了教学内容方向，达成了相应的教学目标。

其教学内容及教学片断如下：

在介绍完 1993 年欧盟正式成立，确定诸如欧盟旗帜、盟歌、总护照等内容后，为便于学生直观感受欧盟公民的福利待遇，教师设计了情景体验环节。

教师：播放《带你认识欧盟公民福利》视频，时长大约 3 分钟。（视频介绍欧盟公民可以选择任何成员国居住、工作、退休，享受该成员国公民同等待遇。）

学生1："视频里说作为欧盟公民，如果觉得自己所在的地方太大、太小、太冷或者太热，都可以去任何一个你想去的成员国，简直太自由了。"

学生2："最主要的是还能享受当地公民的同等待遇，医疗和退休都有保障，太好了。"

教师："下面我们来看一幅图表(教师出示图表，见下图)，根据图表你能提取什么信息？"

学生3："西欧走向联合后，在世界工业生产中所占比重越来越大。"

学生4："西欧在世界工业生产中所占比重增幅很大。"

在分析"西欧一体化对于西欧政治、经济等方面的推动作用"后，有学生提出质疑。

学生5："西欧一体化的道路是一帆风顺吗？我看新闻最近在说希腊要退出欧盟，还有欧盟各国对难民的态度并不一致等一些问题确实存在。您怎么看？"

教师："这位同学能够关注时事非常好，老师设计了一个以'欧盟'为关键词的百度搜索栏，大家看看我们先来阅读哪条新闻？"

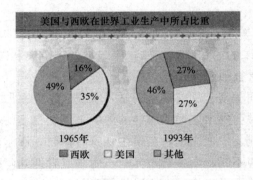

《西欧的联合》案例

《西欧的联合》案例

学生：浏览四条新闻，自由讨论，并分析总结出欧盟存在着内部沟通、共同治理、各国经济的不平衡等问题。

教师："通过新闻大家对欧盟有了更加全面的认识，欧盟前景是希望与挑战并存。"

实践演练

请您以该项标准的诸项具体操作要求为依据进行实际演练：

_____

_____

_____

2. 良好要求

◆能够按照教学设计的思路，根据教学反馈的信息，对教学内容和过程进行调整，达成教学目标

(1)操作要求

Ⅰ能够通过观察学生课堂反应，调整教学内容和过程。

Ⅱ能够通过课堂问答结果，调整教学内容和过程。

Ⅲ能够通过随堂检测结果，调整教学内容和过程。

（2）说明与分析

良好的教学反馈是教师积极主动获取的结果，陈旭远主编的《教学技能》一书中提到：一般而言，课堂教学过程中教师获取反馈信息的途径和方法有以下三种：

①观察反馈。

课堂观察是教学反馈的重要途径之一。因此在观察反馈中，教师要观察的内容主要有：

第一，学生的表情。学生的眼神包含很多信息。学生在回答问题的时候、学生在交流的时候，学生在认真听课的时候，眼神都会传达出丰富的信息。教师要能从学生的眼神中获得必要的信息，及时调整教学，提高课堂教学质量。学生在听课过程中表情也会给教师很多的信息：学生情绪饱满、专心致志，表明师生思维同步；若学生表情困惑，说明思维受阻，教师应及时作出矫正处理。

第二，学生体态。学生的体态身姿语，如姿态、手势、动作等能传递重要的反馈信息。教师要善于发掘学生体态身姿语与教学效果的内在联系。如学生眼神处于游离状态，或者表现出疲劳行为，此时教学效果不佳，提醒教师调整教学。

第三，学生的声响。学生的声响也能从不同程度上反映学生的学习状况。学生在课堂上往往因为听不懂教师讲授而处境不自然时，常会发出这样或那样的声响来调整自己的心理。教师应该随堂加强对学生声响的反馈与控制。一般来说，当学生认真听讲时，课堂内鸦雀无声；当学生积极参与时，课堂内往往笑声不断；学生听不懂、不耐烦或者遇到障碍时，常会低声耳语，摆弄书、笔或碰撞移动桌椅而发出声响。所以教师要善于从这些声响中获取有效的信息，并及时作出反馈。

采用观察反馈，教师必须掌握一定的技巧。首先，教师要掌握观察的方法。一般而言，教师在课堂中观察采用的方法有环视、点视和虚视法。其次，运用体态语言和有声语言及时给予学生反馈。

②提问反馈。

课堂提问是教师了解学生、获得相关反馈信息的一种有效方式。这种反馈是一种即时的、现场的评价，比起其他的评价方式，它能即时地让学生认识、了解、提高和发展自己。在提问活动中，教师一般会采取如下策略：

第一，提示。当学生回答问题错误或者答非所问时，教师可以采用提示策略。提示策略包括重复（或者探问）、激励、转问、追问等。当学生对题目理解不清楚或者没有回答正确时，教师可以采用重复或者探问策略，降低问题难度，分解问题，为学生提供可以回答问题的线索。如果学生对题目理解有误或思路不清晰，教师可通过适当提示和鼓励性的话语，从已知确定的问题帮助学生理清思路，一步步将其引向正确的答案。转问是学生回答问题后，教师将同一个问题转问其他同学。追问是学生回答问题后，对学生进行深入的提问。

第二，补充策略。当学生回答问题不完整时，教师往往采用补充策略。补充策略包括续接、转引和探究。"续接"是在学生语言表达有障碍时，教师可以通过提示关键词，接通学生思路，帮助其补充完善回答。"转引"是学生回答不上问题时，通过其他同学介入，共同解决问题。"探究"要求为学生提供更为详尽的信息。

第三，等待。在课堂提问过程中，教师要给予学生等待时间：第一等待时和第二等待时。多数课堂中教师的等待时间不足一秒，若增加等待时间3秒，会产生如下影响：学生回答问题的长度增加，正确性上升；特别是反应慢的学生，不能回答问题的情况会减少；主动、自发的回答增加；参与问题讨论的积极性提高；交流增加等。停顿的时间与问题的难度成正比，对知识、理解、应用等低层次的问题，停顿时间可稍短；而对于分析、综合、评价等高层次的问题，停顿时间可稍长。

第四，评价。评价是教师在学生回答问题时，应该给予积极的回应。在评价时，要尽量避免简单的对错评价方式，最好是具体丰富的有梯度的评价，同时培养学生学会自我评价。通过评价，教师向学生提供恰当的反馈能够帮助学生明确自己的学习状态，促使学生及时调整或改变自己的学习方法和策略。恰当的反馈对提高学生的学习能力，促使学生学会学习有着重要的意义。

③课堂作业反馈。

随堂检测是对学生课堂学习效果的学习评价。根据检测结果，教师能够及时判断在本节课的学习中，学生已经掌握了什么，哪些教学没有理解到位，从而及时调整教学内容和教学过程。

操作Ⅰ是最常用的，也是贯穿始终的一种方法，要求教师通过直接课堂观察，包括观察学生的眼神、观察学生的精神状态等，获取学生在学习过程中遇到的认知、情感困难，进而对这些信息进行归类，确定是教学方法不当引起、教学内容引起还是教学策略引起的，进而调整教学内容和过程，从而帮助学生更好地完成学习任务。

操作Ⅱ，课堂问答相对比较容易把握，针对性要强一些。当预设的问题产生相对离谱的回答时，要么是问题设计或教学资料的选择有问题，要么是学生本身知识、情感欠缺，这个时候教师需要冷静面对，积极调整教学设计内容，给学生积极的引导。

操作Ⅲ，通过课堂检测，可以随时掌握学生对知识理解和掌握的程度，及时地了解学生学习情况，对学生学习过程中存在的疑难点进行及时了解，并据此调整后面的教学内容和教学过程。

从历史课堂实施的三种基本取向的角度看，教师在基本忠实于教学设计的思路的前提下，对教学内容和教学进程的调整做到了相互调适取向，对教学设计进行修正，进而采取最有效的教学方法确保教学过程高效实施。

案例 2

❋ 案例说明

本案例节选自对外经贸大学附中徐凯红老师讲授的高三文综复习课《蓝色国土之海上丝绸之路》。

❋ 案例描述

本课是高三年级第二轮文综复习课中的一个片段，主要围绕着"海洋"这一主题，与社会时政热点相联系，在新情境下，从历史学科的角度进行相关基础知识的挂连，梳理相关知识线索，提高学生理解、阐释历史问题的能力。这一教学片断，从内容和时段来看，包括古代中国丝织业、制瓷业；海上丝绸之路；四大发明影响；明清时期商品经济发展；小农经济特点；明清时期海禁政策。涉及历史必修1和必修2两册教材，可谓头绪众多、内容庞杂、容量大。要在众多的头绪中，引领学生梳理出清晰的线索，既串联起相关的大容量的知识，又能提升学生的历史思维能力，教师准确把控好课堂教学的走向是关键。

徐老师的教学过程及教学调整如下：

第一步：导入主题、明确教学内容。教师讲述：通过地理课我们已经对海洋有了一定认识，那么，历史上人类又是如何开发和利用海洋的，海洋对人类文明的发展又具有哪些影响呢？让我们以"蓝色国土"为题，再次走进海洋。

第二步：教师出示《海上丝绸之路地形图》，提出问题：中国古代"海上丝绸之路"发展历程如何？

学生看图回答问题。学生在回答中，出现史实掌握不扎实、过程变迁衔接不上的问题。由于学生在提问反馈中没有达到预设标准，依据这一反馈信息，教师进行了教学内容调整——提示学生结合地图对汉朝、唐朝、宋朝、明朝等几个关键时间点进行史实梳理，引领学生条理清晰地思考、复述、梳理相关史实。

第三步：教师出示文字材料，提出问题：试分析海上丝绸之路产生了怎样的影响？

由于这段文字材料比较难，针对学生史料阅读能力的实际情况，老师引导学生逐字逐句阅读材料，提取、分析、归纳、概括相关信息，进而提高提取文字材料有效信息的能力。

第四步：郑和的船队是"世界上一支举世无双的舰队"，但它没有"以战为业"，依据材料分析其重要原因。

这个问题提出的目的在于训练学生从文字，图片中获取有效信息的能力，并培养学生依据材料及所学知识，迁移、比较、综合、概括历史问题的能力。

❋ 案例探究

本案例中教师根据哪一反馈方式对教学内容和过程进行了调整？

_____

_____

▌实践演练▌

请您以该项标准的诸项具体操作要求为依据进行实际演练：

_____

_____

3. 优秀要求

◆能够准确把握课程标准的要求，灵活处理课堂生成性问题，合理引导课堂教学的走向，全面达成教学目标

（1）操作要求

Ⅰ能够按照课标要求设计弹性教学方案。

Ⅱ能够灵活处理具有个性特征、有教育价值的生成性问题。

（2）说明与分析

课堂生成就是根据课堂学情变化，师生共同及时接纳弹性、灵活、创新的成分、因素、信息，采取积极措施和有效应对的方法，及时调整教学目标、教学环节、教学点线、教学方法，从而推动更高水平的互动，使课堂产生飞跃的过程。

生成性教学是教师根据课堂中的互动和课程标准及时调整教学思路和行为的教学形态。课前教师预设认识、见解、观点与答案，在课堂教学的实施中会不断拓展、深挖。生成性教学策略的集中表现，就在于教师具有让学生获得生动活泼个性发展的创造性。历史课堂的生成性教学，需要教师在教学过程中以真诚的态度和为学生发展服务的心，与学生就相关课题进行平等对话，并根据自己对学生的课堂行为表现、感受、兴趣与需要做出及时的价值判断，对教学行为与思路做出机智性调整，以使教学对话深入地进行下去，最终实现历史课的有效教学。

林德全、徐秀华主编的《教学论》中提到，教学生成具有三大特点：①过程性与结果性的统一。教学生成是在过程中生成的，同时教学生成也注重结果，但这里的结果需要从两个方面来理解：一个是指向现实活动的结果，一个是指向终极未来的结果。对学生的发展所产生的影响并不是这堂课，甚至也不是最近一段时期所希望实现的结果，而是为其以后的发展有利的结果，甚至可以说是对其终生有利的结果。②科学性和艺术性的统一。教学的生成性是对原有预设的超越，但并不意味着否认必要的教学预设，也并不意味着可以无视教学预设。强调生成，并不意味着可以无原则地去生成，教学生成必须在科学性的前提下进行。③基础性与超越性的统一。教学活动中之所以存在着预设，有两个方面的原因：一是根据目标而提出；二是根据学情而提出。无论哪个方面，都反映了基础性的一面。但教学活动中除了基础性的一面，还有超越性的一面。一般来说，最近发展区的发展实际上就意味着超越，而超越也即生成。

教学生成复杂多样，概括来看，主要有三种教学生成：①目标生成。这主要是对原有预设的目标及时地、灵活地进行调整。这种调整常见的有以下几种情形：一是增加原来所不曾预设的目标；二是删除原来预设的目标；三是把原来预设的目标所在位置、重要性进行调整，如把本来位于重要地位的目标变为次要目标，把本来位于次要地位的目标变为重要目标。②内容生成。这主要表现为对原来预设的内容进行调整。这种调整主要表现为纵向深入与横向拓展。所谓纵向深入是指所增设的内容难度、深度比原来预设的内容更进一步。所谓横向拓展是指以所进行的内容为中心向四周进行发散性的联想。③情感生成。情感生成主要表现为两个方面：一是对已有感情的强化。二是对已有感情的改善。作为人文

社会学科的历史教学承担着情感、态度、价值观的教育责任，所以情感生成也很重要。

操作Ⅰ中能够按照课标要求设计弹性教学方案。教师对学生认知、思维等充分了解，做到有备而来，既能满足学生的求知欲，又允许在适度拓展的基础上充实课堂教学内容，为教学生成打下基础、创造环境。

操作Ⅱ的课堂生成则超出了教师的预期，在课堂教学中，会有许许多多类似的生成性问题。这是学生个人知识储备、学习能力、学习习惯、学习方法的综合反映。但这类问题处理起来不容易。既需要教师具备扎实的历史专业知识，又需要教师拥有开阔的视野，还需要教师更新观念、尊重学生、灵活应变、果断谨慎。具体我们应该怎样去解决呢？关键是我们所采取的行动和设计的方案要立足于学科，有助于历史课堂教学目标的实现。如果我们当时做不到急中生智，可以把此问题交给提问的学生自己尝试着回答，或者让其他同学尝试着回答，或者不妨将问题暂时放一放，等我们想好了解决的办法再来解决也不迟，切不要随意转移话题，或将此生成性问题打压下去。

从历史课堂教学实施的三种基本取向的角度看，教师在准确领会课程标准要求的前提下，设计弹性教学方案，灵活处理课堂生成性问题，对课堂教学合理引导遵循了课堂创生取向，从而营造创造性课堂，确保教学过程高效实施，确保教学目标全面达成，更加体现了以学生的学为中心的新课程教学理念。

案例 3

❋ 案例说明

本案例节选自朝阳外国语学校王垚老师讲授的岳麓版高中历史选修教材《历史上的重大改革回眸》第16课《中日近代改革比较》。

❋ 案例描述

教学设计思路

教师：在比较改革措施的异同时，我们可以从哪些方面入手进行比较？

学生：经济、政治、教育等方面。

师：在洋务运动和明治维新当中，中日两国都把引进西方先进技术、发展近代工业作为改革的主要内容，都兴建了一批近代工厂，但两国在经济改革方面，也存在一些不同之处。出示材料。

以学习西方的先进技术、移植近代工业为主要内容的洋务运动，同日本的"殖产兴业"活动有许多相似之处。1870年12月明治政府成立工部省，作为全面负责推

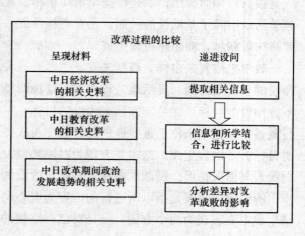

行殖产兴业政策的领导机关。利用国家资金，创办一系列近代化"模范工厂"，其目的是让它们起示范作用，以推动私人资本主义工业的发展。1880年，日本政府发布《工厂处理概则》，宣布只要具备充分的资本便可以购买官办企业的方针。此后，日本政府的产业政策转向了以"育成"民间产业资本为主的阶段。据统计，1884—1893年，日本工业公司的资本增加了14.5倍。明治维新后，日本得以迅速走上工业化道路。

——摘自米庆余《明治维新——日本资本主义的起步与形成》

补充材料：洋务运动中的民用企业较多实行"官督商办"这一形式，官督商办企业准则是"由官总其大纲，察其利病"。这个纲，主要是用人、理财、管理等权力。

——选自谢世诚《李鸿章评传》

【设问】材料反映出中日在改革过程中有哪些异同？分析其对改革成败的影响。

✳ 课堂实施

首先，让学生朗读材料的第一句话，引导学生结合材料信息与所学知识，先找出中日改革的经济措施的相同之处，学生得出答案：两国都强调政府的力量，都优先发展重工业。

其次，让学生朗读材料的第二句话，教师先引导学生找出日本工部省的职能，然后再思考洋务运动时期的中国，是否有类似工部省的机构，进而比较出中日经济改革措施的不同之处。

再次，引导学生关注材料中明治维新时期的日本对私营工商业的政策，同时提供洋务运动期间政府经济政策的材料，提示学生从经济政策入手对中日近代经济改革措施的不同点进行比较。

最后，引导学生思考日本政府大力支持私企的影响。在学生探究的同时，提示学生注意日本近代经济的快速发展，也是建立在对亚洲邻国侵略和压榨的基础上的。

▮▮▮ 案例 4

✳ 案例说明

本案例出自北京师范大学历史学院李凯教师的论文《高中历史课堂应鼓励学生自主发问》，所涉及内容为高中历史必修3《"百家争鸣"和儒家思想的形成》一课。

✳ 案例描述

在讲"孔子兴办私学"的内容时，我提到《论语·述而》中"自行束以上，吾未尝无诲焉"的记载。我说，"束"就是"十条腊肉"，是孔子规定的拜师礼。结果有学生问道：颜回那么穷，也要交"束"吗？

课后我查阅了相关资料后，把这个学生叫来，一起探讨这个问题。我引导他分析：古书的确没记载颜回是否交了"束"礼，所以其中的环节就要我们推敲了，你认为有几种可能？

他说有两种可能：交了，也可能没交。我马上肯定他答得很对：一是颜回勒紧裤腰带交了"束"，这并不是完全不可能，但孔子就显得比较固执，不近人情；另一种可能，颜回是特例，这就是儒家说的"权变"。我又问他，孔子说这话是怎样的语气？肯定地说了不交"束"就不教诲吗？其实，从逻辑上并不能推导出不交就完全不给予教诲的结论。那么，还有第三种可能吗？

在我的诱导下，他意识到把"束"解释成干肉的说法并不一定正确。我说非常好 想到这一点，逻辑上基本没有什么漏洞了，我让他归纳出"束"有怎样的解释。他说大本有三类：一是指十条干肉（《礼记·少仪》郑玄注："束，十脯也。"），二是指"束己修身"（《后汉书·胡广传》："使束守善，有所劝仰。""束"即约束自己、提高修养的意思），也有人解释成束带修饰，引申为初入学或初为官之时（《后汉书·延笃传》李贤注："束，谓束带修饰。"）。如果是后两种解释的话，和颜回的贫富就没有什么关系了。到这一步，这个问题的回答有了多种思维的空间。

实践演练

请您以该项标准的诸项具体操作要求为据进行实际演练：

_____

_____

_____

三、对于"准确把握内容走向"能力标准的实践性把握

（一）教学案例的实践探究

案例 1

✱ 案例说明

本案例出自北京市第十七中学吴京琼老师所讲授的岳麓版普通高中历史必修1《政治文明历程》第21课《新民主主义革命与中国共产党》之三《从大革命失败到长征胜利——中国共产党从幼稚走向成熟》。

✱ 案例描述

教学内容的确定：

课程标准对本课的要求是：概述中国共产党领导的新民主主义革命的主要史实，认识新民主主义革命胜利的伟大意义。具体到本节课的要求是概述从大革命失败到长征胜利的主要史实。

教材主要从以下几个方面呈现了这十年间的基本史实：南昌起义、八七会议、秋收起义、井冈山革命根据地的创建、"九一八"事变、红军长征、八一宣言、西安事变等。这些

内容全方位介绍了 1927—1937 年，即从国民大革命失败到全面抗战之前中国共产党继续领导中国新民主主义革命的曲折发展历程。这一阶段既是中国共产党独立领导中国革命的开始阶段，也是中国革命道路的开创阶段和中国革命、中国共产党几次面临生死存亡的关键时期，在中国革命史、中共党史上具有极为重要的地位。这一阶段的内容可以梳理出三条线索：主线是中国共产党独立领导中国革命的历史，辅线是日军侵华史，还有一条暗线是国民党在这一阶段的活动。

在教学设计的过程中，我们考虑到学生的基础和内容的重要与否，将辅线和暗线设计在学生的预习活动中，而课堂主要解决的，也是本教学设计的主要立意，则是中国共产党在十年间，如何通过种种革命实践，逐步从幼稚走向成熟。

本课的授课对象是高一年级的学生，他们在初中义务教育阶段对南昌起义、秋收起义、井冈山革命根据地、红军长征等具有一定的感性认识。但在井冈山道路的开创等方面缺少必要的知识支撑，需从历史的角度分析，提升对中国革命道路的选择的理性认识。

基于以上分析，确定本课教学重点为中国共产党革命道路的探索；教学难点为井冈山道路的开创。

在教学环节设计中把握整节课内容走向，将课堂任务分为三个阶段，来共同体现中国共产党由幼稚走向成熟，以及中国共产党对于革命道路探索的曲折与艰辛。

阶段一：大革命失败后，中国共产党认识到要抓革命的领导权，抓武装斗争，随后通过南昌起义等武装斗争反抗国民党的血腥屠杀。

阶段二：在南昌起义、秋收起义攻打城市受挫的情况下，中国共产党认识到城市里敌人过于强大，需要走一条符合中国国情的新型革命道路，随后开创井冈山革命根据地，形成一条符合中国国情的井冈山道路。

阶段三：在第五次反"围剿"失败、长征初期损失惨重，以及同共产国际失联的情况下，中国共产党逐渐认识到，我们不得不，也应该要独立自主、实事求是地运用马克思主义普遍原理来解决自己的方针、路线、政策问题，随后中国共产党召开了遵义会议，事实上确立了以毛泽东为核心的新的党中央的正确领导，革命形势转危为安。

在整体教学设计中把握内容走向，突出重点、突破难点，将文字材料和地图材料贯穿本课始终，综合提升学生历史学习能力。

教学实施过程：

1. 导入新课

教师：1927 年，大革命失败，中国共产党遭受重大损失。材料哪些数据可以说明这个观点？

大批共产党员被屠杀，一些不坚定的分子离开了党，少数人甚至当了叛徒。共产党员由 5.7 万余人很快减少到 1 万人左右，大多数的地方党组织被打散。工会会员在革命高潮时期是 300 万人，到 1929 年减少到 3 万人。曾拥有 1 000 万会员的农会组织绝大部分不再存在。

——王桧林《中国现代史》

教师：如此大的损失，如此多的牺牲，从我们自身来看，原因在哪里？

教师：大革命的失败，使中国共产党人认识到，必须要抓革命的领导权，坚持武装斗争。观察《南昌起义、秋收起义和井冈山会师示意图》，在大革命失败后，中国共产党独立领导的武装斗争有哪些？

学生对于地图中的"秋收起义"不能直接获取，可引导学生通过图例推知。

【问题】标志着共产党独立领导武装斗争开始的是哪次起义？起义的领导人有哪些？

南昌起义走出了一大批后来的人民解放军将帅。1955年授衔的将帅中，8位元帅（贺龙、刘伯承、朱德、聂荣臻、林彪、陈毅、叶剑英、徐向前）、4位大将（陈赓、粟裕、许光达、张云逸）都与南昌起义紧紧相连，还不算未被授予军衔的周恩来等中共重要领导人。

——金一南《南昌起义枪声背后》

【问题】根据这段材料，结合你所了解的中国革命史，我们能够认识到南昌起义对于中国共产党有何重大意义？（学生结合地图分析，南昌起义的部队在起义后的行动方向、转移方向及最终的去向）。

教师总结、补充并板书：南昌起义后，起义部队按计划南下广东，遭到国民党的围追堵截，部队到达广东后，损失惨重，从2万余人锐减到900人。一部退往海陆丰地区，一部由朱德率领，在湘粤赣边地区坚持游击。

教师：在南昌起义部队南下的过程中，中共中央在汉口召开了紧急会议，史称八七会议（学生在书上落实八七会议的时间、内容）。

◎案例分析

在实际操作的过程中，学生因预习不充分或初中对这部分知识掌握得不扎实，并不能够结合当时的历史背景，准确把握八七会议迫切需要解决的主要问题及八七会议在党史上的意义。在引导学生推导会议内容及作用的时候，教师增加设问，为其铺设台阶。

教师：在南昌起义部队南下的过程中，中共中央在汉口召开了紧急会议，史称八七会议。这次会议的主要内容是什么？

学生：安排南昌起义后的事情。

学生：建立农村革命根据地。

教师：我们需要关注这样一个细节：1927年的7月15日，汪精卫在武汉发动了"七一五"反革命政变，大肆屠杀共产党人，大革命失败了，而在20天后的8月7日这样一个时间，在武汉三镇之一的汉口召开的这次被称作中共中央紧急会议的八七会议，仅仅只是为了安排南昌起义后的事情吗？我们党能不能立刻就想到去敌人统治力量薄弱的农村建立根据地？在那种背景下，我们最应该去解决的首要问题是什么？

学生：面对敌人的屠杀，我们怎么办。

教师：我们用行动做出的回应是什么？

学生：南昌起义，打响了武装反抗国民党统治的第一枪。

教师：南昌起义已经表明了我们的态度。八七会议需要做的，就是从中共中央层面上，对此予以确认。同时，虽然中共中央暂时还没有认识到要建立农村革命根据地，可它却已经关注到了什么问题？（看书思考回答）

学生：土地革命。

教师：也就是关注到了农村。为此，中共中央制定了一条武装斗争和土地革命的总路线，并且决定在秋收时节发动起义。我们结合会议的背景及内容思考，它会在中共党史上起到什么作用？

学生：指明方向。

教师：它为大革命后处于思想混乱和组织涣散的中国共产党指明了前进的方向。

教师：根据八七会议精神，中国共产党决定在秋收时节发动武装起义。

【问题】结合《南昌起义、秋收起义和井冈山会师示意图》分析，秋收起义的主攻方向是哪里，最终部队又去了哪里？

教师结合地图总结、补充并板书：起义军原定进攻长沙，但当起义部队到达醴陵、浏阳、东坪一线时，5 000余人的部队仅剩1 500人。毛泽东在这个时候，在文家市召开了一个会议，果断地决定转向井冈山进军。

【问题】结合所学思考，南昌起义和秋收起义的结果说明了什么？

【问题】出示《井冈山革命根据地》地图，学生结合地图进行小组讨论：井冈山地区客观上具备什么条件，让这支起义部队，甚至后来的南昌起义的部分部队，可以在大革命失败、攻打中心城市受挫的情况之下生存下去？

案例分析

在实际操作过程中，学生通过小组合作探究，得出"两省交界""山区"这样的答案难度不大，而在进一步设问"为什么两省交界的山区更有利于这支部队生存"这一问题时，学生除回答出"敌人统治力量薄弱"和"利于打游击"这样的预设答案外，还生成了"山上有果树、有猎物、有水源"这样一些设计外的答案，需要老师有更多的知识储备和更充分的准备去面对。

教师：井冈山地区客观上具备什么条件，可以让这支起义部队生存下去？

学生：易守难攻。

教师：为什么易守难攻？

学生：山区。

学生：两省交界。

教师：为什么两省交界有利于这支部队生存？

学生：不确定被哪边管，权责不明确。

教师：敌人的统治力量在这里是相对薄弱的。

学生：山上有水源、有果子、有梯田，能够解决基本生存问题。

教师：这个角度选择得很有创意，只是梯田我们需要再考证一下。

【问题】出示材料，学生结合文字材料进行小组讨论：从主观上，毛泽东为什么选择带领部队上井冈山？毛泽东到达井冈山后，为了使这支起义部队生存下去，他做了什么？

1928 年 1 月，毛泽东率军攻占遂川县城后，不久遂川人民传出歌谣："过新乍，过新年，今年不比往常年，共产党军来到了，又分谷子又分田。过新年，过新年，你拿斧子我拿镰，高举红旗开大会，工农翻身掌政权。"

我们闹革命，光是跑来跑去是不行的，一定要有一个家，不然就很困难……我们以家为依托，不断向外发展，把我们四周的敌人一点点地吃掉、赶走，我们的日子慢慢地就好过了。

——毛泽东

⚒案例分析

井冈山道路的开创，是中国共产党将马列主义同中国具体革命实践相结合的重要产物，在实际操作过程中，学生对于毛泽东等领导人为开创这条道路所做的主观努力，能够认识到建立根据地、站稳脚跟、依靠农民等问题，但表述不足够科学，对于地图上和文字材料中都提及的根据地政权建设，许多同学忽略了，体现出对于材料理解的表面化。对于工农武装割据这一思想，是必修 3 需要解决的问题，学生在现阶段认识起来确实存在一定困难。

教师：毛泽东到达井冈山后，为了使这支起义部队生存下去，主观上他做了什么？

学生：招兵买马。

教师：中国共产党是无产阶级政党，而且在大革命失败后，资金是非常有限的，如何获取兵员，坚持武装斗争？

学生：发动群众，动员他们参军。

教师：如何动员？请大家注意从材料中提取有效信息加以说明论证。

学生："又分谷子又分田。"说明分土地给农民，从而农民踊跃参军。

教师：除了发动群众，壮大革命力量，毛泽东还做了哪些努力？"你拿斧子我拿镰"说明了什么？

学生：工人和农民的结合。

教师：也就是工农联合。从下边的材料中同学们继续提取信息作答。

学生："工农翻身掌政权"说明的是人民当家做主。

教师：这是一个新型的工农政权，给了人民以权力和地位。而这样的政权，我们在地图上可以看到有哪些，并且圈画出来。

学生：……

教师：在县工农兵苏维埃政府的基础上，还有边界工农兵苏维埃政府。而你们所提到的"人民当家做主"的家，在当时指的是什么？

学生：农村根据地。

教师："跑来跑去是不行的"，我们要在根据地养精蓄锐、发展武装，进而向外发展，走一条符合国情的中国式的革命道路。

教师：随着毛泽东带领部队在井冈山站稳脚跟，在湘粤赣边一带坚持游击战的朱德带领部队，于1928年4月同毛泽东领导的部队胜利会师，随后，井冈山经验得到推广。

【问题】观察《1929—1932年农村革命根据地形势示意图》，分析农村革命根据地的特点，并概括这些革命根据地同井冈山革命根据地的相同点。

教师：随着农村革命根据地的广泛建立，中国共产党于1931年在赣南闽西革命根据地建立了中华苏维埃临时中央政府，正式建立了同南京国民政府相对峙的政权。

♨ 案例分析

课堂上，针对革命力量发展到30万这一问题，学生质疑：随着部队数量的壮大，根据地是否可以容纳？游击战如何开展？建立同国民政府对峙的政权后，是否有实力同国民政府进行较量？面对课堂新生成的问题，可以鼓励学生及时进行合作探究来加以解决，教师在此时主要起到组织、总结的作用。

学生：军队数量增多后，根据地能否容纳？

教师：我们的根据地数量与面积也同时在增长。

学生：共产党擅长打游击战，但是军队数量多了怎么打游击？

教师：数量并没有增多到可以同敌人展开阵地战的程度，我们仍需要坚持符合我们实际的游击战。虽然我们在政治上建立了同国民政府对峙的政权，但在军事上，我们还没有足够的实力与之抗衡。

教师：中国共产党经历南昌起义、秋收起义受挫后，说明城市中心的道路不符合中国国情，在中国走不通。随后，毛泽东带领部队开辟了井冈山革命根据地，在根据地进行土地革命、武装斗争和根据地的政治、经济建设，成功地为中国革命探索出了一条农村包围城市的革命道路。

随着红军数量的不断壮大，革命根据地数量的不断增多，一直将共产党视为心腹之患的蒋介石，从1930年到1934年，对农村革命根据地进行了五次反革命"围剿"。

【问题】这是国民党对中央革命根据地的五次"围剿"双方兵力对比,从下表中我们可以获取那些有效信息?

中央苏区五次反"围剿"敌我力量对比

次　序	国民党军队	中共中央军队	军事指导思想
第一次(1930.11—1931.1)	10多万	4万多	诱敌深入 集中兵力 以逸待劳 敌退我追……
第二次(1931.2—1931.5)	20万	3万多	
第三次(1931.7—1931.9)	30万	3万多	
第四次(1932.12—1933.1)	30多万	7万多	
第五次(1933.10—1934.10)	50万	8万多	御敌于国门之外 不丧失寸土……

1931年11月初召开的中央苏区党组织第一次代表大会,对根据地、军事问题、土地革命路线展开了争论,不点名地对毛泽东进行了批判。会议决定设立中央革命军事委员会,取消了红一方面军总司令和总政委、总前委书记的名义,以此把毛泽东排除在中央苏区红军领导地位之外。

——罗平汉《党史细节》

【问题】材料说明了什么问题?毛泽东被排除出中央苏区红军领导层的时间是哪一年,在这之后的反"围剿"斗争结果如何?

教师讲授:毛泽东被排除出中央苏区红军领导层后,在第四次反"围剿"中,周恩来等领导人继续应用了毛泽东的军事指导思想,取得了第四次反"围剿"的胜利,而第五次反"围剿",在博古、李德的指挥之下,应用了错误的指导方针,导致第五次反"围剿"失败。在第五次反"围剿"失败后,中央红军被迫实行战略转移,开始长征。

【问题】根据你在《中国工农红军长征路线图》上获取的信息,简要描述一下红军的这次长征过程。(可提示学生观察地图,红军长征的起点在哪里?途经多少省份?参与长征的有哪些红军部队?绿色的小图标是什么,都在哪里有?)

教师总结、补充:蒋介石在中央革命根据地周围设置了四道封锁线,对中国共产党领导的红军围追堵截。冲破四道封锁线后,中央红军与中央机关人员从8.6万人锐减到3万余人,中国革命再次转入低潮。1935年1月,红军长征到达遵义,中国共产党在这里召开了政治局扩大会议。

【问题】结合第五次反"围剿"失利及长征初期损失惨重等背景思考,这次会议主要是为了解决什么问题?如何解决的?依据材料,结合所学,说明为什么说遵义会议是中国共产党由幼稚走向成熟的标志?

看一个党是否成熟,还要看它能否独立自主地解决本国革命的实际问题。……共产国际曾给予我们党和中国革命不少有益的帮助;但是,毋庸讳言,共产国际的许多错误指导,也曾使中国革命受到严重损失。事实证明,依靠远离各国的国际指挥中心来发号施令,很难适合各国革命的具体实际。长征途中,我们党与共产国际的电台联系中断了。中国革命的许多实际问题，只有靠中国同志自己来解决。

——《遵义会议——伟大的转折》

教师：遵义会议后，红军继续长征。毛泽东有一篇著名的《七律·长征》，请一位朗诵好的同学读给大家。

【问题】毛泽东在这首诗中提到了哪些长征途中的重大事件？请结合课本上的地图，找出这些事件发生的地方。

【问题】历时两年的长征结束了，这张图片描述的是长征途中的中共领导人，我们看到了他们脸上洋溢着的豪迈的笑容，长征真的如毛泽东诗篇中所描述的这样轻松愉悦吗？

真实的长征是这个样子的：红军长征途中，几乎平均每天就有一次遭遇战，长征路上，红军只休息了 44 天，平均走 182.5 公里才休整一次，日平均行军 37 公里，共爬过 18 条山脉，其中 5 条终年积雪，渡过 24 条河流，经过 11 个省，通过 6 个不同少数民族地区。红一方面军从瑞金出发时 86 000 人，到陕北时仅剩 6 500 人，平均每行进 1 公里就有三四个红军战士献出生命。

【问题】长征过程中，红军战士的哪些品质感染了你？你能从红军战士身上学到什么？学过这课后，你将以一种什么样的姿态面对你的高中生涯乃至今后的人生？

我们也可以看看在外国人的眼中，长征是什么样子的：

英国著名的蒙哥马利元帅评价长征是"一次体现出坚韧不拔精神的惊人业绩"。

美国著名作家索尔兹伯里在《长征——闻所未闻的故事》中写道："我想，长征将成为人类坚定无畏的丰碑，永远流传于世。阅读长征的故事将使人们再次认识到，人类的精神一旦唤起，其威力是无穷无尽的。"

案例分析

在实际操作过程中，由于之前课堂新生成的问题给了学生充分的讨论时间，在最后总结长征精神的过程中，将外国人眼中的长征这部分内容临时删去，应用更精简的材料感悟长征精神，对学生进行爱国主义教育，实操效果更加理想。

2. 课堂总结

回顾十年历史，面对着国民党的捕杀与围剿，中国共产党人在南昌起义后有了独立领导的人民军队；在八七会议后有了革命前进的方向；在秋收起义后，建立了井冈山革命根据地，有了自己的农村革命根据地；在中华苏维埃临时中央政府成立后，有了同国民党对峙的红色政权；在遵义会议后，有了转折。中国共产党十年间逐渐地由

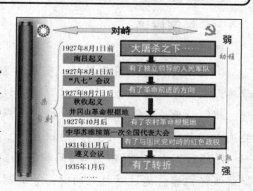

弱变强，由幼稚走向成熟。

教师：1936年的冬天，在陕北，毛泽东写下了这首著名的《沁园春·雪》，结尾是这样的：俱往矣，数风流人物，还看今朝。

> **案例分析**
>
> 　　学生对这首诗非常熟悉，在通过小结领悟了本节课的主题后，学生自发地、非常豪迈地将这首诗的最后三句朗诵出来。这节课最重要的目标达成了。

✳ 案例探究

您认为此案例中教师是如何准确把握课程标准要求的？

_____

_____

您认为此案例中弹性教学方案的设计和实施体现在哪里？

_____

_____

您从此案例中得到的启发：

_____

_____

_____

案例 2

✳ 案例说明

　　本案例出自日坛中学柳春梅老师讲授的岳麓版高中历史选修教材《历史上的重大改革回眸》第1课《梭伦改革》。

✳ 案例描述

教学目标预设：

　　①通过对历史地图的解读，明确希腊地理范围、城邦的特点、城邦出现的政体类型、雅典民主制等重要概念。通过对雅典等级结构和居民身份地位的解读，明确公民群体的概念，理解雅典民主是公民民主，梭伦改革的背景是公民内部的矛盾，梭伦以中庸思想解决公民内部矛盾，扩大平民参政的权利。

　　②通过对补充的《解负令》的材料的解读，引导学生逐层解析材料，对重点词语阐释，提炼概括内容。通过对补充的财产等级制的表格材料，引导学生纵向、横向分别解读信息，

提炼要点，得出结论。

③通过核心问题及相关问题链的设计，层层递进，突出重点，突破难点。

④通过梭伦临危受命，站在雅典城邦的立场，从稳定社会秩序、缓和矛盾等角度进行一系列改革，在改革过程中，把雅典引向民主政治，虽然并没有完全解决社会矛盾，被迫出走。但雅典沿着梭伦改革的道路继续前行，为克里斯提尼和伯里克利改革奠定了基础，认识顺应时代潮流的改革是推动社会进步的动力，改革者的社会责任感、使命感、创新精神是人类文明进程中宝贵的精神财富。

教学内容设计：

梭伦改革的背景：

①希腊城邦的特点是什么？希腊城邦出现过哪些政体形式？

②雅典贵族政治的统治危机主要表现有哪些？

③公元前8—前6世纪雅典城邦的社会阶级结构？

④平民与贵族的矛盾是怎样形成的？

梭伦改革的内容：

①梭伦改革怎样保障公民群体的稳定性？怎样重构国家权力分配原则？

②实行民主的机构有哪些？其职责是什么？民主怎样运作？生活在梭伦时代的公民怎样参与国家管理，行使民主权利？

梭伦改革的评价：

①怎样理解梭伦改革的特点？

②什么是民主？为什么说梭伦改革把雅典引向民主政治？

教学过程实施：

导入：出示《古代希腊地图》，学生从地图中理解希腊、希腊城邦、雅典等地理概念。

教师：公元前8—前6世纪雅典进入城邦的繁荣期，雅典城邦的特点是什么？

学生：小国寡民，各邦独立自治。

教师：希腊城邦创立了君主制、贵族制、寡头制、僭主制、民主制等政体形式。其中雅典的民主制给后世民主提供了宝贵经验。什么是民主？

学生：人民主权，主权在民。

教师：民，是指公民，即公民民主。为什么说梭伦改革把雅典引向民主政治？

1. 梭伦改革的背景

阅读雅典等级结构和居民身份地位结构图，理解公民的组成。

教师：雅典贵族和平民构成公民，雅典民主是公民民主，公民和外邦人等组成自由民，占居民大多数的奴隶不属于自由民。

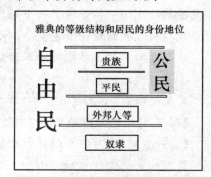

学生：在必修1雅典民主制的内容中，公民指祖籍本邦的成年男子，那妇女是不是公民？

教师：公民家庭中的妇女是公民的母亲或妻子，拥有不完整的公民权，也就是公民家庭的妇女有一定的公民权，她们不去开公民大会，在家庭中对一些问题上会发表自己看法，影响丈夫或儿子对问题的看法。

> **案例分析**
>
> 　　做雅典等级结构和居民身份地位结构图的本意是：明确公民的概念，区分公民、居民的概念，对理解梭伦改革的背景是公民内部的矛盾、梭伦改革把雅典引向民主政治有帮助。在实施中学生生成了妇女是不是公民的问题，岳麓版教材《历史上重大改革回眸》的本课内容在楷体字中这样表述：出身于公民家庭的妇女拥有不完整的公民权。教师及时引导学生回到教材，加上自己的理解，做了以上回答。

　　材料1：雅典执政官多达9人，到公元前683年改为一年一任，雅典的贵族政治达其顶峰……九执政之制对国家政治的垄断无孔不入，他们包揽官职、自定法律、在政治上压迫平民群众。经济上则通过高利贷、土地兼并和债务奴隶制使贫苦的农民、手工业者破产流离，甚至卖儿卖女、无以为生……公元前7世纪末，不满的平民群众已准备铤而走险，武装起义一触即发。

　　　　　　　　　　　　　　　　——吴于廑、齐世荣《世界史·古代史编》上卷

　　【设问1】依据材料分析，雅典贵族政治的统治危机主要有哪些表现？

　　【设计意图】通过分析材料理解梭伦改革的背景。

　　师生互动解读材料：贵族对国家政治的垄断，政治上：贵族占据了首席执政官等重要职位，还把持了作为最高决策机关和审判机关的长老会议（战神山议事会）。长老会议有权选举和制裁执政官，议员为终身任职，执政官卸任后自动成为议员。公民大会虽然名义上是最高权力机关，但没有实际权力。经济上则通过高利贷、土地兼并和债务奴隶制盘剥平民，农民抵押土地的借债碑在雅典四周比比皆是，失去土地的农民愤愤不平，贵族政治面临严重危机。

　　"这时候雅典的政治完全是贵族寡头的统治，在民众眼中，宪法上最残酷最苛虐的部分就是他们的奴隶地位。"

　　　　　　　　　　　　　　　　　　　　　　　　——亚里士多德《雅典政制》

　　一位古希腊历史学家这样描述雅典："贫富不均的程度已甚为严重，这个城市已真正到了危险的境地……似乎除了一个高压力量外，并无其他方式可以解除这种困扰。"

　　用材料过渡到梭伦临危受命，以立法者和仲裁者身份上台执政。

　　教师及时归纳小结梭伦改革的背景，加深历史理解。

　　①贵族政治的危机：贵族垄断政权，平民与贵族的矛盾激化。

　　②梭伦执政（公元前594年）对梭伦生平解读。

　　【设问2】梭伦的诗歌反映了他怎样的政治理想？

　　【设计意图】通过分析材料，理解梭伦的政治主张，加深对于改革特点的理解。

　　诗歌一　你们这些财物山积、丰衣足食而且有余的人，应当抑制你们贪婪的心情，压

制它，使它平静。

诗歌二　我给予民众足够的好处，而毫不削减也不增加他们的权利。对于那些具有实力，并且利用自己的财富施展实力的人，我也不使他们受到丝毫损失。我始终站在他们中间，用有力的盾牌遮挡着两边，不让任何一方不公正地压倒另一方。

诗歌三　我制定法律，无分贵贱，一视同仁。

学生：诗歌一，节制贵族的贪欲，结束贫富分化的现象。

学生：诗歌二，反映了梭伦改革主张人人平等、保障所有人的利益。

学生：诗歌三，反映了梭伦改革主张法治，法律面前人人平等。

⚜ **案例分析**

对诗歌一和诗歌三学生能够把握梭伦改革的政治主张，对诗歌二的政治主张，预想学生很难上升到中庸这样的高度，所以设计教师读材料，希望通过对重点词语的强调达成目标。在实施中学生只能理解到：诗歌二，反映了梭伦主张人人平等、保障所有公民的利益。教师只好步步引导，提出中庸的理念。中庸是梭伦改革的重要特点，理解诗歌中提出的改革理念对理解梭伦改革措施至关重要。因此教师引导提出中庸的理念，梭伦站在国家管理者的立场上，以仲裁者身份调停贵族与平民的矛盾，稳定社会秩序。

---

2. 梭伦改革的内容和作用

(1)颁布《解负令》

梭伦改革的第一项重大措施是颁布《解负令》，即解除债务及由于负债而遭受的奴役。根据这个法令，平民所欠公私债务一律废除，雅典公民沦为债奴者一律解放，同时永远禁止放债时以债务人的人身担保，也就是在公民中取消债务奴隶制。不仅国内因负债被奴役的公民立即获得自由，国家还负责赎回那些被卖到国外的人。

——吴于廑、齐世荣《世界史·古代史编》上卷

【设问3】依据材料概括《解负令》的主要内容，分析其对社会发展的影响。

【设计意图】指导学生分层解读《解负令》，一方面通过史料实证，做到论从史出，另一方面，训练学生逐层解读提炼信息，得出结论，加深历史理解。

学生：①解除债务及由于负债而遭受的奴役(总的说)；②平民所欠公私债务一律废除(废除以前的债务)；③雅典公民沦为债奴者一律解放(以前的债务奴隶废除)；④在公民中取消债务奴隶制(以后不能用人身担保)；⑤国家还负责赎回那些被卖到国外的人(解放以前的债务奴隶)。

及时归纳小结，加深历史理解：

措施：颁布《解负令》，废除债务和债务奴隶制。

作用：稳定雅典社会秩序，保障公民群体的稳定性，为民主政治提供了前提。

（2）依据财产等级，确定公民权利和义务

梭伦制定的四大财产等级及其权利分配（依据岳麓版教材阅读与思考内容整理）：

等级名称	财产标准	享受的权利	应尽的义务
第一等级 500斗级	年收入达500麦斗以上	可任一切官职	提供骑兵，自备军械、军装和马匹
第二等级 骑士级	年收入300~500麦斗	享有除执政官以外的各级职官的选举和任职资格	提供骑兵，自备军械、军装和马匹
第三等级 双牛级	年收入200~300麦斗	享有除执政官以外的各级职官的选举和任职资格	提供重装步兵，自备军械、军装
第四等级 雇工级	年收入200麦斗以下	有选举权，但不能担任官职，可参加公民大会、陪审员参与司法活动	充当轻装步兵和一般水手

注：麦斗：古希腊计量单位，1麦斗约合52升。

【设问4】从材料中能提炼哪些信息？

【设计意图】学生在教师指导下提炼信息，归纳要点。训练从表格类提炼信息的方法和概括历史信息的能力。

师生互动分析提取信息，纵向分析：等级划分的标准是什么？（按财产，按土地收入计算财产，随着工商业的发展，工商业的收入也计算在内。）

教师：以前划分等级的标准是什么？

学生：是出身。现在按财产。不同等级享受的权利不同，财产等级越高，享受的权利越多。

教师：第三列还能提炼那些信息？

学生：第四等级平民也能参与国家管理，拥有选举权。

教师：第四等级只有选举权，没有被选举权，公民享受的权利分为选举权和被选举权。等级越高，享受的权利越多，应尽的义务越多。

教师：横向分析：同一等级享受的权利和应尽的义务相同，不同等级享有不同的权利和应尽的义务。等级越高，享受的权利越多，应尽的义务越多。这就是公民，享有权利、承担应尽义务、享有尊严。这里有一个问题，第四等级的公民只有选举权，没有担任国家公职的权利，他们会不会觉得受到歧视？

学生：不会，因为他们有选举权，可以参加公民大会和陪审法庭。

学生：公民享有的权利和承担的义务相匹配，权利少承担的国家义务也少，相对公平。

教师：同学们分析得有一定道理，权利与义务相匹配，这就是公民。在梭伦时代，公职人员没有薪金，参与公共事务，担任公职需要一定的经济基础。等级低、享受权利少的平民承担的义务也少，这是对平民参政的照顾。

✎案例分析

为什么要提问"第四等级的公民只有选举权，没有担任国家公职的权利，他们会不会觉得受到歧视"？第一是想对学生进行公民权利和义务素养的教育，强调公民在享受权利的同时应对国家尽相应的义务。第二加深对梭伦改革特点公平的理解，雅典是小国寡民的公民国家，在国家危急时刻公民自备武器出征保卫城邦是公民的责任。等级高的人应尽的军事义务也多。第三为理解伯利克里废除担任高级职官的财产资格限制和公职津贴制做铺垫。

教师：财产等级制对雅典社会产生了怎样的影响？

学生：财产等级制打破了贵族独揽政权的积弊，为平民参政开辟了道路。

及时归纳小结，加深历史理解。

措施：依据财产等级，确定公民权利和义务。

作用：打破贵族的世袭特权，为平民参政开辟了道路。

(3) 改革国家政权机构

公民大会从原先的形同虚设逐渐恢复了作为城邦最高权力机关的威严，是雅典公民讨论战争、媾和及选举等重大事务的场所。所有公民都是大会成员，都有参加讨论发言和投票表决之权，它实行的是直接民主制，即所有公民都直接参加掌握国家最高权力的公民大会。

四百人议事会，由最初的四部落各选100人组成，除第四等级外，其他公民都可当选，为公民大会拟定议程、提出议案，成为公民大会的常设机构等。

公民法庭是雅典最高司法机关，各级公民都可通过抽签任职，审案时从投票方式做出判决，打破了贵族垄断司法的积弊。

教师：阅读材料，指出公民大会、四百人议事会、公民法庭的职责。

【设计意图】归纳四百人议事会、公民法庭的成员产生的方式，理解梭伦改革是怎样体现人民主权、轮番而治的。

教师解读：公民大会成为最高权力机关，所有公民都可以直接参加公民大会，讨论国家重大事务；创立两个新机构——四百人议事会和公民法庭。四百人议事会是公民大会的常设机构，负责为公民大会拟定议程，提出议案等，按四个血缘部落各选100人，保留了血缘贵族的一些特权。

作用：赋予平民直接参加管理国家事务的权利，为平民参政提供平台，为民主政治提供了制度保障。

学生活动设计：生活在梭伦时代的公民怎样参与国家管理，行使民主权利？（指出公民有四个等级，可以任选一个等级叙述。）

【设计意图】训练学生阐释历史的能力。

学生解读，示例一：第四等级的公民，可以参加公民大会，可以参加公民法庭。

> **✋ 案例分析**
>
> 学生在表述时出现的问题是，只说公民可以参加哪些机构，忽略了这些机构的职能，说半句话，不能史论结合。对此老师及时引导：公民行使民主权利应从公民参加什么机构、这个机构的职能是什么的角度完整表述。引导这名学生再次完整表述：第四等级的公民可以参加公民大会，参与国家重大事务的决策；通过抽签选举的方式成为公民法庭的陪审员，通过投票参与案件的审理。为了强化学生阐释历史事件的能力，再请学生从其他等级公民的角度阐释，强化历史阐释能力训练。

学生解读，示例二：第一等级的公民可以担任执政官，管理国家事务；可以参加公民大会，参与国家重大事务的决策；可以通过抽签选举的方式成为四百人议事会成员，为公民大会提出议案；通过抽签选举的方式成为公民法庭的陪审员，通过投票参与案件的审理。

学生提出疑问：老师，刚才是从公民的政治权利角度分析的公民权利和义务，公民还有经济和军事权利。在讲《解负令》时提到国家负责赎回卖到外邦的债务奴隶，国家经济怎样管理？民主制不像君主制或贵族制那样，一个人或少数人说了算，民主制是一帮公民共同管理国家，那经济怎么管呢？

教师：废除了债务奴隶制，平民经济条件有好转，刚才财产等级制提到公民在战争时自备武器和装备保卫国家，前两个等级都要武装骑兵，第四等级充当轻装步兵和一般水手。同时为发展经济，梭伦还颁布了奖励工商业的法规，促进经济发展。

> **✋ 案例分析**
>
> 这是典型的课堂生成问题，在教学设计时没有此问题，学生把君主制、贵族制、民主制的概念及政治权利、经济权利、军事权利联系起来，说明学生对这节内容有了一定的独立思考，教师给予初步解答，课后则继续思考并与学生进行交流。如财产等级制就是根据公民的财产划分政治权利，公民的义务主要是军事义务，这样公民的政治、经济、军事权利与义务是相匹配的，加深了对财产等级制的理解。

(4) 奖励工商业的发展

第四项改革措施是颁布促进工商业的法规，例如奖励国外技工迁居雅典，对携眷移民给予公民权；雅典公民必须让儿子学一门手艺，否则儿子可拒绝赡养其父；禁止除橄榄油以外的其他粮食出口；对度量衡和币制进行改革，使雅典更好地开展对外贸易。

——吴于廑、齐世荣《世界史·古代史编》上卷

分析促进工商业的法规对社会发展的影响：促进社会经济的发展。

【设计意图】对教材内容进行整合补充，更好地理解梭伦改革促进了社会经济发展。

措施：颁布促进工商业的法规。

作用：促进雅典社会经济的发展。

对梭伦改革的具体措施和影响进行小结、列出内容，学生说出作用。

措施	作用
颁布解负令，废除债务和债务奴隶制	
依据财产等级，确定公民权利和义务	
改革国家政权机构： 使公民大会成为国家最高权力机关 创立两个新机构——四百人议事会、公民法庭	
颁布促进工商业的法规。	

【设计意图】梭伦改革的措施和作用是推理的过程，也是史论结合的过程，整体归纳概括，利于学生形成知识结构，加深历史理解，在叙述过程中训练历史阐释能力。

3. 评价梭伦改革(分析梭伦改革对雅典民主政治建设的影响)

①为雅典民主政治奠定了基础。(为什么梭伦改革把雅典引向民主政治？引导学生从保障公民群体，打破贵族的世袭特权，为平民参政开辟道路、提供平台等角度去理解阐释。)

②梭伦改革的特点：节制、中庸、法治。

③局限性：平民参政受财产制约，贵族保留一定特权。

> ⊗案例分析
>
> 　　对梭伦改革的评价，重点是对本节教学难点"为什么说梭伦改革把雅典引向民主政治"的理解，原教学设计是让学生理解表述，在实施过程中由于时间关系，老师调整教学方法，引导学生从保障公民群体，打破贵族的世袭特权，为平民参政开辟道路、提供平台等角度去理解阐释，实现教学目标。

4. 课堂小结

【设计意图】用图示法，建立框架结构和知识间的内在联系，对整节课内容进行提升。

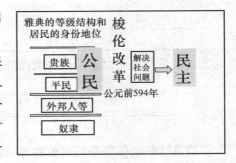

教师总结：梭伦面对雅典公民内部平民与贵族的矛盾，以仲裁者身份，站在国家管理者立场，采取措施，稳定社会秩序，发展社会经济，缓和社会矛盾，在改革过程中，保障了公民群体，打击了贵族特权，给平民参政开辟了道路、提供了参政的平台，因而把雅典引向民主政治。

结束语：

如亚里士多德所言："最为公正的政体，应该不偏于少数，不偏于多数，而以全体公民利益为依归。"古典时期的雅典城邦正是以立法和制度来调适贫富差距，防止极贫极富，从而有效保障了公民集体的稳定与发展，实现政治民主、文化繁荣，形成古典盛世的历史局面。

——解光云《古典时期雅典城邦对贫富差距的制度调适》

✳ 案例探究

您认为此案例中教师是如何准确把握假设设计思路的？

_____

_____

您认为此案例中教师化解"节外生枝"问题，对学生进行适时情感教育，从而控制课堂教学走向的奥妙是：

_____

_____

您从此案例中得到的启发：

_____

_____

_____

（二）"准确把握内容走向"的综合实践

①请选择一节自己最满意的控制课堂教学走向的课，写出教学实录。

_____

_____

_____

②根据课堂实录找出课堂教学内容和教学过程对教学设计作出的调整。

_____

_____

_____

③尝试分析这些调整的内容取向和价值取向。

_____

_____

_____

④请总结归纳值得今后借鉴的规律性的做法。

_____

_____

_____

⑤在这堂最满意的课中，您在控制课堂教学内容走向方面有待进一步提高的地方。

_____

_____

_____

（三）细化"准确把握内容走向"的结果指标

在前面详细解读本能力要点的三个层级在历史学科中的具体操作要求后，进行如表 7-3 所示结果指标的提炼：

表 7-3　"准确把握内容走向"能力要点的结果指标

维度	能力要点	针对中学历史青年教师的主要结果指标
课堂控制	准确把握内容走向	1. 能够准确把握课标要求，形成完整的教学设计 2. 能够依据教学设计思路授课，教学内容清楚无误，达成教学目标 3. 能够通过多种途径获取教学反馈信息，并及时对信息进行分析反馈 4. 能够积极引导并尝试科学、灵活处理课堂生成问题

名家谈

读书无疑者须有疑，有疑者却要无疑，到这里方是长进。

——朱熹

教之而不受，虽强告知无益。譬之以水投石，比不纳也，今夫石田虽水润沃，其干可立待者，以其不纳故也。

——张载

课堂教学要给学生自主学习的空间，将"预设"和"生成"结合起来，好的课堂效果也只有在师生互动中才能生成。

——沈大安

从生命的高度用动态生成的观点看课堂教学。

——叶澜

如果他没有教育机智，他就不可能成为真正优秀的教学实践者。

——乌申斯基

优秀的教学将不是为教师寻找更好的教学方法，而是给学生去建构更好的机会。

——西蒙·派珀特

教育不能创造什么，但它能启发儿童创造力以从事于创造工作。

——陶行知

专题八　反思评价改进教学

1. 能够明确"反思评价改进教学"这一标准中的重要名词在历史学科中的具体内涵；

2. 能够有效理解、内化并实际运用各层级结果性指标的具体操作要求；

3. 能够从教学案例中汲取所需营养，有效提升自身的相关能力水平。

一、先期思考与实践

您认为教学评价是指：

_____

_____

_____

您如何认识"反思评价改进教学"？

_____

_____

_____

您日常教学实践中对于教学评价的反思是如何进行的？

_____

_____

_____

_____

您可以先尝试撰写一份教学评价的反思。

二、"反思评价改进教学"的检核标准解读

《北京市朝阳区教师教学基本能力检核标准》对"反思评价改进教学"的检核标准如表 8-1 所示。

表 8-1 "反思评价改进教学"的检核标准

合 格	良 好	优 秀
能够进行自我反思，并根据自己的反思及时改进教学实施	能够积累并根据自我反思和他人教学评价内容，调整、改进教学方案，完成教学任务	能够科学、合理地分析各类反思、评价内容，并进行理论提升，对教学提出系统的改进方案，完善教学任务或教学体系

下面就相关概念及结果性指标进行解读

（一）名词解读

1. 教学评价

"教学评价"一词在我国中学历史教学界出现于 20 世纪 80 年代。20 世纪 50—70 年代，通常称为"听课评课"，其任务更多地侧重于"课程管理"范畴，用于检查教师的教学行为是否达标，达到什么水平，其目的是监督、规范和指导。20 世纪 80 年代，"教学评价"或称"教学评估"一词被人们广泛运用，其评价标准强调了学生学习的主体性、能力和效果。

教学评价是教育教学活动中的一项重要内容，是一种动态的价值判断过程。一般是先制定出相关的价值标准，然后进行教育测量或者采用其他方法，全面、准确地收集资料，

根据制定的价值标准判断所收集资料的价值，最后依据有价值的资料做出相应的价值判断。

教学评价的内涵随着时代的发展而发展，各个时期研究者对它的认识及侧重点不尽相同。现代教育教学从多个角度对教学评价进行了研究，概括地讲，主要包括广义与狭义两个方面。从广义的角度看，教学评价可以包括学校教学管理，教师的教学工作、课堂教学、教学方法、教学模式与内容、教学资源的利用与开发，以及学生的学业成就、一般智能发展、个性发展、思想品德状况等方面的内容。从狭义的角度看，教学评价一般只包括教师教学、学生学习评价两个方面。

狭义的教学评价一般包括学生的学业评价和教师的"教业"评价。教师的"教业"评价是根据一定的标准对教师的教学活动所进行的价值判断。在现有的教学评价中强调的是对历史"课堂教学"的评价，而非对历史教师教学和教育的整体评价。

2. 教学评价的类型

(1)按评价的功能分类，教学评价可以分为诊断性评价、形成性评价和总结性评价

①诊断性评价。

这种评价多指教学前评价或前置评价。一般是在某项活动开始之前，为使计划更有效地实施而进行的评价。通过诊断性评价，可以了解学习的准备情况，也可以了解学生学习困难的原因，由此决定对学生的适当对待。诊断性评价的主要用途有三个方面：一是检查学生的学习准备程度。评价常在教学前，如某课程或某单元开始前进行测验，可以帮助教师了解学生在教学开始时已具备的知识、技能程度和发展水平。二是确定对学生的适当安置。通过安置性诊断测验，教师可以对学生学习上的个别差异有较深入的了解，在此基础上经过合理调整使教学更好地适应学生的多样化学习需要。三是辨别造成学生学习困难的原因。在教学过程中进行的阶段性评价，主要是用来确定学生学习中的困难及其成因的。

②形成性评价。

形成性评价是指在教学活动过程中，评价教学活动本身的效果，用以调节教学活动过程，保证教学目标顺利实现而进行的评价。形成性评价的目的在于了解被评价者在活动中形成或获得了哪些品质、知识和技能，还存在什么问题，总结经验教训，及时改进工作过程。形成性评价，又称"及时评价"，整个评价工作处于动态之中。如在教学中，当每一单元或一个章节学习告一段落时，进行一次测验，以检查学生学习的进展情况，调整和改进整个教学工作，对学生进行及时指导，以帮助学生完全达到预期学习目标。

③总结性评价。

这种评价又称事后评价。泰勒对其定义为："这是在一项教育活动或一门学科教学、一个学年结束时所进行的评价，其目的是评价这一活动或这一学科，在这一学年达到预定目的的程度；或者是为了评价一种方案的总体效益。"总结性评价一般是在教学活动告一段落时为把握最终的活动成果而进行的评价。例如学期末或学年末各门学科的考核、考试，目的是验明学生的学习是否达到了各科教学目标的要求。总结性评价注重的是教与学的结果，借此对被评价者所取得的成绩做出全面鉴定，区分等级，对整个教学方案的有效性做出评定。

这三类教学评价之间既有联系又有区别，主要可以从评价实施的时间、评价的目的及评价的方法等方面进行分析。

（2）按评价的主体分类，教学评价可以分为自我评价、他人评价

传统的课堂教学评价的主体一般是教师本人、专家、教研员等。新课程改革以来，课堂教学评价也突出学生的主体地位，让学生参与到课堂教学评价中来。教师在实施课堂教学评价时，应注意不能局限于以教师为主体的评价，还要鼓励学生、家长、其他学科教师等多种主体参与到课堂评价中。

以学生为主的多主体评价有利于推动学生主体意识的发展。一方面，学生进行自我评价能够促进学生的自我审视和反思，从而更清楚地认识到自己的优势和不足，提高学生学习的动机和兴趣；另一方面，多主体评价可从不同的角度提供有关学生学习和发展状况的信息，有助于学生更全面地认识自我。

多主体评价对于教师的发展也是有利的。管理者、同事、学生及其家长都是教师教学工作共同体中的一员，他们从不同角度和立场来观察和评价教学活动，使教师不断调整自己的教学行为，提高教学质量。

3. 历史课堂教学评价

历史课堂教学评价属于形成性评价，是一种对历史教学过程的评价，关注学生在课堂学习中的进步状况和存在的问题，目的在于促进学生的发展。它是评价者依据一定的教学目标和标准，运用可行的评价手段，对课堂教学过程中的诸要素进行价值判断，以求及时对课堂中出现的问题进行反馈、诊断、反思和改进，从而促进被评价者的自我完善和课堂教学价值不断提升的过程。根据评价主体的不同，历史课堂教学评价可分为教师评价、学生评价以及作为评价对象之外的其他主体参与评价过程。根据评价的方式不同，评价的种类也有很多。

新课程改革以来，历史教学评价呈现出一些新进展和特点：重视发展性评价，以质性评价模式取代量化评价模式，评定的功能由侧重甄别转向发展，重视评定中的个性化发展方式，强调评定问题的真实性、情景性。历史教学评价朝着主体多元化、方法多样化及结果人性化的方向发展。具体来看包括：

第一，在学生历史知识的学习方面，由以前重视三大任务的完成转变为落实知识与能力、过程与方式、情感态度与价值观三维目标。课程标准从记忆、理解、运用三个层次，对学生学习的结果用清晰的行为动词进行了描述。其中知识目标一般使用"知道""了解""简述""概述""列举"等行为动词；能力目标一般使用"解释""分析""评价""设计""制作""编演"等行为动词；情感态度与价值观目标一般使用"增强""激发""理解""欣赏""体会"等行为动词。与历史教学大纲相比，历史课程标准的行为主体已经由教师变为学生，学习及评价目标的表述也显示出层层递进的关系，而且操作性更强。

第二，建立过程性历史教学评价体系。过程性历史教学评价体系具有这样一些特征：一是评价时间贯穿于整个历史教与学的始终，比如对学生的学业评价应该在学生的每个学习阶段不断地进行。这样，评价可以使我们综合考虑偶尔出现的分数过高或过低的现象，

从而更真实地展示学生的学习情况。二是教师和学生在评价中应该积极地参与并自创评估工具和方法，比如学生在学习过程中也可以自行命制试题等。三是评价的功能只在于促进学生的全面发展，而非功利的学业选拔和淘汰，评价应对学生人格形成与发展带来积极的影响。

4. 课堂教学评价的内容

课堂教学评价内容，即评价的对象，解决的是"评课评什么"的问题。这是评价标准的确立的事实依据。归纳起来主要有以下几类。

一是评价教师的教。即关注教师"教什么"和"怎么教"。着重评价教师教学目标的确定、教学思想和教学态度、对教学内容的处理、教学方法的运用以及教学语言、教态、板书等教师的基本功。评价的目的是客观地判定教师课堂教学水平以及不同的教学方法和内容所产生的教学效果，以提供教学反馈信息，改进教学，促进教改，提高教学质量。它着眼于教师，把改进和提高教师的课堂教学能力、促进教师发展作为最终目的。与此相对应的课堂教学评价标准是以教论教的课堂教学评价标准。其特征是强调教师的教，以教师教的效果来评价课堂教学效果。这种评价标准致使在课堂教学中教师的主导作用过大，教师占据了课堂的绝大部分时间，成了课堂中的绝对主角。

二是评价学生的学。在新课程改革背景下，课堂教学评价开始关注学生的学，关注学生的参与状态、思维状态和生成状态。主要是看学生的参与是否广泛，思维是否积极，学习习惯是否养成，学习活动是否有效，学生的精神是否愉悦等。与此相对应的课堂教学评价标准是以学论教的课堂教学评价标准。这种评价标准强调以学生在课堂学习中呈现的状态为参照，评价课堂教学质量，认为评价课堂教学的根本标准应是学生能否在课堂教学中进行有效的学习。

三是评价整个教学活动过程。有人提出，在具体的教学活动中，不能把其中的某一因素作为评价对象，而应该把各个因素在课堂教学中的共同表现形式——课堂教学过程作为评价的对象。课堂教学评价应该是对课堂教学全过程及其效果做出评价。与此相对应的课堂教学评价标准是整体性课堂教学评价标准。这种评价标准以心理学为理论基础，由认知系统、策略系统和动力系统构成。但其评价目的还是使学生能更容易、更好地学习学科知识，学科知识仍然是整体性课堂教学评价标准关注的轴心。

5. 教学反思

教学反思主要是指教师在进行教学实践活动的基础上，以提高教学效果和促进学生的全面发展为目的，以在教学活动中出现的各种问题为研究对象，反思自己在教学实践中存在的问题与不足，在进行理性的审视和分析之后主动改进教学实践。

6. 中学历史教学反思

教学反思是一种深层次的思维活动。中学历史教学反思具有以下特点：

（1）实践性

教学反思以课堂教学实践为起点，又以指导课堂教学实践为归宿，是一种特殊的思维活动。教师以自己具体的教学活动为思考对象，对在教学实践过程中构成师生活动的各个要素进行深入认真的观察分析，发现教学设计方案与课堂教学实践中存在的差距，分析产生差距的原因，并调整自己的教学设计方案，然后将反思的成果运用于以后的教学实践，以提高教学质量。

（2）问题性

爱因斯坦曾经说过："提出问题往往比解决问题更重要，因为解决问题也许仅仅是一个数学上或实验上的技能而已。而提出新的问题、新的可能性，从新的角度去看旧的问题，都需要有创造性的想象力，而且标志着科学的真正进步。"教学反思始于问题，所以中学历史教师应具有较强的问题意识，具有质疑和批判的精神，进而进行全方位多角度的教学反思。

（3）探究性

在教学反思过程中，教师全方位地深入思考自己的教学行为，通过思考发现问题并探究解决问题的方法。教师的探究行为贯穿于教学始终，如教学前、教学中、教学后都可能遇到问题，都需要教师的持久的探究。因此，"探究性是反思的基本特征之一。它就是说，反思不仅仅'回忆'或'回顾'已有的心理活动，而且要找到其中的'问题'以及'答案'"。

（4）群体性

在教学反思中，仅有自我分析是不够的，因为任何依靠自我力量进行的汇报和反思都具有局限性。所以，中学历史教师不仅要对自己的教学行为进行自我反思，还应主动与其他人进行交流，教师需要具有合作交流意识，比如，师生之间的亲切交流，生生之间的真情互动，同事之间的坦诚沟通，与社会大环境的对话，等等，借助于群体的智慧提升自己的反思水平。

美国心理学家波斯纳（P. J. Posner）认为：没有反思的经验是狭隘的经验，至多只能是肤浅的知识。他提出了"成长＝经验＋反思"的教师成长公式，同时指出："如果一个教师仅仅满足于获得经验而不对经验进行深入的思考，那么，即使有 20 年的教学经验，也许只是一年工作的 20 次重复；除非善于从经验反思中吸取教训，否则就不可能有什么改进。"由此可见，反思对教师改进自己的工作有独特作用，是教师自我发展的必备条件。

（二）对结果指标的解读及实践能力认知

课堂教学是学校教育的生命线，是完成学校教育任务的最基本的途径，历史课堂教学评价是教学工作中一个不可缺少的基本环节，是提高教学质量的重要手段。历史教师作为新课程实施的直接参与者，对课堂教学过程有着最深刻的了解和体会，是历史课堂教学评价实施过程中关键的影响因素。建立起基于课程标准的历史课堂教学评价体系，就是要让教师能够根据历史课程标准对课堂教学开展评价，进行有效的、与课程标准协调一致的教学，达到提高教学质量、促进学生发展的目的。

通过科学的评价体系进行系统的教学反思，形成对教学进行改进的意见并实施，是教师切实提高历史教学水平的必经之路。

1. 合格要求

◆能够进行自我反思

（1）操作要求

Ⅰ能够在教学准备和教学实施过程中形成自我评价的材料。

Ⅱ能够在教学实施结束后，通过对教学实施流程和课堂生成的效果进行自我评价，形成反思的材料。

Ⅲ能够将教学过程与教学设计相对照，形成自我反思的材料。

（2）说明与分析

从教学的基本流程出发，将历史教学反思分为以下两种：

①教学实践中的反思。

教学实践中的反思是指教师在教学实践中当即反思自己的行为和观念，包括对课堂的预期规划与组织、教案的准备、学生的水平与实践需求、师生情感的建立、课堂上师生的对话与问题讨论、多媒体的运用等，它将直接关系到课堂教学的成功与否，反映"教"与"学"的效果。

在教学实践中当即反思自己的教学预设不仅需要教师具备敏锐的教学思维和丰富的教学经验，更需要厚积薄发的专业素养和强烈的反思意识。因为课堂是充满"变数"的场所，总是会出现一些超出教师预设的突发性事件，对于这些事件，教师首先必须迅速作出判断。如果学生的提问对教学的顺利推进和学生的发展有意义，那么教师就应该适时抓住这一可遇而不可求的"火花"，及时调整自己的教学进程，收获这意想不到的"效果"。教师要对课堂的变化和学生的反馈做出准确判断并果断处理，及时调整自己的原设计方案，生成新问题、新兴奋点、新课堂。在教学中进行反思，不仅能保证教学高质量、高效率地进行，并有助于提高教师的教学调控和应变能力。

教师在历史教学中应积极捕捉课堂中的各种信息，及时反思、调控历史教学内容、方法、进程；针对学生的情绪、情感，反思自己在教学中是否有平等公正的品质、豁达的胸怀、鼓励意识等。

②教学实践后的反思。

教学实践后的反思是指教师在课后对整个课堂教学行为进行思考，对教学效果进行价值判断，发现问题和困难，力求找到解决问题的方案，努力提高教师的归纳、总结和评价能力。

教师在课后通常会思考：这节课是怎样进行的？我的教学行为能引起学生的注意和兴趣吗？学生的表现和反应如何？是否穿插了学习方法的教学？是否达到了预期的教学目标？我是如何调控课堂气氛的？是否发生了意外的情况，我是如何处理的？哪些环节没有按预设的教学计划进行？如果再次教这一节课内容，我会做怎样的修改？等等。这样的反思具有批判性，让教师能够认识到这些经历的意义，甚至能将教学经验上升到理论层面，有助于教师的专业发展和成长，使以后的教学更加完美。

◆根据自己的反思及时改进教学实施

（1）操作要求

Ⅰ整合教学不同阶段的反思内容。

Ⅱ形成对教学过程的改进设计。

Ⅲ在教学过程中实施教学改进措施。

(2)说明与分析

从形成反思到具体教学实施环节的改进，中间是一个从认识到实践的过程。

首先，整合、归纳自我反思的材料。在教学准备、实施以及实施结束后形成的教学反思可能是零散的、感性的，需要通过教师系统地梳理和归纳，将自我反思完整化和理性化。例如，教师在教学中感觉课堂气氛沉闷，无法调动学生参与的积极性。这样的反思是现象化的，需要通过对教学设计以及教学实施中环境、语言、情绪等因素进行深入的回顾，从而形成对"课堂气氛沉闷"这一现象的理性反思。

其次，整合归纳反思是一个找到问题症结的过程，思考解决问题的有效途径则是通过反思改进教学的必由之路。考虑对教学过程的改进不应仅仅局限于对教学过程本身的行为、语言、动作等方面的调整，对教学过程中发生的问题更加应该着眼于教学设计以及教学准备环节的分析。

最后，在调整后的教学实施过程中，依然要注重对教学过程和生成效果的反思，一方面反馈教学调整的有效性，另一方面关注在教学调整中出现的新问题或新效果，形成对教学的新反思。

案例 1

�֎ 案例说明

本案例节选自北京工业大学附属中学邱菊老师讲授的北京市义务教育课程改革实验教材《历史》第1册第24课《金与南宋的对峙》。

✷ 案例描述

小结部分的教学设计：

以思维导图的形式呈现本节课的知识脉络，为了加深学生的印象，让学生将重要的知识内容填入相应的位置。

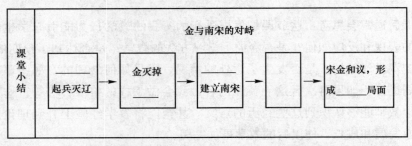

课堂生成效果，绝大部分学生填写正确。

教学反思：

我意识到这样的设计对于学生来说就相当于单纯的知识填空，对于他们从整体上来把握本课内容、形成知识脉络没有太大的作用。

改进课堂教学：

在下一个班上课时我做了较大的调整，将其变为"请你用图示的方法总结本课的内容，要表现出辽、金与宋之间的相互关系，"由学生在独立思考的基础上，依据对学习内容的理解自己动手绘制。我预设学生的图示就是我原来的思维导图，但学生设计的图示大大超出了我的预设，许多学生的表现也超出我对他们的认知。学生展现在我面前的是极有个性、创造性的图示（见下图），不仅仅是从历史发展的脉络——事实性知识、概念性知识、方法性知识上理解本课内容，更融入了他们的价值判断——价值性知识，而且图示的历史线索非常顺畅明了，展现的价值性知识具有高度的概括性和较强的表达能力，如对战争发生原因的理解，对宋金战与和过程的表述，对宋金对峙影响的认识，等等，角度也各不相同。

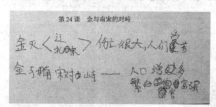
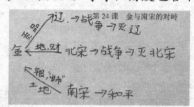

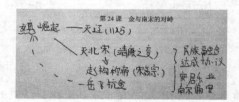

调整后的反思：

在进行了前后两节课小结部分的调整后，本课知识更为直观地展现在了学生面前，并由学生总结而成，更为生动和多元地体现了历史事物本身。从本课的教学实践中，我体会到了聂幼犁教授所说的"历史教育的本质与特点首先在于历史本身的观察力、洞察力、感染力、震撼力，是耳濡目染、润物无声、大象无形"。这也提醒我要更多地关注学生的思维过程，在课堂上给学生展示自己学习特点和学习成果的时间和空间，让学生对历史有更多的，不仅是感性的，更是理性的认识和价值判断。

案例 2

❋ 案例说明

本案例节选自垂杨柳中学陈峰梅老师讲授的北京市义务教育课程改革实验教材《历史》七年级上册第21课《中国古代的四大发明》。

❋ 案例描述

教学设计：

在中国古代的印刷术部分的教学中，我将不同时期的内容进行了整合，最初是从印刷术发明前知识的传播主要依靠手抄入手，学生联系自己记笔记的经验思考手抄的缺点。

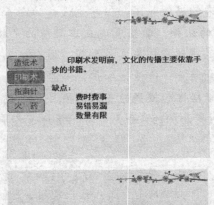

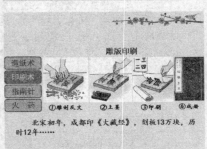

后来人们从印章和拓印刻石中获得了灵感，发明了雕版印刷术，我设计了以下几个问题：你们知道现存世界上最早的、有确切日期的雕版印刷品是什么？出现于什么时间？雕版印刷的基本流程是怎样的？请看图示并结合所示材料思考雕版印刷术的优、缺点。后来古人在印刷术上又有何创新？与雕版印刷相比，毕昇的活字印刷术"新"在哪里？有何优点？其中雕版、活字两种印刷术的比较是重点。

反思评价：

这种传统的对话式讲授及互动虽能基本达成教学目标，但总觉得还不够。应更进一步思考以下问题：如何进一步地调动学生的学习兴趣；如何创设符合教学内容要求的情境，更直观地帮助学生建构两种印刷术之间的比较和联系；如何在教学过程中通过问题一步步引导学生加深对所学内容的理解。

教学改进：

如上两图，我采取了请学生动手复原雕版印刷和活字印刷的印刷过程。

改进后反思：

如此一来，学生不仅了解了雕版印刷和活字印刷的基本流程，理解了雕版印刷术的优缺点及活字印刷术的创新和进步，还更直观地明白了什么是阳文、阴文、反文，在整个过程中，学生学习的热情和课堂专注度很高，收到了良好的效果。

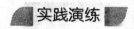 **实践演练**

请您以该项标准的诸项具体操作要求为依据进行实践演练：

_____

_____

2. 良好要求

◆能够积累自我反思和他人教学评价内容

（1）操作要求

Ⅰ积累自我评价的材料。

Ⅱ建立有效的交流渠道或方式，进行充分的评价交流。

（2）说明与分析

①教师自评材料的积累。

教师对自我历史教学质量的评价有助于增强教师的主人翁意识及鼓励教师积极参与评价过程，使教师历史教学评价的过程成为一个连续的自我改造、自我教育的过程。教师历史教学自我评价材料不完全等同于自我反思的材料。

除了教师通过自己对教学设计、教学实施的感受形成理性的反思之外，通过与他人的对比来评价自己也是自评材料的重要部分。同一节课在不同教师的不同教学设计、不同教学实施以及不同授课对象等因素的影响下会产生不同的效果。因此，对于教学的自我评价可以来自观摩其他教师对同一节课教学后，教师的自我感受和思考。以第三方观察的角度观摩课堂，注意观察和分析其他教师在教学设计以及实施过程中与自己的相同和不同点，思考其教学效果，有助于教师更加客观地认识自身教学的优势与劣势，丰富和发展自我反思的内容。其实，教学方式和方法在很大程度上是相通的，与他人的比较不仅仅局限于同一节课的比较，观摩其他教师的不同内容的教学过程，也可能会给自己本课教学带来启发。

②关于他人评价材料的积累。

教师历史教学设计的对象包括学生、同行、其他学科教师以及家长等社会相关人士。学生的考试成绩是教师历史教学评价的一种表现形式，可作为他人评价材料的一种，但不应是唯一的评价材料。基于评价主体的多样化，评价的途径也是多种的：

第一，学生评价。学生是教师历史教学的直接体验者，因此理应成为其评价的主要参与者。通过学生对教师历史教学的评价，可以反映教师在学生心中的地位、威信及受欢迎程度，尤其可以反映出教师的教学态度、教学方法、教学内容、教学进度等是否符合学生的身心发展水平。事实上，学生评价教师历史教学不仅方便，而且在统计的意义上具有较大的稳定性。研究也表明，学生评价这一方法既花费不大且有相当的信度，它的信度范围通常在 0.8～0.9。

学生评价教师历史教学需要开发出具体实在、切实可行的评价工具，这既是重点又是难点，目前有研究者提出"供学生评价用的基本指标"，其内容包括：教师提问富有启发性、激励学生思维方面；教学思路；用普通话教学和授课语言表达方面；授课通俗易懂和重点突出方面；授课时的答疑和质疑方面；作业量合适和认真批改方面；学生听懂和掌握的程度；学生对与课程内容相关问题探究欲望的程度。这些指标可作为学生评价的角度，但并不一定局限于已有的评价指标，教师可以根据不同的学生情况，增删评价内容。另外，学生评价教师教学可以通过"调查问卷"或"座谈会"的具体途径来实现。

※ 案例说明

本案例摘自朱汉国、郑林主编的《新编历史教学论》（华东师范大学出版社，2008 年 6 月出版）。

※ 案例描述

学生学习情况调查表

学科		讲授内容	
任课教师		填表人	
填表时间			

1. 你对本堂课教师所讲的内容：全懂；不全懂；全不懂
2. 你认为本堂课教师讲授的内容：太多；合适；太少
3. 本堂课教师在授新课前是否简单复习了旧的知识：是；否
4. 你认为本堂课教师布置的作业：太多；合适；太少
5. 你对本堂课教学内容的兴趣：原来有兴趣，课后仍然有兴趣；原来无兴趣，课后有兴趣；原来无兴趣，课后仍然无兴趣

第二，同行评价。一般来说，同行评价比较切合实际，这是因为同行评价既是相互评价的过程，又是相互学习的过程。从理论上说，在各种评价信息源中，同行评价的信度和效度较高。这是因为同为历史教师，较为熟悉历史教学的基本情况、工作和发展方向，评价失真度小。评价是一种形成性评价。它建立在经常性的听课、课堂观察和分析反馈的基础上，对教师是长期的关注和观察，对教师的评价是动态的、客观的，增强了有效性和权威性。同行评价在教师历史教学质量评价中有很大的潜在价值，而且对在历史教师中创造一种专业发展的气氛也有很重要的意义。

✳ 案例说明

本案例摘自北京市东方德才学校张泓老师《新航路开辟与早期殖民扩张之二》一课的教师评课记录。本课与我校王新蕊老师执教的《新航路开辟与早期殖民扩张之一》构成了对"新航路开辟与早期殖民扩张"这一部分知识的前后两课时。

✳ 案例描述

在《新航路开辟与早期殖民扩张之二》一课教学实施结束后，我对各位听课老师的评价进行了收集和归纳整理，如下：

1. 两节课的衔接

两节课衔接非常自然流畅，配合默契，王新蕊老师复习新航路开辟部分，张泓老师则侧重复习新航路开辟的影响，两节课相得益彰，体现本次研究课的研究特点。（王兴）

本节的导入和结束语所用材料太经典了，"导入"把学生带入情景，教师的过渡语："从材料中我们看到了一个志得意满的西班牙，同时我们也看到欧洲航海大舞台上崛起的另两个国家荷兰和英国。"过渡到荷兰和英国的殖民扩张。（柳春梅）

尽管由两位不同的老师共同完成一个完整课题，但设计巧妙，衔接自然，由浅入深，由具体形象到理性分析，体现集体备课的有效性。（冯北慧）

第二节课开头导入语的设计很好地实现了与上一节的对接。（孙寅）

2. 对教材的处理和挖掘

两位教师都注重教材的使用和挖掘，为学生复习提供可靠的依据和复习思路，王新蕊老师侧重对教材基础知识的挖掘，而张泓老师则侧重对学生能力的培养和学习思路的拓宽，更有深度，两位教师各具特色。（王兴）

充分挖掘教材提供的信息，在使用教材方面引导学生划分层次、找重点词语，教师的重点放在对重点词语的解读上。印象最深的是"社会上层需要增加收入，以购买更多的奢侈品"，教师设问"社会上层购买更多的奢侈品"说明了什么？引发学生思考，联系文艺复兴人文主义的内涵进行解读，使学生对新航路开辟的时代背景有更宏观的认识。在教材的处理上，对荷兰的殖民扩张用的是有层次的设问，牵着学生的思维，一步步进行逻辑推理。（柳春梅）

突出高三复习的扎实、到位、有效性。从教材的使用到回答问题的规范，都体现老师平时教学的严谨性。将习题与复习内容的有机结合，更是提高了复习课的时效性。（冯北慧）

在讲新航路的背景时，逐条分析，深挖教材，注重与中国史（元朝、马可波罗、四大发明）、世界史相关部分（人文主义思想）的有机联系。整合教材、补充教材（价格革命）处理、分析材料的结果落实到教材中。立足教材，高于教材。划分教材层次，找重点词语，既掌握史实，又锻炼了处理教材（可当作材料）的能力。（杨庆红）

③建立有效的交流渠道或方式。

就自己的评价意见与他人建立有效的交流渠道或方式，实现充分的评价交流的方式有多种：

第一，撰写教学反思日记。教学反思日记是一种个人教学评价的归纳和积累，其内容可以包括：教学中的成功或不足、教学中的灵感闪光点、教学中学生的感受，等等。长期这样积累下来，对于中学教师无疑是一笔非常宝贵的财富。

撰写教学反思日记对于教师自身的发展是极为有利的：这有助于总结经验和不足，促进教师学科知识的积累；有助于及时发现和记录课堂教学的精彩环节；有助于教师对经验和不足进行深入分析并上升到理论的层面，实现知识经验的升华。

第二，通过同事间相互观摩课堂教学、教学研讨和集体备课等形式开展评价交流。与同事进行交流，请同事观摩自己的教学，描述并记录所观察到的教学情境，然后对教学情况加以分析，授课教师可以将观摩者和自己对同一问题的认识和理解进行对比，重构和扩展自己的实践理论。交流中，观摩者对自己的教学状况从不同角度、不同层面提供参考意见，为教学行为的改进提供多种选择和启示，这种方法对教师弥补自己教学的缺陷，提炼、丰富、升华自己的教学理论和教学经验是极其有利的。同事之间的互相观摩促使每一位教师接触到不同的教学方式和不同的教学风格，从同事的教学中吸取可以直接或间接采用的经验，这就为反思自己的教学提供了条件。

定期进行教学研讨和集体备课，同一年级的教师集中在一起，根据特定的教学内容提出各自教学活动中的问题和困惑，集思广益，讨论解决办法，也是一种重要的反思方法。通过交流，教师可以对教育教学活动中出现的问题形成正确的认识，找到恰当的解决方案，提升自己的教学理念。教研是必不可少的活动，但是要取得预期的效果，需要学校和教研室管理者的组织和支持，营造一种真诚、开放、相互信任的研讨氛围，促进教师之间真诚的交流与协作。

第三，案例研究。通过对一些具有真实性、典型性、价值性的教学案例与同行、专家等进行相互交流、探讨，反思自己的教学活动，发现问题，察觉自己与其他教师的差距或不同之处，在内心产生强烈的改进自身教学行为、提高教学水平的愿望。通过对其他教师教育教学行为的模仿、学习，吸取他们的教学长处和优秀品质，不断改进自己的教学行为，提高教学水平，结合自己的教学实际，形成自己个性的教学风格。

◆能够根据自我反思和他人教学评价内容，调整、改进教学方案，完成教学任务

（1）操作要求

Ⅰ分析自我反思和他人评价内容。

Ⅱ综合对反思和评价材料的分析，对教学方案进行修改。

Ⅲ在教学过程中合理地实施教学改进措施。

（2）说明与分析

①客观分析反思和他人评价。

无论是自我反思还是他人的教学评价，应该说都是人的评价，不可避免地带有一定的

主观性。因此不应以某一方面的评价作为修改教学方案的唯一依据，尽可能多方面借鉴、多角度吸取意见，方是对教学方案进行修改的前提和依据。例如，学生是教学活动的主体，对其在课堂上或课后体现出的评价应予以充分的重视，但是作为未成年人，学生的评价相对感性，以生成性的鲜活问题为主。对于学生的反馈与评价，教师应理性分析，寻找学生评价中有利于开展教学活动的因素，因势利导；也要关注其评价中不利于或偏离教学活动开展的因素，积极给予纠正或引导。

②综合对反思和评价材料的分析，对教学方案进行修改。

不同评价主体对教学所持立场不同，每种评价主体都有其在评价教学活动中的角色与作用，既要关注其评价反馈中需要汲取的因素和意见，也要根据教师自身的教学实际，综合考虑各方面的评价意见，对教学方案进行调整。

案例 4

❋ 案例说明

本案例摘自山东师范大学尹同雪硕士论文《论中学历史教师的教学反思》，文中案例节选自山东省寿光现代中学李丽老师《戊戌变法》一课。

❋ 案例描述

寿光现代中学李丽老师在讲到康有为把资产阶级政治学说与中国儒家思想相结合来宣传维新思想，并在其代表作《新学伪经考》和《孔子改制考》中借助于孔子来抨击封建主义，是具有资产阶级软弱性的表现时，有一位学生马上插嘴反对，认为这正是康有为的勇敢与机智的体现。学生的这一做法显得对老师不尊重，这一说法也不符合老师在备课时的思路：突出康有为等人的软弱性从而引导学生得出维新变法失败的根本原因。李老师当时有些恼怒，课堂气氛马上沉重起来。意识到自己的失态后，李老师马上肯定学生思维的灵活，修改原有的教学进程，建议同学们针对这一话题展开讨论。同学们顿时活跃起来，七嘴八舌，谈出了许多看法。李老师乘机建议同学们针对"康有为借儒家思想宣传维新变法思想是软弱的表现，还是勇敢机智的表现"这一主题在课外搜集资料写一篇小论文。这节课的教学任务虽没有完成，但没有抹杀学生的智慧与思维，反而激发了学生的探究意识、求异思维和对历史的洞察力。

在这个案例中，教师在遇到教学生成性的问题时，通过对自身情绪的反思，进行了教学调整。在这个调整过程中，教师考虑到了评价主体——学生在教学活动中的主体地位，并且考虑了"康有为将儒家思想与西方政治思想相结合，是资产阶级软弱性的表现"这一结论以学生的已有知识很难立即理解，因此，调整了教学方案：通过讨论，在学生思想碰撞中了解学生思考问题的角度，并进行一定的引导。

案例 5

※ 案例说明

本案例摘自对外经济贸易大学附属中学李彤老师讲授的高中历史岳麓版必修2第14课《交通与通讯的变化》。

※ 案例描述

通过同组老师听试讲后的反馈，归纳存在的主要问题是：①投影片数量过多(28张)，导致材料分析解读不够深入，重点不够突出。通过反思，教师删除了航空、邮政等5张投影片，更加突出对近代交通中铁路、轮船运输和通讯中——电报业等重点知识的学习与指导。②文字过多、信息量过大。经过对材料的进一步筛选，精减材料，突出了重点材料的解读(如下图)。

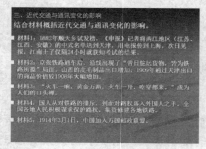
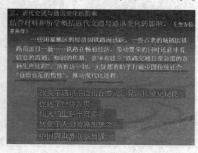

调整后　　　　　　　　　　　　　　调整前

反思：①本课内容有大量照片类史料，直观生动，容易激发学生的学习兴趣。然而通过老师们的评课，我发现过多的图片冲淡了本课的主体，且作为一节高中学段的课，理性分析应更加突出。②过大篇幅的文字阅读对于高一年级的学生而言，容易对课堂失去兴趣。且信息量过多，对于初学者而言，容易在分析材料时顾此失彼，反而影响通过材料分析训练思维能力的效果。

通过反思与修改，本课的重点更加突出，文字和地图、表格等材料的呈现方式多样，突出了历史学科对学生时空观的培养、材料信息获取与解读能力的提升，取得了良好的教学效果。

实践演练

请您以该项标准的诸项具体操作要求为依据进行实际演练：

_____

_____

_____

3. 优秀要求

◆能够科学、合理地分析各类反思、评价内容，并进行理论提升，对教学提出系统的改进方案，完善教学任务或教学体系

（1）操作要求

Ⅰ加强教学理论的学习和研究，提高对分析结果的理论思考。

Ⅱ依据教学理论指导教学改进方案的设计。

（2）说明与分析

注意教学理论的学习，可以提高中学历史教师对教学反思内容的认识，从而形成对整体教学内容的系统性反思，并能够从多个层面提出改进方案。系统的教学反思应包括以下几方面内容：

①对教学理念的反思。

教学理念是教师进行课堂教学的指导思想，对教师的教学行为起着统率作用。教学理念的正确与否是教师专业化的重要标志。有什么样的教学理念就会有什么样的教学行为，所以，教师的教学反思应该首先从教学理念的反思入手，通过教学反思变革自己传统的教学理念，接受新的教育理念，才能进一步变革自己的教学方法、教学手段等。

第一，对教师角色的反思。现代的教学观认为，教师是教学活动的组织者、设计者、指导者、参与者和评判者。教师作为组织者，就是通过组织活动、创设情境、探究问题等方式让学生自主、积极地去发现和领悟需要掌握的知识，教师必须具备驾驭课堂的能力。作为设计者，教师必须把课程内容转化为贴近学生已有知识的、更具有探索性和开放性的教学问题，建构起开放的、生成的、充满生命力的对话式教学体系。作为指导者，教师要有运筹帷幄决胜千里的智慧和超越时空再现历史的学识，揭示知识的建构过程，指引学生去发现规律、利用规律，实现学生的自主发展。作为参与者，教师要经常和学生一起把握知识的本质特征、探索知识之间的关系和内在规律、构建知识的系统结构等。作为评判者，教师必须通过学生对认识结果进行表达、交流、展示和修正，引导他们对自己结论的正确性做出分析和论证。评判不仅应该可信地指明学习上的不足，而且应该指出补正的道路。

第二，对学生观的反思。在当今新课程改革的形势下，应该树立新的、科学的学生观。

首先，学生是处于发展过程中的不成熟的人。尤其是高中学生，在思想、情感、为人处世的方式都是非常独特的，我们不能完全用成人的标准来要求、约束他们。他们需要成人的关怀教育，我们要善待他们，要宽容他们的缺点，允许他们犯错误，用教师的一颗爱心和耐心去温暖和感化他们。学生是可教的、可能的、有潜力的，需要我们教师用培养的观点去对待，促进学生的长足发展。

其次，学生是学习的主体。在新课程理念下，教师必须把课堂还给学生，把学习的主动权交给学生。加拿大教育家保·罗弗莱雷有一个重要观点，"没有对话就没有交流，没有对话就没有教育"，课堂就应该成为一个对话的场所，我们的教育就是为学生提供"对话"的条件、机会和空间，让他们在对话中实现有效的学习。教师在自主探究学习过程中扮演好自己的角色，吸引学生根据自己的兴趣、爱好去主动发现、积极探索，成为学生学习的引

导者、组织者、促进者。

再次，学生是有个体差异的人。每个学生都有自己的兴趣、需要、性格、气质和思维特质等方面的个体差异。在教学中必须充分考虑学生的差异，提倡个性化教学。多元智能理论指出，每个人的智慧类型不一样，他们的思考方式和学习方式也不一样。当特定的教学方法与特定的学生个体差异相结合，做到教与学的紧密联系时，学生的发展是显著的。

②对教学目标的反思。

教学目标"具有指导与选择教学策略的功能，也是评价教学活动是否具有实际效果的一项重要指标"。对教学目标的反思是教师进行教学反思的重要内容。反思教学目标定位是否科学，应该注意以下两个问题：

第一，是否关注了学生的现状、需求和差异。教学中的一切问题都是为学生的学习服务的，那么教学目标的定位必须从学生的已有知识与经验出发，并能满足学生进一步成长的需要。学生是发展中的个体。马斯洛指出，潜能是指个体未来可能发展的内在能力。潜能不仅仅"将要是"或"可能是"，而且它们现在就存在着，也就是说学生具有学习的内在潜能，教师既要相信学生潜能的存在，又要预测其学习这部分知识会遇到哪些困惑和障碍，还要设计帮助学生解决这些障碍的方法和对策，根据学生的现状和对学生潜能的预测设计教学目标，以求更具目的性和针对性。

教学目标的确立还要尊重学生的个体差异。学生存在个体差异是个不争的事实，其表现形式有多种，如认知方式上的差异、性格的差异、思维能力的差异等。教师只有准确、全面地认识和尊重学生的个体差异，科学合理地将教学目标层次化、具体化才能促进每个学生的进步和成长。

第二，设计教学目标是否具有科学性。三维课程目标应是一个整体，三个方面互相联系、融为一体。在实际教学中要利用三维目标的有机统一关系，形成既促进学生发展又保证教学的有效性的内在机制，促进学生的全面发展。

▰▰ 案例 6

❋ 案例说明

本案例摘自对外经济贸易大学附属中学李彤老师讲授的高中历史岳麓版必修 2 第 14 课《交通与通讯的变化》。

❋ 案例描述

通过试讲，在组里老师的共同帮助下，反思教学，做出调整与改进：

首先是在教学目标的设计与表述上进行了修改与调整（如下表所示），原文表这只强调了课堂学生的学习过程，比较笼统，学习效果要求不明确。修改后对学生学习的目标要求更加清晰明确，具有可操作性。

教学目标(知识与能力、过程与方法、情感态度与价值观)	修改前	2.过程与方法 通过对相关历史资料的研习,学生探讨交通与通讯变化发展的原因和特点,理解这种变化对中国近代社会的影响
	修改后	2.过程与方法 学生通过研习相关历史资料,能够简要说明交通与通讯变化发展的原因和特点,理解这种变化对中国近代社会的影响

③对教学方式的反思。

第一,对教学情境创设的反思。

在中学课程改革不断深入和发展的今天,情境教学正在被越来越多的一线教师关注和使用。历史学科以其独有的特点——丰富性、久远性,可以使教师运用各种手段设置丰富多彩的情境,吸引学生的注意力,使历史课堂活起来。但在使课堂教学活起来的同时,情境教学也存在很多问题。比如,情境材料设置过多,材料提供信息太乱;只图热闹,没有内涵;忽视重点,造成结构比例失调;学生饰演角色混乱,教学效果不佳;教师变相地"一言堂",学生主体性丧失,等等。

第二,对问题教学的反思。

古人云:"疑者,思之始,学之端也。"疑就是问题,它最能引起人的探究兴趣和欲望。所以,善教者,必善问。新课程提倡全新的学习方式,特别强调问题在学习中的重要性。"新课程标准要求学生具有积极主动的学习态度和独立探究获取知识的能力,养成团结协作的合作精神和积极向上的精神风貌。"因此,教师要学习和发扬"问题教学"的教学理念,变传统的以"讲"为主为今天的以"问"为主,通过以"问"促教、以"问"促学,在问中让学生迸发智慧的火花,促使学习的动态生成。需要注意的是,在一些课堂上,问题教学存在着诸如"问题泛滥化""空洞化""低效化"以及从"满堂灌"到"满堂问"现象的形式化的极端趋势。究其原因,不是问题教学的理念不好,而是教师对问题的设计缺乏有效策略,且提问不得法造成的。问题教学的关键在有效提问。有效提问可以加强师生之间的交往,激发学生的学习动机,调控教学过程。在进行问题教学的过程中需要反思以下问题:为什么提问?提什么样的问题?怎样反馈?学生在回答问题时出现困难怎么办?

案例 7

✱ 案例说明

本案例节选自朝阳外国语学校王垚老师讲授的岳麓版高中历史选修教材《历史上的重大改革回眸》第16课《中日近代改革比较》的课后反思。

✱ 案例描述

在评课环节,中国人民大学附属中学的李晓风老师在给予好评的同时,也指出了进一步提升的方向:如对中日封建社会要有所区别,中国古代不讲封建;从中日社会结构、经济制度等方面进行更为深入的探究；通过梳理日本思想文化近代化的历程，认识日本的深层问题；增加"脱亚入欧"部分的比重，避免狭隘民族主义式的仇日等。

在综合了李晓风老师、朱筱新教授等专家的建议，以及自己的思考之后，我认为本课还有一些可以进一步提升的空间，具体如下：

①可以尝试甩开以往的传统比较模式和教材材料，从中日近代改革的一些具体环节入手，进行更为深入的比较，并思考其对中日近代化的影响。如在经济领域，可以对中国的地主土地所有制和日本的领主土地所有制进行比较；在思想文化领域，可以对日本明治维新时期的"和魂洋才"与中国洋务运动时期的"中体西用"进行比较。

②可以让学生就一些他们感兴趣的中日改革比较的内容撰写小论文，在班上交流、讨论，或是在探究课上安排学生自主展示的空间，进一步激发学生的学习动机。

③可以考虑通过让学生在多媒体白板上标出关键信息，或者是老师在课件中把所用材料中的历史有效信息标出来，更好地强化学生获取和解读历史有效信息的能力。

④从教学环节的完整性来看，没有黑板板书设计是一大缺憾。

⑤从学生的课后反馈来看，一些同学反映阅读材料的时间不够充分等，我认为可以尝试把课上所用材料作为预习资料，提前下发，让学生在课上直接展示对材料的解读成果，以便更好地突出探究性学习的价值。

⑥通过观看录像，我发现在整堂课当中，有三分之一的同学没有机会回答问题，如何让更多的学生都能获得回答问题的机会，让更多的学生更有效地参与探究活动，展示他们的探究成果，这是今后我要改进的问题。

⑦在学生回答问题的过程中，教师还应该强化学法指导的力度。

通过公开课的历练，我更加明确：知识结构的条理清晰，教学时的细致规范、精益求精，授课时的论从史出，是历史教师每一节课都要尽力追求的目标。

通过这次公开课的历练，我充分认识到获取信息、归纳概括、解读分析在历史材料分析中的重要性。获取和解读历史信息的能力是历史学科的核心能力，也是调动和运用知识的重要前提。因此，在今后的教学中，我会把重点材料要有学生领读、标记重点信息等分析材料的要求，落实在具体课堂教学当中，最大限度地发挥历史材料的作用，脚踏实地地训练学生获取信息、归纳概括、结合所学解释分析的能力。

④对教学内容的反思。

教学内容是指在教学活动中为实现教学目标，师生共同作用的知识、技能、技巧、思想、观点、信念、行为习惯等的总称。对中学历史教学内容的反思包括很多方面，比如对教学内容的有效处理，突破重点及难点，教学内容的典型性、直观性、可接受性、科学性，等等。

第一，教学内容的有效处理。

教学内容的有效处理是指教学内容的选择与安排要为实现教学目标服务，尽可能与教学目标相符合，避免失真而产生偏向。首先，教学内容的有效处理以符合学生的适应和接受程度为原则，如果教学内容不为学生所接受，教学的有效度也为零。其次，要时序化、结构化、整体化、主题化地处理教材。教师在处理教学内容时，一是要将历史知识尽量结构化，因为历史学科的基本结构是知识的联结点，也是迁移能力最强的知识，这样有利于学生的学习；二是将分散的历史知识做整合化处理。从纵向角度加强模块内专题的联系，可以从整个模块和本单元的角度考虑与前后的关系，古今贯通、中西联系，力求做到居高临下。

第二，确定、突破教学重点。

确定并突破教学重点，可深化学生对教学内容的理解，在单位时间里达到最佳的教学效果。从实际操作上讲，一节课的重点是该课教学内容中最基本、最重要的部分。每一节历史课都有丰富的内容，甚至是繁多的内容。在处理这些内容时，很重要的一个方面就是要确定重点。因为一节课的教学内容不可能没有重点，面面俱到、平均用力的教学在实际上很难操作，教学效果也不好；而一节课的教学内容也不可能全是重点，全是重点实际上等于没有重点。所以，选择和确定教学重点，是教师备课和讲课时要特别关注的问题。

第三，增强历史教学内容的直观性。

增强历史教学内容的直观性主要通过教师的语言直观和使用直观教具两个方面体现出来。语言直观，是指教师在讲述历史时，具体、生动、形象，有人物的活动和历史场面的铺陈，能够通过教师的语言把历史再现出来。要做到语言的直观，需要教师尽量多掌握一些原始史料，加强文学修养，努力锤炼语言。使用直观教具也很重要，直观教具主要包括历史图画、历史地图、影音资料、诗词章句、成语典故、对联、格言、歌曲喜剧、实物模型、漫画，等等。不过，历史资料的使用是否符合历史学科的科学性原则也是值得反思的内容，不能为了增强历史教学的直观性而选取一些不可作为历史资料进行历史学习的材料进行教学使用。

案例 8

案例说明

本案例节选自东方德才学校张泓老师讲授的岳麓版高中历史必修 2《经济成长的历程》第 11 课《近代工业的艰难起步》的课后反思。

案例描述

在第一遍教学设计时，我将近代民族工业起步的两个历史进程——洋务企业和民族资本主义企业分开进行设计，在教材上分别指出代表性企业，并分别分析其背景。通过试讲，我感觉这一环节有很多重复，老师们也提出了这一环节设计的不合理之处。

反思：

洋务企业和民族资本主义企业的相同点与不同点是突破“近代民族工业”这一历史概念的重点，而这二者有许多共同点，仅仅凭借代表性企业的名称很难体现。如何能让学生更直观地入手进行分析，才能降低理解难度？

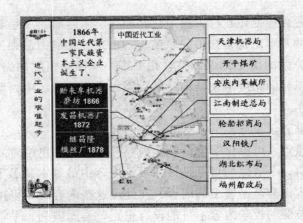

教学方案的调整：

　　我采取了地图的方式，将洋务企业与民族资本主义企业标注在同一张地图上（如右图）。这样，学生可以直观地观察到这两种企业都建立在相近甚至相同的地区。于是，联系所学可以分析出"通商口岸自然经济解体较快，客观上提供了工业生产的劳动力、市场等条件""通商口岸便利于学习外资企业"等近代民族工业诞生的共同背景，降低了学习难度。

实践演练

　　请您以该项标准的诸项具体操作要求为依据进行实际演练：

_____

_____

_____

三、对于"反思评价改进教学"能力标准的实践性把握

案例 1

❋ 案例说明

　　本案例出自北京青年政治学院附属中学彭博老师讲授的高中历史选修《中外历史人物评说》第11课《圣雄甘地》。

❋ 案例描述

教学设计：

　　岳麓版历史教材选修《中外历史人物评说》第11课《圣雄甘地》的课标要求是：①讲述甘地领导印度国民大会党进行"非暴力不合作运动"的主要事迹；②认识其在印度民族解放运

动中的历史作用。

结合课标和教材，在教学过程中，我设置了两个子目。第一个子目为"初识甘地"：简要介绍了甘地在印度的独特地位以及世人对甘地的不同评价；第二个子目为"走近甘地"：以电影《甘地传》片段和相关文字为重要媒介，重现了甘地从早年生活到英国求学、南非工作、回国斗争，再到人生结局的完整历程。纵览甘地一生，我带领学生重点了解了甘地领导的"非暴力不合作运动"及其在印度独立过程中的重要作用。

但在课堂教学完成后，我从学生眼神里看到更多的是惊讶、迷惑和不解。那一刻，我想到了尼赫鲁对甘地的评论："在他自己的人民和他最亲密的人们的眼中，他都是一个疑问和谜！我们追随着他，虽然，我们并不接受他的哲学。"尼赫鲁尚且如是说，何况我们"90后"的学生。也正是在那一刻，我产生了一个想法：让每个学生给甘地写封信，写出他们内心的看法和疑问。于是我设计了《圣雄甘地》一课的"续篇"：《对话甘地》——问题来自学生，答案来自甘地。在短短15分钟里，我们一起穿越时空，对历史人物进行了一场"超级访问"。

教学实施：

1. 课前准备

①收集"来信"（问题）。利用自习课时间，全班25名学生全部"寄"来了《给圣雄甘地的一封信》。信中提到的问题单纯而尖锐。简单归纳，有43％的同学对甘地的理念或行为表示怀疑；30％的同学明确反对；27％的同学明确认同；无论怀疑、认同还是反对，大部分学生——占到73％，都对甘地表示尊重、同情与敬佩，但与此同时，80％的同学又表示对甘地无法理解或很难理解。可以看出，学生对甘地存在一种既尊重、敬佩又无法理解的的复杂态度。

②准备回信。之后的一周，我首先把学生的问题进行了分类整理，选出了最具有代表性的6个问题。之后便如饥似渴地阅读甘地的著作，从《甘地自传》到《圣雄箴言录》，一个有血有肉的甘地逐渐浮现在我面前，尽管笼罩在他周身的那层迷雾还远未消散。终于，《圣雄甘地》的"续篇"《对话甘地》正式与学生见面了。他们兴奋而好奇地期待着这场跨越时空的对话。

2. 教学过程

我对学生们说，"对话"甘地，问题全部来自你们，答案全部来自甘地，我只是一座桥梁。甘地离开这个世界已经整整60年了，或许并不是每一个问题都能找到准确而完美的答案，但通过这场对话，我们希望能更多地理解甘地，并从中获得智慧与力量。

（过程略。）

教学反思：

1."对话"模式让学生更加关注历史智慧、关注自身成长

在与甘地的"对话"中，我真切感受到学生已超越知识本身，而更关注历史人物的智慧和人生经验，进而关注这些智慧和人生经验如何促进他们自身的成长。他们问：圣雄甘地，您会不会很郁闷？您绝望时会怎么办？

纵观甘地历经磨炼的一生，首先给学生最深刻印象的是他透彻的乐观主义。

甘地说："我永远是乐观主义者。非暴力是没有败北的。与之相对，暴力的结局是必然败北。"这句话在平静之中显露出无所畏惧的自信。

其次让学生注目的是甘地"坚持不懈地实践"。与同为非暴力主义者的托尔斯泰等人相比，甘地的行动力和行动半径很突出。他以几乎单枪匹马的努力，挡住了仇恨和报复的嗜血波涛，以个人信念为一片土地和它的人民在苦难煎熬中的重生之路带来了温润的道德色彩。

爱因斯坦说，当知识被遗忘的时候，留下来的是理念。通过对话，学生们未必完全接受甘地的理念，但至少他们感受到了甘地的乐观、坚持带给他们的强烈冲击，至少在他们的价值体系和思维方式中增加了一种选择——"非暴力"。

2."对话"模式促使学生深入思考，历史洞察力和历史使命感得到提升

在本课最初的教学设计和实践中，我按常规完成课标要求，并以5道试题的形式完成了学习评价。但学生们困惑的眼神使我对他们的情感体验产生了浓厚的兴趣。而从历史学科本身来看，对学生进行评价的内容要紧扣三大目标，即除了知识与能力、过程与方法外，还有情感态度与价值观。于是我采用了另外一种评价方式——历史习作（给历史人物写一封信），而这种形式可以更全面、客观、真实地反映学生学习过程中深层次的心理活动。

"您为什么能够为和平付出这么多？世界会真正实现和平吗？"学生们问甘地，同时也是在向历史和未来寻找答案。在追寻答案的过程中，他们开始深入思考，历史洞察力和历史使命感也得到了提升。

✲ 案例探究

您认为此案例最有价值之处体现在：

_____

_____

_____

您从此案例中得到的启发：

_____

_____

_____

_____

案例 2

✲ 案例说明

本案例出自北京工业大学附属中学张杰老师讲授的岳麓版高中历史教材必修1第20课

《俄国十月社会主义革命》一课的教学反思。

✻ 案例描述

中学历史课堂承载着用正确的人生观、价值观引导学生的责任，我设计和主讲的《俄国十月社会主义革命》这节课除了要落实与之相关的历史知识外，更要在情感、态度和价值观教育方面落实社会主义核心价值观中的平等和公正。在社会主义核心价值观中，"自由、平等、公正、法治"，是对美好社会的生动表述，也是从社会层面对社会主义核心价值观基本理念的凝练。平等和公正是全人类的共同追求，更是社会主义制度的基本原则，现在我们所走的中国特色社会主义道路，就是要保证从根本上实现平等和公正。因此，我们要努力创造以机会公平、规则公平、权利公平为主要内容的社会公平保障机制，这个公平就是平等和公正。在学习和理解社会主义核心价值观的过程中，我也一直在思考，作为中学历史教师，应该如何在历史课堂教学中践行社会主义核心价值观教育？

我在自己的研究课《俄国十月社会主义革命》的备课和反思中，发现这节课一直贯穿着社会主义核心价值观的教育，体现了俄国人民对平等和公正的不懈追求。十月革命是马克思主义理论的灵活实践，是对毫无经验可鉴的无产阶级革命道路的艰难探索。十月革命恰恰是在俄国这个资本主义虽然已经发展但生产力仍很落后、农民占人口大多数的国家发生的。这也正好说明十月革命爆发时，俄国的革命时机业已成熟，"统治的上层不能照旧统治下去了，被统治的下层不能继续生活下去了"，所以，十月革命是一种历史的选择和人民的选择，充分体现了人民群众在其中的影响力，说明人民为追求平等和公正的社会生活做出了不懈的努力和奋斗，说明是人民群众推动了历史的发展。

在本节课的设计中，我把人民的意愿和诉求作为贯穿全课的主线——人民追求平等和公正的生活。在沙俄专制统治下，布尔什维克党还处于成长期，但它充分理解了工人、农民和士兵的疾苦，通过各种措施争取民心、赢得民心。在沙俄政权被推翻、资产阶级临时政府仍然无法满足民众的要求时，布尔什维克党顺应民意，提出建立苏维埃政权，实现人民对"面包、土地、和平"的愿望，积极组织和领导了十月革命，从十月革命的快速胜利也能够看出，人民群众的力量是无穷的。在革命胜利后，布尔什维克党积极实现民愿，颁布《和平法令》和《土地法令》，建立苏维埃政权，这就是世界上第一个社会主义国家，而这个社会主义国家正是由无产阶级领导，以建立体现社会平等和公正的社会制度为目的的。我们中国的社会主义制度，把平等和公正提炼成社会主义的核心价值观，正是对全中国人民意愿的高度概括和对社会主义制度的内涵升华。本课通过设问导入："十月革命是布尔什维克党少数职业革命家精心策划的政变吗？"通过课堂学习，在最后的环节再次提出这个问题，引导学生自由发言，最后教师总结："十月革命由布尔什维克党领导，工人、士兵广泛参与，农民积极支持，以追求实现平等和公正的社会制度为目的。平等与公正是广大民众的追求，布尔什维克党理解了民众的需求，领导了民众的斗争，建立了社会主义制度。与其说是布尔什维克领导了十月革命，不如说是民众选择了代表自己意志的布尔什维主义，十月革命就这么水到渠成地发生并胜利了。"通过这些总结，价值观教育得到升华。

附：课堂教学案例实录节选

导入：

教师：请大家把书本翻到第 83 页，看《解析与探究》三段材料下面的问题，我找一名同学朗读。

学生：十月革命是布尔什维克党少数职业革命家精心策划的政变吗？

教师：什么是十月革命？布尔什维克党是怎样的党？是少数职业革命家精心策划吗？这是一场政变吗？带着这些问题，我们今天一起学习《俄国十月社会主义革命》。

1. 革命前的沙皇俄国

材料：

	1861 年	1900 年	增长
煤炭	1 800 万普特①	9.95 亿普特	55 倍
生铁	1 900 万普特	1.76 亿普特	9 倍
铁路	1 500 公里	6 万多公里	44 倍
1913 年钢产量人均比	俄国	德国	美国
	1	8	11
1913 年人均收入比	俄国	英国	美国
	1	5	7

教师：从这些材料中，你能获得哪些信息？又能推导出哪些结论？

学生：19 世纪末、20 世纪初，俄国工业发展，但相比欧美先进工业国仍然落后。俄国工业发展，说明无产阶级和资产阶级的人数在增加，人均比说明俄国人民生活水平仍然比较低。

材料：莫斯科地区工人平均工资 1916 年比 1914 年增长 84％，而同时期的物价却增长了 200％～300％，生活必需品的价格更是增长了 4～5 倍甚至更多。

教师：什么原因导致物价会在短短两年之内飞涨？带来了什么影响？

学生：第一次世界大战导致物价飞涨，导致人民生活支出增加、生活贫困、社会矛盾加剧。

材料：1 500 万人被征入伍、350 万人伤亡和被俘、300 万难民无家可归。

一名俄国将军说："他们中三分之一的人没有步枪！这些可怜的家伙在暴风雨般的榴霰弹片中耐心等待，等待着拾起倒下的同伴的步枪。"

教师：如果你是其中的一名士兵，你能形容你的心情吗？

学生：无奈、愤怒、可怜、悲哀、憋屈……

教师：这一时期，有谁敢于说出人民群众的心声呢？我们来认识一个党派——布尔什维克党。

资料介绍：

布尔什维克：俄文"多数派"的音译；萌芽于列宁于 1895 年创立的彼得堡工人阶级解放

---

① 1 普特≈16.38 千克。

斗争协会；一个新型的无产阶级政党，成立于 1903 年。

工人先锋队：列宁第一个发表宣言强烈谴责战争；部分代表捍卫人民权利而遭审判流放；在首都工人代表大会中获得多数选票。

教师：布尔什维克党因为赢得民心而被称为"工人先锋队"。

材料："我们对这个政权能否引导我们走向胜利已失去信心，因为我们所作的纠正它、改善它的所有尝试都没有成功。"

——1916 年 11 月 1 日杜马年会多数派声明

1906 年通过的《俄罗斯帝国基本法》规定：最高专制政权属于全俄皇帝，沙皇和以前一样总揽行政、军事和对外政策大权及批准法律之权。

教师：这两段材料说明了一对矛盾，你能说出来吗？

学生：沙皇专制与俄国资产阶级要求获得政治权利。

教师：工人、农民生活困苦，士兵无谓牺牲，资产阶级因无权而失望，在人民群众的不满中，一场风暴即将来临。

> ⚒教学反思
>
> 　　在第一部分"革命前的沙皇俄国"中，通过与学生共同分析材料，理解革命前工业虽有发展，但总体水平不高，人民生活依然困苦，而第一次世界大战导致俄国国内物价飞涨，人民生活更是雪上加霜，另外，大量农民和工人被征入伍，大量士兵因为缺乏武器而在战场上牺牲。人民希望过上和平而有尊严的生活，但是在沙俄政权的专制统治和战争政策下，这成为一种奢望。通过这种共同分析，学生能够理解沙俄政府已经民心尽失，而列宁领导的布尔什维克党作为无产阶级的政党，坚决捍卫人民群众的利益，在俄国参战之初就发表声明谴责战争，布尔什维克用自己的实际行动赢得了民心。这一部分通过材料分析，提高了学生的信息提取和合理的逻辑推理能力，也通过材料客观呈现了沙俄时期人民的生活状况，为其后带领学生理解人民在革命中的作用做好了铺垫。

2. 从二月革命到十月革命

教师：（介绍二月革命）从 3 月 8 日工人示威游行开始，到 3 月 15 日沙皇退位，只用了 8 天时间，充分说明人民群众在其中的作用。沙皇政府被推翻后形成两个政权并存的局面。

（介绍两个政权）

(1)二月革命——推翻沙皇

材料："采取一切措施直至调动军队镇压农民夺取地主土地的行动。"

"对工人实行八小时工作制和对生产监督的要求置之不理。"

"全体人民愿将世界大战进行到彻底胜利。"

教师：临时政府满足了人民的愿望了吗？为什么？

学生：没有，因为满足人民的这些愿望会损伤以资产阶级和一部分土地贵族为代表的临时政府的利益。（教师引导学生分析）

教师：俄国向何处去？（介绍列宁秘密回国，发表《四月提纲》）

（2）《四月提纲》——指明方向

材料："退出帝国主义战争；不要议会制共和国，而要从下到上由全国的工人、雇农和农民代表苏维埃组成的共和国；一切官员由选举产生；没收一切地主土地，国内一切土地收归国有；直接任务不是'实行'社会主义，而是立即过渡到由工人代表苏维埃监督社会的产品生产和分配。"

——列宁《四月提纲》

教师：《四月提纲》将得到哪些人的拥护？为什么？指明了什么方向？

学生：工人、农民和士兵，因为《四月提纲》明确提出要满足他们"和平、土地和工业监督"的要求，指明要过渡到社会主义革命阶段。

教师：《四月提纲》由此成为布尔什维克党的纲领。列宁所说的和平过渡能实现吗？

（3）七月流血事件——和平无望

教师：（介绍七月流血事件）七月流血事件表明，两个政府和平共处已无可能，人民群众想要实现自己的愿望，只有再进行一场革命，用暴力的革命应对暴力的镇压。于是，列宁等布尔什维克党领导人顺从民意，开始积极准备和组织武装起义。

（4）十月革命

教师：（介绍十月革命的过程，出示材料）11月8日清晨彼得格勒街头布告：临时政府已被推翻，国家政权业已转到彼得格勒工兵代表苏维埃的机关。立即提出民主的合约，废除地主土地所有制，实行工人监督生产，成立苏维埃政府，人民为之奋斗的这一切事业都有了保证。工人、士兵、农民的革命万岁！

教师：攻占冬宫标志着十月革命的胜利，为何十月革命会迅速取得胜利？

学生：精心组织、坚强领导、广大人民群众的参与。

✍教学反思

第二部分"从二月革命到十月革命"，讲述了工人、士兵与资产阶级联合进行了二月革命，推翻了沙皇专制政府，革命后的工兵苏维埃对资产阶级临时政府持支持态度，但由于临时政府的政策没有满足人民的"土地、面包、和平"的要求，最终被人民抛弃。而布尔什维克却顺应民意，列宁回到彼得格勒后就提出《四月提纲》，要求土地国有、工业监督、退出"一战"、建立工农苏维埃政权。在和平过渡无望的形势下，人民选择坚决拥护布尔什维克，进行了一场群众广泛参与的十月革命，推翻了资产阶级临时政府。这一部分在知识层面上主要是带领学生一起回顾这段历史，认清历史事件的发展变化，能区分二月革命和十月革命的不同，理解《四月提纲》的作用，知道七月流血事件对十月革命的发生产生的影响。也通过真实的历史事件说明了人民群众是历史的推动者，布尔什维克党顺应民意、顺势而为，积极进行组织和领导，最终取得革命的胜利。

3. 第一个社会主义国家的建立

(1)介绍全俄工兵代表苏维埃第二次代表大会

"一切权力归工兵代表苏维埃";《和平法令》退出战争;《土地法令》分土地。

教师：人民的愿望实现了吗？

学生：权利、和平、土地。

(2)认识苏维埃

教师：至1918年春，苏维埃体制在全国确立。

教师：让我们来认识苏维埃政体。

学生：人民民主、立法与行政统一。

教师：我们来回顾一下俄国各个阶段的名称。

(3)回扣导入

教师：到此，我们该回答最开始的问题了。十月革命是布尔什维克党少数职业革命家精心策划的政变吗？

(学生自由发言)

学生1：十月革命不是少数人的行为，而是广大人民群众的利益诉求，在战争的状态下，俄国人民希望获得生存的权利和和平的环境，沙皇政府和资产阶级临时政府都无法满足人民的要求，最终被人民抛弃。

学生2：布尔什维克党在十月革命过程中，起到了组织和领导作用，正是因为《四月提纲》指明了正确方向，获得了人民的支持，革命取得了成功。

学生3：十月革命绝对不是一场政变，而是一场名副其实的革命活动，它推翻了不能满足人民意愿的资产阶级临时政府，建立起了第一个社会主义国家，人民群众掌握了国家权力。

……

(4)谈十月革命的意义

教师：十月革命将社会主义由理论变为现实，它是人类历史上第一次取得胜利的社会主义革命。

十月革命打破了资本主义一统天下的局面，出现了社会主义与资本主义制度的共存，开创了人类文明发展的新模式，并为世界各国无产阶级和殖民地半殖民地人民展示了一条崭新的寻求解放的道路。十月革命由布尔什维克党领导，工人、士兵广泛参与，农民积极支持，以追求实现平等和公正的社会制度为目的。平等与公正是广大民众的追求，布尔什维克党理解了民众的需求，领导了民众的斗争，建立了社会主义制度。与其说是布尔什维克领导了十月革命，不如说是民众选择了代表自己意志的布尔什维主义。十月革命就这么水到渠成地发生并胜利了。

(5)结语

"充分地理解过去——我们可以弄清楚现状；深刻认识过去的意义——我们可以提示未来的意义；向后看——就是向前看。"

——赫尔岑

充分地理解十月革命，深刻认识十月革命的意义，可以为我们提示社会主义建设的意义所在。

🪔教学反思

　　第三部分"第一个社会主义国家的建立"，带领学生学习了全俄工兵代表苏维埃第二次代表大会的决议，"一切权力归工兵代表苏维埃"使广大人民获得了广泛的权利，《和平法令》退出战争，还人民以和平，而《土地法令》使农民获得对土地的支配。这充分说明布尔什维克在革命刚刚胜利时，就实现了民愿，这也是布尔什维克党对人民追求平等和公正生活的回答。之后带领学生认识苏维埃政体具有人民民主、立法与行政统一的特点，最大程度保障了人民的民主权利，从而让学生充分认识到这个新型的社会主义政治体制的特点。再其后回扣导入："十月革命是布尔什维克党少数职业革命家精心策划的政变吗？"由学生自由发言，老师进行及时的点评和引导，学生能够比较清晰地认识到以下历史事实：①十月革命不是少数人的行为，而是广大人民群众的利益诉求。在战争的状态下，俄国人民希望获得生存的权利和和平的环境，沙皇政府和资产阶级临时政府都无法满足人民的要求，最终被人民抛弃。②布尔什维克党在十月革命过程中，起到了组织和领导作用，正是因为《四月提纲》指明了正确方向，获得了人民的支持，在强有力的党的领导下，革命取得了成功。③十月革命绝对不是一场政变，而是一场名副其实的革命活动。"政变"是贬义词，它不改变国家的性质，而十月革命改变了国家性质，推翻了临时政府，建立起了第一个社会主义国家，人民群众掌握了国家权力。对于十月革命的意义，我做了总结，作为本节课的升华，在前面大量讲解和分析的基础上，既想深刻说明十月革命的意义，更想落实本节课的核心价值观教育。通过这些总结，学生能体会到，十月革命既是历史的选择，也是人民的选择。

✳ 案例探究

您认为此案例最有价值之处体现在：

_____

_____

_____

您从此案例中得到的启发：

_____

_____

_____

（二）反思"评价改进教学"能力的综合实践

①请择取自己执教的一节课撰写教学反思：

_____

_____

②尝试收集不同受众对自己一节课的评价，并撰写教学设计改进方案：

_____

_____

_____

_____

③尝试就某个教学活动或某一部分教学内容进行理论性反思：

_____

_____

_____

_____

④请将教学反思的撰写要点进行简要梳理：

_____

_____

⑤请将撰写教学反思过程中自主收集的相关学术文章和著作进行梳理：

_____

_____

_____

_____

_____

（三）细化"反思评价改进教学"能力要点的结果指标

在前面详细解读本能力要点的三个层级在历史学科中的具体操作后，进行如表 8-2 所示结果指标的提炼：

表 8-2 "反思评价改进教学"能力要点的结果指标的提炼

维度	能力要点	针对中学历史青年教师的主要结果指标
教学评价	反思评价改进教学	1. 能够在教学准备和教学实施过程中积累自我、他人评价的材料 2. 能够将自我评价与他人评价相结合，形成反思材料 3. 整合自己反思与他人评价的内容，形成对教学改进的措施和设计

名家谈

较高级复杂的劳动，是这样一种劳动力的表现，这种劳动力比较普通的劳动力需要较高的教育费用，它的生产需要花费较多的劳动时间。因此，具有较高的价值。

——马克思

世界上没有才能的人是没有的。问题在于教育者要去发现每一位学生的禀赋、兴趣、爱好和特长，为他们的表现和发展提供充分的条件和正确引导。

——苏霍姆林斯基

教育者应当深刻了解正在成长的人的心灵只有在自己整个教育生涯中不断地研究学生的心理，加深自己的心理学知识，才能够成为教育工作的真正的能手。

——苏霍姆林斯基

荣誉感是一种优良的品质，因而只有那些禀性高尚、积极向上或受过良好教育的人才具备。

——爱迪生

只有受过一种合适的教育之后，人才能成为一个人。

——夸美纽斯

教育的目的在于能让青年人毕生进行自我教育。

——哈钦斯

教育者的个性、思想信念及其精神生活的财富，是一种能激发每个受教育者检点自己、反省自己和控制自己的力量。

——苏霍姆林斯基

教育植根于爱。

——鲁迅

附录 北京市朝阳区教师教学基本能力检核标准

（试行稿）

2009 年 3 月 30 日

《北京市朝阳区教师教学基本能力检核标准》

维度	关键表现领域	能力要点	合格	良好	优秀
教学设计能力	一、教学背景分析能力	（一）正确理解教材内容	能够分析教材所涉及的基本内容，并梳理出单元知识结构框架	能够准确描述知识的纵向与横向联系，并能够将知识置于某一个知识或能力框架内进行解读	能够深入挖掘本单元知识在学生发展中的教育价值
		（二）实证分析学生情况	能够关注学生的学习基础，并分析出学生在新知识形成过程中可能遇到的困难	能够对学生的学习基础进行调研，并根据调研资料和数据分析出在新知识学习过程中可能遇到的认知困难	能够根据调研资料和数据，对学生在新知识形成过程中可能遇到的认知和情感上的困难进行理性分析
		（三）科学确定教学内容	能够根据课标要求和教材内容，确定教学重点与难点	能够根据课标要求、教材内容和学生的学习基础，确定教学重点与难点	能够根据课标要求、教材内容和学生的学习基础，整合教学内容
	二、教学目标制定能力	（一）清晰确定课时目标	能够依据教学内容和学生情况确定符合课标要求的教学目标	能够依据教材分析和学情分析确定符合课标要求的教学目标	能够依据教材分析和学情分析以及二者之间的密切联系确定符合课标要求的教学目标
		（二）科学表述三维目标	能够正确选择行为动词表述三维目标，逻辑严谨	能够恰当表述具有可操作性的三维目标	能够将三维目标进行有机整合，使其具有可测评性
	三、教学过程设计能力	（一）合理安排教学流程	能够安排符合知识逻辑的教学流程，教学重点突出，对时间安排有预设	能够安排兼顾知识逻辑和学生认知逻辑的教学流程，对时间安排的预设合理	能够安排具有开放性和生成空间的教学流程
		（二）有效设计教学活动	能够围绕教学目标设计教学活动，并能够设计对教学活动完成情况的检测方案	能够围绕教学目标设计具有连贯性的教学活动，并能够有针对性地设计对教学活动完成情况的检测方案	能够设计激发学生思维和情感的教学活动，并能够对课堂可能生成的问题设计预案
		（三）灵活选择教学策略	能够根据教学目标和内容进行板书、提问、媒体演示和评价等教学手段的设计	能够根据教学目标和内容，利用小组合作等学习方式突出教学重点、突破教学难点	能够根据教学目标和内容，设计教学策略并灵活运用各种教学手段

北京市朝阳区教师教学基本能力检核标准

维度	关键表现领域	能力要点	合格	良好	优秀
教学实施能力	一、激发动机能力	（一）营造良好的学习环境	能够营造整洁有序的教学环境，并以稳定的情绪和良好的状态进行教学	能够以稳妥的方式处理课堂中的突发事件	能够将课堂突发事件转化为教育契机
		（二）有效激发学习动机	能够运用教学技能呈现设计的教学活动，并吸引学生的注意力	能够根据课堂情况呈现设计的教学活动，并能够激发学生的学习兴趣	能够灵活根据课堂情况呈现设计的教学活动，有效激发学生持久的学习动机
	二、信息传递能力	（一）教学语言精练生动	教学语言表达清楚，语速、音量适中，并能够用体态语加强信息传递效果	能够正确运用学科术语，教学语言准确、简练	教学语言生动形象，富有感染力
		（二）板书运用熟练巧妙	板书字体端正、大小适中，有较快书写速度	板书设计有整体性，突出重点、难点和知识间的联系，逻辑层次清晰	板书能够使学生有美的感受，并伴随课堂教学进程有生成性
		（三）教学媒体恰当运用	能够根据教学目标和内容选择运用教学媒体	能够根据教学目标和内容合理选择并恰当运用教学媒体	能够根据教学目标和内容合理改进并综合运用教学媒体
	三、提问追问能力	恰当提问有效追问	能够根据教学设计适时进行课堂提问，问题本身和表述能够让学生理解，减少自问自答、是非问答、集体回答等情况	能够根据学生情况选择恰当的对象进行提问，问题经典、有一定层次性，并能够根据学生回答问题的情况进行灵活有效的追问	能够根据课堂上变化的学情及时调整提问内容和方式，重视培养学生的问题意识
	四、多向互动能力	（一）教学组织方式有效	能够根据学习需要和特定学情，组织同位交流、小组合作、全班讨论等活动	组织活动时能够掌握恰当分组、有效分工、控制时间等技能	能够调动每个学生参与活动的积极性，并对活动过程中出现的问题进行恰当处理
		（二）认真倾听及时反应	能够倾听学生的想法，与学生互动；鼓励学生大胆发言，并引导学生认真倾听同学发言	能够在倾听过程中随时与发言者交流自己的理解，促进师生互动，并系统地指导同学倾听	能够把课堂发言的评价权交给全班学生并进行适当指导，有效促进生生间的真正互动

续表

维度	关键表现领域	能力要点	合格	良好	优秀
教学实施能力	五、及时强化能力	（一）强化重点突破难点	能够运用重复、语言变化、板书强化教学重点	能够运用媒体、提问、体态语等多种方式，强化教学重点，突破教学难点	能够选择恰当时机，灵活运用多种手段，进行有效强化
		（二）强化学生积极表现	能够关注学生积极表现，并给予肯定	能够根据学生特点对其积极表现进行鼓励	能够通过对学生个体积极表现的强化，感染全体学生
	六、课堂调控能力	（一）合理调控时间节奏	能够控制课堂时间和教学节奏	能够监控学生的状态，对课堂时间和教学节奏进行调整	能够根据课堂上不可预知的学情，灵活调整教学设计时各环节的时间分配，并对教学内容做出取舍
		（二）准确把握内容走向	能够按照教学设计的思路，控制课堂教学的走向	能够根据教学反馈的信息，对教学内容和进程进行调整	能够准确把握教学设计的思路，灵活处理课堂生成性问题，控制课堂教学的走向
	七、学习指导能力	（一）关注个体分层指导	能够观察各类典型学生的反应，对边缘学生予以特别关注，并能适时对学生进行个别指导	能够了解不同学生的个性特点、学习风格和学习态度，对沉默和边缘的学生进行情感和智力支持	能够通过不同的教学方式照顾不同学生的学习基础、个性特点和学习风格，并能布置一定层级的学习任务
		（二）指导学法培养思维	能够在教学中渗透学习方法，培养学习习惯	能够根据教学内容指导学生的学习方法和思维方法	能够根据学科特点有效指导学生的学习方法和思维方法，提高学科素养

北京市朝阳区教师教学基本能力检核标准

维度	关键表现领域	能力要点	合 格	良 好	优 秀
教学评价能力	一、学生学业评价能力	（一）掌握学业评价标准	能够结合具体的教学内容解释学业评价标准中各目标动词的含义，并能选择符合评价标准的课堂检测题	能够根据相关的学业评价标准和学生的学习情况编制用于教科书的测试卷	能够根据相应的学业评价标准独立编制学期综合测试卷，有对学生思维和情感变化的观测点和具体的观测方法
		（二）科学选择评价方法	能够根据教学内容和学生情况选择激励性的评价方法；能够选择不同难度的题目布置作业或练习	能够通过观察、追问等多种方式进行学生的学习过程评价；能够选择和编制不同难度的题目并设计不同的作业完成方式	能够从知识、思维、情感等各个方面系统评价学生的学习状况；能够确定多元化的评价主体和选择多样性的评价方式
		（三）有效利用评价结果	能够选择恰当的方法，及时解决课堂练习和作业中出现的问题；能够针对学生的知识漏洞及时对学生进行个别辅导	能够根据课堂练习和作业中出现的问题调整教学进度和教学方法；能够根据学生需求为不同学生提供不同的学业指导	能够根据学生的情绪、情感、思维状态及时调整教学进度与策略；能够根据评价结果为学生提供具有挑战性的学习任务
	二、教学效果评价能力	（一）掌握教学评价标准	能够了解课堂评价标准的具体内容，并能结合实例进行解释	能够确定教科书呈现的自然单元教学效果评价标准	能够确定学生某种能力发展单元的教学效果评价标准
		（二）科学运用评价方式	能够有理有据地对自己或他人的教学进行评价	能够分析教师行为与学生表现之间的因果关系	能够实现评价主体的多元化和评价方式的多样性，找出导致教学成功与失败的根本原因
		（三）反思评价改进教学	能够积累反思材料，并根据自己的反思和他人的评价改进教学	能够将自己的评价意见与他人进行有效交流，并对他人提出教学改进建议	能够对分析结果进行理论提升，并对教学提出系统的改进方案

备注：良好层次的要求包含合格层次的要求；优秀层次的要求包含良好层次的要求

参 考 文 献

[1] 王雄. 历史教学心理学[M]. 北京：北京教育出版社，2001.

[2] 王雄. 中学历史教育心理学 [M]. 长春：长春出版社，2012.

[3] 皮连生. 学与教的心理学[M]. 上海：华东师范大学出版社，2013.

[4] 叶小兵，姬秉新，李稚勇. 历史教育学[M]. 北京：高等教育出版社，2004.

[5] 于友西. 中学历史教学法(第3版)[M]. 北京：高等教育出版社，2009.

[6] 朱汉国，郑林. 新编历史教学论[M]. 上海：华东师范大学出版社，2008.

[7] 杜芳. 新理念历史教学论 [M]. 北京：北京大学出版社，2009.

[8] 王承吉. 中学历史教学论[M]. 北京：北京师范大学出版社，2010.

[9] 季苹. 教什么知识——对教学的知识论基础的认识[M]. 北京：教育科学出版社 2009.

[10] 何克抗，林君芬，张文兰. 教学系统设计[M]. 北京：高等教育出版社，2006.

[11] 皮连生. 教学设计 [M]. 北京：高等教育出版社，2009.

[12] 何成刚，等. 历史教学设计[M]. 上海：华东师范大学出版社，2009.

[13] 李晓风. 历史教学思考与实践[M]. 北京：中国大百科全书出版社，2012.

[14] 宾华. 中学历史课堂教学设计研究[M]. 长春：长春出版社，2012.

[15] 赵亚夫. 历史课堂的有效教学[M]. 北京：北京师范大学出版社，2007.

[16] 何成刚. 历史课堂教学技能训练 [M]. 上海：华东师范大学出版社，2008.

[17] 王宝珊. 朝阳区教师基本能力检核标准解读[M]. 北京：北京出版社，2010.

[18] 王耘. 教师教学基本能力解读与训练. 中学历史[M]. 北京：北京理工大学出版社，2012.

[19] 谢利民. 教学设计应用指导[M]. 上海：华东师范大学出版社，2007.

[20] [美]Richard I Arends.《学会教学》(第六版)[M]. 丛立新，等，译. 上海：华东师范大学出版社，2007.

[21] 郑金洲.《教学方法应用指导》[M]. 上海：华东师范大学出版社，2006.

[22] 欧阳芬，诸葛彪. 高效教学技能十项修炼[M]. 重庆：西南师范大学出版社，2010.

[23] 赵彬. 中学历史教师教学技能[M]. 西安：陕西师范大学出版社，2014.

[24] 郑林. 中学历史教材分析[M]. 北京：光明日报出版社，2013.

[25] 李如密. 教学艺术论[M]. 济南：山东教育出版社，1999.

[26] 北京教育科学研究院基础教育教学研究中心. 高中新课程课堂教学实录(历史) [M].

北京：首都师范大学出版社，2009.

[27] 何成刚，张汉林，沈为慧．史料教学案例设计解析[M]．北京：北京师范大学出版社，2012.

[28] 齐健．走进中学历史教学现场 [M]．北京：首都师范大学出版社，2012.

[29] 吴金炉．教学思辨：历史教学有效平衡方略[M]．杭州：浙江大学出版社，2014.

[30] 李凯．高中历史课堂应鼓励学生自主发问 [J]．历史教学(中学版)，2013(3).

[31] 王坦．论合作学习的基本理念[J]．教育研究，2002(2).

[32] 祁鑫．创造良好的学习环境，营造创新教育氛围[J]．读与写．教师教育，2008(7).

[33] 王洪明．创造条件，营造良好的学习环境文[J]．家庭教育(中小学生家长)，2011(5).

[34] 戴妍．为学生营造良好的学习环境[J]．宁波教育学院学报，2009(4).

[35] 吴海雄．营造良好的课堂学习环境以促进学生主动学习[J]．教育艺术在线，2010(10).

[36] 叶颖，徐瑾劼．营造良好学习环境，引导教师专业发展——基于国际教师教学调查(TALIS)调查结果[J]．外国中小学教育，2015(1).

[37] 杜秀珍．创设学习历史环境激发学生参与动机[J]．才智，2010(29).

[38] 谭红．从教室环境布置看教室文化建设[J]．科学咨询(科技管理)，2010(10).

[39] 夏侯娜，郭昊栩．对教室环境的心理物理评价研究[J]．华中建筑，2010(2).

[40] 侯敏，江琦，陈潇，朱梦音，闫秀峰，向岭．教师情绪智力和工作绩效的关系：工作家庭促进和主动行为的中介作用[J]．心理发展与教育，2014(2).

[41] 谢翌，徐锦丽．教室环境：一种被忽视的课程——课程开发视野中的教室环境布置[J]．教育理论与实践，2008 (28).

[42] 王立军．历史教学中如何创建开放的学习环境[J]．吉林教育，2011(1).

[43] 王守谦．谈中学历史教学中的环境教育[J]．黑龙江史志，2013(17).

[44] 马继群．信息化学习环境与历史教学模式变革[J]．教师教育，2010(2).

[45] 陈忠辉．数字化学习和历史教学[D]．福州：福建师范大学，2003.

[46] 林红琼．中学历史教学中的心理素质教育初探[D]．福州：福建师范大学，2003.

[47] 翟宵宇．基于标准的历史课堂教学评价问题研究[D]．温州：温州大学，2014.

[48] 尹同雪．论中学历史教师的教学反思[D]．济南：山东师范大学，2013.

[49] 杨森．在传统与变革之间——中学历史课堂教学评价价值取向的嬗变与思考[D]．上海：华东师范大学，2011.

[50] 聂幼犁．中学历史教学评价的理论与实践(一)(二)[J]．中学历史教学参考，2003(9)(10).

[51] 梁树俊．中学历史教学中的表现性评价研究[D]．武汉：华中师范大学，2013.

后 记

本书的编写旨在促进朝阳区青年历史教师的专业成长，书中八个专题所涉及的能力要点均选取自《北京市朝阳区教师教学基本能力检核标准》（以下简称《标准》）。如何帮助青年教师在《标准》的指导下提升教学设计、实施及评价的能力？如何让高高在上的《标准》与历史教学实践有效对接？编者在与专家多次讨论后，对部分结果指标进行了修改。例如，"教学组织方式有效"中良好层级的指标修改为"教学组织方式多样，能够组织同位交流、小组合作、全班讨论等活动，有效掌控分组、分工和活动进程"。对各专题结果指标的辨析贯穿于编写过程的始终，有的指标进一步聚焦了内容，有的就不同层级的要求进行了厘清。

八个专题的内容各有侧重，但又相互关联。当某一结果指标同时指向不同能力要点的时候，我们尝试从教学设计或实施的不同维度予以区分。例如，"合理安排教学流程"中优秀指标为"能够安排具有开放性和生成空间的教学流程"，"准确把握内容走向"中的优秀指标为"能够准确把握课标要求，灵活处理课堂生成性问题，合理引导课堂教学走向"。两者都提及"课堂生成"，前者强调过程设计，后者侧重课堂调控。

在教材编写的过程中，我们力图做到通过典型案例的解读，帮助青年教师了解《标准》的内容，认同《标准》的内涵，找到行为的差距，并通过对案例的反思改进自身的教学实践，提升教学技能。在历史学科骨干教师研修班上对本书进行了试用，通过集中研讨、实践改进和交流分享等方式，取得了比较明显的培训效果。研修班上的骨干教师在实践研究的基础上提供的教学案例使本书的内容得到进一步充实。

本书是《教师教学基本能力解读与训练（中学历史）》系列教材的第二册，基本上延续了第一册教材的框架结构和编写体例。在此，特别感谢第一册教材的主编王耘老师，为我们的编写工作提供了宝贵的经验，使我们可以在一个厚实的基础上砥砺前行。

在书稿完成之际，要真诚地感谢朝阳区教研中心特级教师曹卫东老师，在书稿编写过程中一直给予的悉心指导使诸位编者受益匪浅。本书八个专题的编者是：科学确定教学内容——刘晓丽；合理安排教学流程——王垚；灵活选择教学策略——郭大维；营造良好学习环境——徐海滨；教学组织方式有效——丁文彦；合理调控时间节奏——李琰；准确把握内容走向——李春香；反思评价改进教学——张泓。在此一并致谢。

教学案例是本书的一个支点。我们大量采用了来自朝阳区教师的教学案例，王洪燕、安蕊、郝薇、彭博、邱菊、邓雅芳、王垚、魏祺、刘云峰、李彤、魏龙环、郭大维、李春玲、冯空、李春香、贾瑞、张秀娟、胡雯静、张娜、刘玥、程春音、李建靖、王蕊、徐凯红、吴京琼、柳春梅、陈峰梅、张泓、张杰等 29 位老师让我们分享了他们的实践成果，这不仅为本书提供了第一手资料，也为我们开启了进一步思考的闸门。对这些默默为朝阳教育扎实工作的学界同人表示衷心的感谢！

　　要回答如何提高历史教师教学能力这样一个大问题，恐非朝夕之功。在完成本书初稿之时，我一直惴惴不安，迟迟不想发稿。由于编者理论欠缺、实践不足，书稿中存在的问题和不当之处，恳请专家和同行提出宝贵意见。

李　琰